张延昆 ◎ 著

静 水 流 深

深度价值投资札记

《静水流深:深度价值投资札记》是集作者20余年价值投资历程的精华分享。如何更好地实践价值投资?本书围绕投资思维、实战方法、心境修炼三大维度展开。投资前的知识储备、复利积累、安全边际、保守仓位、估值、选股、逆向投资、风控等投资思维和方法,形成系统的投资思维框架;交易策略体系的构建、方向的辨识、买入方法、卖出法则、构建组合五大实战方法,组成价值投资实战操作的精华;做好自己、自我进化会让投资者感悟到心境修炼的价值。

本书试图提炼出价值投资中最精髓的部分,并总结出可以具体实施的、适合普通投资者的系统性价值投资策略。

图书在版编目(CIP)数据

静水流深:深度价值投资札记/张延昆著. —北京:机械工业出版社,2019.3(2024.11重印)
ISBN 978-7-111-62131-7

Ⅰ. ①静… Ⅱ. ①张… Ⅲ. ①投资经济学 Ⅳ. ①F830.59

中国版本图书馆 CIP 数据核字(2019)第 037942 号

机械工业出版社(北京市百万庄大街22号 邮政编码100037)
策划编辑:李 浩 责任编辑:李 浩
责任校对:李 伟 责任印制:李 昂
河北宝昌佳彩印刷有限公司印刷
2024年11月第1版第12次印刷
145mm×210mm·10.75 印张·3 插页·216 千字
标准书号:ISBN 978-7-111-62131-7
定价:88.00元

凡购本书,如有缺页、倒页、脱页,由本社发行部调换

电话服务	网络服务
服务咨询热线:010-88361066	机 工 官 网:www.cmpbook.com
读者购书热线:010-68326294	机 工 官 博:weibo.com/cmp1952
	金 书 网:www.golden-book.com
封面无防伪标均为盗版	教育服务网:www.cmpedu.com

推荐序一

为中国价值投资添砖加瓦

北京金石致远投资管理有限公司 CEO　杨天南

春暖花开的季节，好友张延昆先生邀请我为其即将面世的新书《静水流深：深度价值投资札记》写一个序言。

我与张延昆先生相识已经有些年头了，常有信息往来，沟通投资上的观点与心得。我们虽然都在北京，却至今未曾谋面，因为北京实在太大了，他在很东边，我在很西边，所以，其间虽有数次决心见个面，终究因为事情繁忙而未果。

张延昆的网络名叫"佐罗"，此次他将近20年来撰写的文章精华整理成册，算是将自己的"绝世武功"——深度价值投资公诸于世，无论其品质高低，贡献巨细，都是为中国价值投资大厦起到了添砖加瓦的作用。

提起价值投资，公认的鼻祖是本杰明·格雷厄姆；以他的巨著《证券分析》问世为代表，价值投资至今已有近百年的历史。格雷厄姆被后世推崇的另外一个原因，是他的众多弟子中有很多成为投资界的大家，其中最为著名的是沃伦·巴菲特。

巴菲特长期位居美国富豪榜前列，如今他以77年跨越周期的投资历程证明了：股票投资确有大道可寻。在这条大道上，股票作为投资标的被视为企业的一部分，而不仅仅是炒买炒卖的对象；在这条大道上，买入之时须留有安全边际、在自己的能力圈内决策、利用市场先生的情绪做逆向投资，等等，这些原则的正确性在长期实践中已经得到了充分的验证。

有人曾经问巴菲特："你的投资方法这么好，为什么没有多少人学？"巴菲特回答："因为很少有人愿意慢慢变富。"的确如此，这也从另一个侧面反映出投资成功的不易。人们常言"知易行难"，但在投资这条道路历经磨难之后，我们认为如果用一句话形容的话，那就是投资是一件"知不易、行更难，知行合一难上难"的事。

在过去的数十年中，关于价值投资的书籍数不胜数，但是国内的相关著作并不算多。张延昆的这本新书，分为三个部分共18章，包括估值、选股、仓位、风控、卖出，从理论探讨到心境磨炼等内容。

对于在价值投资前面加上的"深度"二字，张延昆认为这可以使得价值投资更为形神兼备，从"形"——按照价值规律做投资的策略必要性，到"神"——投资利润追求的确定性。他将这样的形神兼备的价值投资形式命名为"深度价值投资"。换句话说，就是在以下几个方面要求具有苛刻的深度：

（1）**基本面深度**：在定性分析和实施苛刻基本面审查的基础上选股。

（2）价格深度：在比较确切的安全边际打折基础上买入。

（3）思想深度：投资人具有贯彻始终的较高的"价值投资"思想境界和认识水平。

（4）策略深度：利用严谨的全方位的仓位管理策略，保障组合投资的整体业绩。

必须承认，他的这种对于价值投资的个性解读，在业内的确是独树一帜，为有意学习的后来者提供了一条思路。

在投资的现实中，随着人们认知演进的不同、人生发展阶段的不同，在价值投资的名称之下，又分化出各种各样的方法，例如保守价值投资、真正价值投资、纯正价值投资、价值投机，等等，不一而足。方法是如此众多，以至于有心研究价值投资的大众们反而可能被搞糊涂了。

反观人们崇敬的大师如巴菲特、芒格，他们似乎从来没有说过自己是价值投资者。倒是巴菲特说："如果不进行有价值的投资，难道我们要进行无价值的投资吗？"智者芒格更是一针见血："所有靠谱的投资都是价值投资。"

所以，尽信书不如无书。读者应该广征博览，最终结合自己的情况，找出合适的投资成功道路，因为每一片树叶都不完全相同。

是急流猛进、还是静水流深；是风云人物——风一阵、云一阵就散了，还是云淡风轻——轻缓悠然而长在，全在于自我的选择。这样的阅读心态才是值得嘉许的正确态度。

推荐序二

凌通盛泰投资董事长　董宝珍

厚恩投资张延昆先生的新作《静水流深：深度价值投资札记》将要出版，这本书是张先生的投资理念和投资实践的一个记录。我没有什么能力，理论水平各方面都不是特别好，也没给别人写过书评。张延昆先生冒着被我拉低他书籍质量的风险，让我给评论一下。受此委托我就以张延昆先生的理念谈一个话题——找对象与做投资的关系。我们发现很多大龄青年费尽心思苦苦求索找不到对象，就和投资人十几年的求索，花了时间投入精力财力，最后赔钱的原因是一样的。

因为他们违反了张延昆先生所提出的一个重要的投资理念：持股守息。去年我到深圳去和投资者交流，在闲暇之间，我到所居住地区的公园转了一下，有一个小角落里面很多老头老太太在那里把他们子女的信息贴在墙上寻求撮合，父母代替子女找对象，父母把子女的信息以及求偶条件列出来。我爱凑热闹，就过去看这些择偶条件，看完以后我知道他们找不到对象的深层次原因了。因为在这些择偶条件中，什么都有，房子要求多大，有没

推荐序二

有汽车？月薪多少？学历多高？身高多少？都是这些物质条件。大家就在这些物质条件中互相撮合，看完以后我就想，他们之所以找不到对象是因为他们不先谈感情。找对象结婚不就是因为互相有感情吗？互相坐在一起心情愉快，互相舒服一些，这不是找对象的本质吗？太多的人硬要把房子扯进来，还要把学历扯进来，这真的是舍本逐末。找对象结婚就是感情问题，现在我们倒好，没感情条件；性格作为感情的最重要的基础，不谈这个，先谈物质。

我们再看股票投资。这么多人求索都不赚钱，因为你偏离了投资的本质。张延昆先生的理念中有一条——持股守息，我持有股票靠股息来活着，股价不涨，我有股息。其实这就是资本市场投资最根本的出发点。我们投资真正的回报来源最基础的就是股息，通常股息是投资者的根本性回报。就像我们找对象，根本目的是找那种在感情上融洽，在一起获得舒服愉快的人。投资本初的目的也是获得标的物的股息，这是最本质的，是资本市场上延伸出来的所有盈利模式的基础。

但绝大部分人都脱离本质，搞出来各种什么动量理论、量化交易、趋势交易、成长投资，越搞越复杂，越来越偏离股息这个根本，所以他就不赚钱。他不赚钱一定是他违反了根本的原理和道理。

作为一个投资人，就是要赚取上市公司的利润分红，通过分红来获利。现在市场越来越复杂，设计的那种盈利模式、那种理念、那种操作原理，远远地游离于最根本的东西之外，所以他们不赚钱。假设一下他就是为了获得股息来投资的,选择长期有高股息率的股票,一定选不上地雷股,一定选不上各种各样血本无归的概念股,一定选不上乐视网。

因为你持股的目的不是获得股息,从而脱离了投资的本质,被花哨的新理念新观念新模式,给忽悠得完全脱离了投资人的核心盈利源泉——股息。以股息回报来思考问题的时候,你一定选择的是优秀的公司,一定选择的是有安全边际的公司,一定回避了很多风险股,张延昆先生的这本《静水流深:深度价值投资札记》所传达的持股的目的是获得股息,会对大家有所帮助。

前　言
静水流深

必须学会孤独地思考，因为没有人会到达并深入你的精神世界，来帮你完成自己的事业。每个人不可复制，投资更是如此，没有强大的内心，就算你能掌握最好的投资理念，也无法长期坚持付诸实施！

——张延昆

投资成功需要潜心安静地修炼，需要不被欲望所裹挟，我们要知道：复利毁于虚荣和喧闹。

其实，投资不必争抢"谁是先知、谁是大师"；更不需要激动、感动、躁动、炫动，而能做到冷静淡定地少动一点，就有可能离成功不远了。即便是交易时间，我们也可以泡杯好茶，静下心来，慢慢地品味周K线的艺术特质、月K线的荡气回肠，感受上市企业经营发展的历史和未来，没必要跟随短期波动去不断修订投资计划。

俗话讲：和气生财。长期的投资利润最喜欢镇定自若、为人处世不张扬而态度谦和、胸有激雷而面如平湖的决策者。每一个投资者都应做自己资产的"泰山北斗",像泰山一样沉稳自然,又像北斗一样在每个迷茫时期能给投资指明道路。

这时候,我往往想起了一个平时在证券市场极少被提及的成语:**静水流深**。

只要能够长期存活,最后的投资成功便是自然的事情。市场极度低迷,我们更需要用沉稳、坚定来排除恐慌和周遭的干扰;市场极度沸腾就更需要冷静、独立思考。股语讲:"牛市里撑死胆大的,饿死胆小的,冤死折腾的!"看看这一句有多狠,无论胆大、胆小、折腾都将"被灭",那怎么才能好好活下来呢?仔细琢磨一下,其实很简单,假如能躲开可能"致死"的所有情形,那你肯定会很好地活下来。

中国人非常讲究修身,可见"修身齐家治国平天下"的百度百科节选:

《礼记·大学》:"古之欲明明德于天下者,先治其国;欲治其国者,先齐其家;欲齐其家者,先修其身;欲修其身者,先正其心;欲正其心者,先诚其意;欲诚其意者,先致其知,致知在格物。物格而后知至,知至而后意诚,意诚而后心正,心正而后身修,身修而后家齐,家齐而后国治,国治而后天下平。""物格而后知至"的译文为:通过降低自己的欲望,减少自己的贪念,来让自己头脑清醒,是非曲直分明。正念分明后就要努力在待人处事的各方面做到真诚二字,努力断恶修善,久而久之自己的修养就起来了,有智慧了。这时就可以把自己的家庭经营好了。家庭是国家的缩影，把自己的家庭经营好了的人也一定可以把国家治理好。一个能把自己国家治理好的人，那么他（她）也一定能让世界充满和谐、天下太平。

其实，做投资也是如此，你的资产账户就是你的"金融帝国"，做到最后，做的就是一种修养、气度和胸襟，一种处世哲学，一种"治国"态度。它教你学会"在胜利中如何不陶醉，在失败中如何不消沉"，学会"舍得分明，道法自然"。正如表面平静的江海，虽然深处涌动着千百股暗流，它却是生命孕育的源泉和希望所在，千百年来义无反顾地包容，致使生生不息。

"静水流深"代表着一种投资品质，就是必须学会孤独、深邃的思考。因为没有人会到达并深入你的精神世界，来帮你完成自己的事业。每个人不可复制，投资更是如此。没有强大的内心，就算你能掌握最好的投资理念，你也无法长期坚持付诸实施。因此，投资与事业上的步步跋涉，都需要钢铁一般的意志，都需要安静地、"老谋深算"地、知行合一地去筹划自己的投资策略。

为此，投资者也要积极修身、修心、修业，保持这种"三位一体"的投资思路，便是像融百川入胸怀的江海一样，有兼容的大度思想：只有位低而广博才能有容，只有不受伤且活得久才能有机会获得不断的复利累积。在进一步透彻感悟之后，你才会明白：最有价值的投资手段正如"静水"一样，是一种安静独享的智慧；而"深"是根本，只有具备一定的深度，才可能包容，才可能持久，才可能积聚能量、有长期复利不断流进。

好的投资做到最后，我们一定会赚取良好的价值观，赚取丰富的人生乐趣，而财富一定会随着这种"静水流深"的追求汩汩流淌而来，并随着包容、平和、宽广而慢慢累积起来。

股市一成不变的财富再分配规律：心如止水者不断收获情绪剧烈波动者贡献的利润，在每一场牛市熊市之后，都是平静者分享了躁动者的财富。

目 录

| 推荐序一 | III
| 推荐序二 | VI
| 前　言 | 静水流深 | IX

| 第一篇 | 知·深度价值投资的奥义 |

第一章　价值投资中重要的事　003
　　一、投资于价值　003
　　二、深度价值投资的四方面要求　006
　　三、深度价值投资的特点　009
　　四、深度价值投资的重要性　013
　　五、深度价值投资修炼的主要方向　017
　　六、什么样的企业最值得投资之超级品牌　020
　　七、什么样的企业最值得投资之锁定大方向　023
　　八、深度价值投资简单的交易条件　026
　　九、投资交易的基本逻辑　031
　　十、投资新手过三关　034
　　十一、怀抱价值之尺，悠然而行　036
　　十二、投资修炼三要素：空间、尺度和心性　038

十三、价值投资的利润空间实现　039

十四、以小博大：1/10 的 10 倍　042

第二章　复利投资：反复利用大的"价格扭曲"实现复利　046

一、简单持有高息组合累积复利　046

二、复利累积需要步步为营　048

三、复利奇迹产生的三要素　051

四、做一个保守投资的"傻瓜"　055

第三章　安全边际：深度价值投资的核心　059

一、过去、现在、未来全方位的安全边际　059

二、具有最大获胜概率的才叫安全边际　062

三、如何坚定安全边际信心？　065

四、股票安全边际的六种估算方法　069

五、把"潜伏"变成乐趣，变成性格　073

六、怕摔？你就把它放在地上！　075

七、三大安全边际认识误区　078

八、关于安全边际的十句话总结　080

第四章　保守：仓位与组合理念的运用　085

一、什么是保守投资者？　085

二、对未知风险的管理手段和风险补偿　087

三、保守投资者的三种素质　090

四、保守投资的理念基础　092

五、几个很有思考价值的问答　093

六、保守投资下的牛熊观　097

七、避免投资业绩大起大落　098

八、年度业绩波动范围　101

九、保守投资的更深度认识　103

十、保守是价值投资获胜的信心之源　105

第五章　估值：估值到底起什么作用？　107

一、关于估值必须彻悟的三条　107

二、估值应该注意什么？　110

三、谈谈过激高估的十大标志　113

四、深度价值投资帮你躲开价值陷阱　117

五、以贵州茅台为例，看看30多倍市盈率意味着什么　120

第六章　选股：站在巨人肩膀上起飞　125

一、选股要点：显而易见的好生意、好股息　125

二、苛刻要求，选择第一或唯一的必需品生产企业　128

三、股息的重要性　130

四、对股息的进一步理解　133

五、依照股息选股的几个问题　135

六、寻找优秀的冷门股　138

第七章　逆向：甜美的坏光景和糟糕的繁荣　141
　　一、"剑走偏锋"的选股思路　141
　　二、优中选低，还是低中选优？　144
　　三、培养逆向思维，寻找错杀的巨大价值　147
　　四、买入，趁黑夜还是等待黎明？　149
　　五、走完所有下跌的逻辑，便只有上行　151
　　六、甜美的坏光景和糟糕的繁荣　153

第八章　风控：防到最悲处，才能步步有惊喜　156
　　一、如何理解风险？　156
　　二、投资者的真正风险　158
　　三、由"索科尔"事件得到风险管理的教训　161
　　四、执着于"下跌防护"　163

第九章　中庸：不疾而速的道理　166
　　一、想抓住行情，但你留得住纸上富贵么？　166
　　二、危机中的见招拆招　168
　　三、扎根"渐进"思想　171

第十章　太极：50%定律的运用　175
　　一、深度价值投资与练太极　175
　　二、太极图告诉我们的投资秘密　177

目 录

| 第二篇 | 行·深度价值投资的方法 |

第十一章 构筑攻守兼备的策略体系 183
  一、如何构筑投资系统？ 183
  二、列一个简单的投资计划单 186
  三、买入的决策流程 189
  四、如何开始布局？ 192
  五、什么时候该怎么办？——心法口诀 194

第十二章 看清大方向才有好未来 197
  一、以趋势为本 197
  二、掌握大价值周期方易留住利润 199
  三、价值趋势与价格趋势的取舍 201
  四、价值投资者如何看待"波段" 203
  五、大机会总是那么显而易见 205

第十三章 跟踪买入股票的理念和方法 207
  一、如何跟踪成长的轨迹 207
  二、注重下跌储备：现金和好心态 210
  三、为什么要"放长线，钓大鱼"？ 212
  四、"等待过激"是价值投资的最基本交易法则 215
  五、欢迎熊市，潜伏深深的"黄金坑" 218
  六、持有高息股组合的优势 221

七、从彼得·林奇的四类股谈起 224

八、长线买入的总体思路——三底买入法 226

九、股息率的计算方法 229

十、如何避免过早买入？ 231

十一、为什么总买不到历史大底？ 234

十二、应当留意周期性因素 238

十三、将好的组合装进箱子贴上封条 240

第十四章 卖出法则：适时保留现金，三步取利卖出法 243

一、那些发昏的卖出 243

二、好的卖出策略 246

三、三步卖出法 248

四、分步减仓的意义 251

第十五章 投资组合和仓位构建的技巧 254

一、仓位加减的逻辑 254

二、有效配置的重要性 256

三、价值投资者最需要的组合 258

四、资金仓位管理的投资内涵 260

五、"动"在画龙点睛之处 262

第十六章 深度价值投资的实战运用 265

一、筛选好的股票 265

二、行业地位分析 267

三、企业成长性分析 270

四、跟踪好价格 273

|第三篇|境·磨炼静水流深的心境|

第十七章 做强大的自己 279

一、波动是把双刃剑，如何面对大起大落？ 279

二、情绪管理对投资很重要 281

三、培养赢家心态 282

四、警惕从众思想，学会接受不情愿 285

五、做自己的心理按摩师 287

六、做一个心无旁骛的"老工匠" 290

七、投资之心如大海 292

八、投资是精神的庇护所 294

九、快乐投资四要素 295

十、所有的健忘者最终都会被唤醒 296

第十八章 自我进化的阶梯 300

一、必须明白选股和买入是两回事 300

二、价值投资如何对待"有知"和"无知" 302

三、保守预期会给你带来更多的快乐和机遇 304

四、给资产以合适的时间配比 305

五、深度价值投资者的 13 个信条　307

六、如何正确面对自己的失误？　311

七、价值、可获得性以及持续性　314

八、卓越的投资不是单一的举动，而是习惯　316

九、投资须"两立"　317

后记：投资是人生大树　320

第一篇

知·深度价值投资的奥义

第一章 价值投资中重要的事

一、投资于价值

价值，历来都是人类社会评估各种商业金融交易不可或缺的要素，理性的价值估值能作为评判企业市场价格贵贱的一把标尺。1984年巴菲特在哥伦比亚大学的著名演讲《格雷厄姆-多德都市的超级投资者们》（The Superinvestors of Graham-and-Doddsville）中举的例子很透彻："如果你以60美分买进1美元的纸币，其风险大于以40美分买进1美元的纸币，可是后者的预期报酬却更高。基于价值构造的投资组合，风险更小，预期报酬却高得多。"这里道出了价值投资的精髓所包含的两个意思：

（1）买入时，一定要做确定性极高的以低于内在价值购买的判断。

（2）能以更低价格买进，就能以更小风险获得更高预期收益。

在股票市场，若投资者在做投资交易时没有怀揣价值标尺，面对市场波动就永远会表现出一种惴惴不安的情绪："一旦上涨，就会感觉未来机会无限；一旦下跌，就会感觉似乎面临无底深渊。"这是人性的弱点所致，因为不能坚持以价值作为"主心骨"，投资者往往就会被情绪所裹挟，大脑里没有理性的价格评估，肯定会被非理性的诱因所占领，这是必然的。这种抛弃价值的投资，往往会变成神经质式的投资。情绪发作起来就会像恶魔一样不断吞噬、残害投资人的收益、意志，甚至是身心健康，想要摆脱难上加难。如果大家阅读过巴顿·比格斯的《对冲基金风云录》，就会深切地感受到，无论是个人投资者还是机构专业投资人，无论你学历怎样、见识经验怎样，如果投资时没有"主心骨"，股市的剧烈起伏就会使你如同经历炼狱一样备受煎熬。正像书中所写到的："刺猬是迷人的动物，而对冲（基金经理）——就像刺猬不知疲倦地寻找橡果那样不知疲倦地寻找投资机会，这往往可以把这个族类中最美和最丑的方面都展现出来。"

即便有很多投资人自称是在做价值投资，他们其实是"流行投资跟随者"。因为其投资的背后动力仅仅是效仿名人大师的念头，或仅仅是"价值投资大师"的榜样力量在召唤罢了。跟风的价值投资本质上就是受情绪支配的"伪价值投资"。

投资大师或投资成功者持有数倍明星股刺激了很多投资者，于是追随者也发誓加入到所谓的价值投资浪潮中去，他们大多数人都经历过盲目跟风式的投资，以为只要随意买进明星股就算是合格的价值投资了，因为这样心里就会得到安慰："我和某大师站在同一条起跑线上了，我的伟大价值投资启航了！"

归根结底，投资的根本是"低买高卖"的问题，如果没有展现出未来充分获利的实现空间，就没有当前交易的必要。不管企业如何辉煌和有名望，如果投资者永远溢价购买，付出不该付出的钱，那么毫无疑问，在重新分配财富的股票市场里，这样的投资者大概率会永远处于劣势的"韭菜"地位。因为买股票就是买企业，对企业股权的出价应该物有所值，这是去菜市场买菜的大爷大妈们都知道的交易法则。

其实，企业本身有可能并不值得留恋，值得留恋的是市场价格低于内在价值的那一段。但是为了正确评估价格的高低，你必须对企业的基本面做全面了解，并且知道企业的经营历史和未来大致发展方向，从而对于未来的可能收益空间做到心中有数。

价值投资往往是一段漫长的旅行，因为我们注重企业的长期价值，才去考虑尽可能较长时间地持有它的股票，确定持有时间的核心要素是**价值衡量后的性价比**。也就是说，我们不见得一生与好企业相伴，但我们一生必须与好价值相伴，这才是价值投资的本质。

举个例子来说，黄金是好东西，表面上看与废铁天差地别，但如果你能大量地以市场普遍价格五折的价格收购废铁，而黄金此时并没有出现非常理想的折扣价格，那么一定是五折收废铁比看似"高大上"的黄金买卖更具吸引力吧。这就是低买高卖的确定性价值所在，好生意与坏生意并非是自己主观臆测的，投资价值也并非总是简单依据商品的绝对价格水平来评判。

深度价值投资，确定的长期复利投资仰仗的是对价值规律的坚守。因为没人能够未卜先知、通晓未来，但我们相信所有的事情都有因果联系，结果必有起因，起因推导结果，因果循环。价值规律就是最为可靠的因果联系，因此我们不应过分关注当下股价暂时的涨跌，而应该去努力研究涨跌背后公司的价值，哪怕有涨跌，也要坚定地投资具有价值深度的优秀公司，未来才能创造丰厚的收益。

正因如此，我坚信某位价值投资同仁讲的一句话："与其说我们进行的是价值投资，不如说我们正在'投资价值'！"

二、 深度价值投资的四方面要求

经过对国外一些最著名的价值投资大师的投资思想多年的学习之后，笔者不断感悟思索、升华认识、迭代升级，在本书中试图提炼出价值投资中的最精髓部分，试图总结出可以具体实施的、适合普通投资者的系统性价值投资策略。

研究起始，首先找出这么几个重复频率较高的关键词："保住本金""安全边际""不可预测""成长""逆向思维""恐慌与贪婪""公司治理""保守""壁垒""消费股"等。然后，从这些关键词开始慢慢展开，最终找到了它们某类共性的聚合点，**这个聚合点就是"深度"**。"深度"代表了投资者苛刻保守的态度，它也揭示了投资者找到长期确定性复利收益的秘密。在价值投资前面加上的"深度"二字，使得价值投资"形"（按照价值规律做投资的必要性）"神"（投资利润追求的确定性）兼备。

我管这样的"形神兼备"的价值投资形式叫"深度价值投资"。换句话说就是在以下几个方面具有深度（见图1-1）：

（1）基本面深度：在定性分析和苛刻基本面审查基础上选股。

（2）思想深度：投资者具有贯彻始终的较高的"价值投资"思想境界和认识水平。

(3)策略深度：利用严谨的、全方位的仓位管理策略，保障组合投资的整体业绩。

(4)价格深度：在比较确切的安全边际打折基础上买入。

图1-1　深度价值投资的四种"深度"

深度价值投资之"深度"的内涵基本就围绕着这四个方面的"深度"展开。

投资者的思想深度是掌控整个投资过程必不可少的，是统领全局的基本素质。我们相信巴菲特的投资方法早已风靡整个投资界，可以说稍微研究过投资的人都比较了解，那么为什么靠大师的智慧来致富的人没有成批出现呢？

简单来说这是因为"思想和行动很难做到统一，知行合一难度太大"。做任何事情，从理论到实践都有一大段路要走。但本质上，其实不是"行"有难度，而是践行者的"知"不够深刻。只有彻彻底底看透事物本质，具有一定的思想深度，才不会轻易被市场诱惑所裹挟，才能够一以贯之地按照价值规律来认真"出牌"，并且坚持打好每一张牌。因为思想深度决定了行动的力度和眼界的高度，这是毋庸置疑的。所以投资者一定要通过不断的实践、阅读、学习、总结来提升自己的思想深度。

有一位巴菲特的忠实信徒问巴菲特："价值投资的奥秘是什么？"面容如佛陀般平静的巴菲特回答："独立思考和内心的平静。"我们震撼于巴菲特的平静，但是这种"独立的平静"要有怎样的思想深度才可能达到呢？又有谁知道这种笃定正是来自于他目睹过老师格雷厄姆当初在经济危机后的惨痛失败，以及跟随格雷厄姆学习投资过程中不断地锤炼思索所获取的经验呢？这样看来，所谓"投资者的思想深度"不是凭空而来的，而是反复学习总结和不断实践累积的结果，只有多思考、多感悟才可能有思想的升华。

思想问题解决了，接下来要考察的是企业基本面的深度，也就是从企业的财务数据上判断它是不是比较靠谱，是否有比较稳定而优秀的历史业绩，并且判断这样的历史业绩能否维持和传承。只有满足持续稳定经营的前提，投资者才可能对企业进行有效估值，才可能避免遭遇价值陷阱或"黑天鹅事件"的侵害。因为价值投资的利润实现是需要时间的，所以一定要保证企业至少在一个相当长的时间内不会消亡，最好还能随着社会发展和人们生活水平的提高而逐级成长。

基本面深度又可以分为四个深度考察要素：

（1）经营是否具有确定性的光明前景。

（2）历史财务指标是否确定性地优秀。

（3）行业属性和地位是否突出。

（4）公司治理方面是否具有独特的优势。

过了基本面深度这一关之后，就要开始跟踪买入价格深度了。同样标的，买入价格深度决定了未来盈利空间的大小，本书将用很大的篇幅来讨论关于买入价格深度，即安全边际的问题，这里不做详述。

以上深度价值投资关于"深度"的追求，主要是为了完成两项任务：

一要防范风险。

二要有效累积复利。

这两点是深度价值投资者应该牢记的核心任务，必须保证制定任何投资计划的时候都不要偏离。

三、 深度价值投资的特点

深度价值投资是价值投资中的一种，但它讲究更为清晰严谨地展现从研究、跟踪到交易的整个过程，它追求更为简洁和实用有效的投资策略，它是多重价值要素的糅合。投资人不仅要有自下而上精选个股的能力，能利用逆向思维找到市场的弃儿、被市场严重低估的股票，还要学会积极防范市场风险，学会资金管理与配置的一些技巧。

深度价值投资者会在企业普遍估值过高、风险集聚的情况下不断减少持股量，为接下来可能到来的低迷熊市期慢慢分批准备好现金，并减小在指数从高位向下的时候有可能产生的大幅业绩回撤的风险。这样坚持下去，专业资产管理人或个人投资者可以长期取得满意的业绩，甚至是近乎卓越的投资复利收益，同时也会在长期投资的过程中获得心理上的优势和牢不可破的投资信心，获得物质和精神上的自我实现。这就是"静水流深"的深刻内涵。

所以这里"深度"的目的有多层次内涵：

（1）寻找市场价格与未来的企业内在价值存在巨大扭曲的公司，扭曲原因是企业的升值潜力巨大。这是偏动态看未来成长。

（2）寻找市场价格与当前的企业内在价值存在巨大扭曲的公司，扭曲的主要原因是企业股票备受冷落或市场环境非常恶劣。这是偏静态看当前低估程度。

以上一个"动态"、一个"静态"，基本上就把深度价值投资理念叙述完整了，只不过一个是看未来，另一个是看现在。用塞思·卡拉曼的一句话归结："价值投资就是等待市场价格被大众进行惊人错杀之后买入！"不管是静态地还是动态地看市场价格，不管是看未来还是看现在，或未来现在相互结合审视，能确定性地判断价格是"惊人错杀"，就具有了价值深度的投资素质。

这需要投资人对三类股有清醒的认识：

第一类：逆境反转的长期优质股。

第二类：小市值的隐形冠军或细分行业龙头。

第三类：消费类的超级品牌或公用事业白马股。

在下文中关于选股的章节里会有专门的论述。

除了对选股的分类认识，深度价值投资还要求资金管理者有较高的自我约束能力，在经济环境起伏不定、周期转换无常、估值变化起落中能够维护稳定的复利收益。

国外资本市场有追求类似深度价值的对冲基金，他们定量选取市净率（P/B）远小于1，市盈率（P/E）小于7的标的做成基金组合，严格控制风险，尤其是下行回撤的幅度和回撤的时间，也取得了长期比较卓越的投资回报。本书提出的深度价值投资，与国外的理论稍有差别，我们寻求多方位的深度综合与权衡。比如除了财务指标的分析之外，还需要以保守的资金管理态度，精选个股，做成适度分散的深度价值组合，以期在低风险的基础上获得最佳收益。虽然市场价格受到诸如企业基本面、政策面、利率走势变化、国际关系、市场主流资金喜好、债务风险等错综复杂的因素影响，但深度价值投资要求以"适度分散布局"和"精准深度挖掘"两大法宝穿越牛熊，以更低的风险取得较为满意的复利收益。

可见，深度价值投资的主要特点是：

（1）投资的过程是一直在思考事物本质的过程。

在投资世界里，各种信息和事态变化太快，这就造成人们根本不可能凭借快速反应来取得胜利。因此，如果想大概率获得长期投资的成功，关键要在理解现象和信息背后的股市基本原理基础上，进行有条不紊的"慢投资"，首先就应该彻底理解为什么不按规则出牌就会碰壁，其次才能为更高的投资收益制定各种保守策略。为此，投资者最好以一个长周期来总结自己的投资业绩，通过反复数次的验证来发现事件背后所隐藏的必然性规律，从而找到自己最应该做什么，进行最有效、最精准的交易。

（2）小中见大的收益累积特性。

卡拉曼指出，贪婪的短线投机者可能忽略了解释为何需要避免损失的一个重要数学理由：即便回报率一般，但时间一长，复利的效应也会让人大吃一惊。从复利的重要性可以推断出一个必然的结论：那就是哪怕只出现过一次巨额亏损，也很难让回报恢复过来。

（3）用保守代替预测，具有省心的特性。

投资者如何通过预测不可预测的事情来进行分析呢？唯一的答案就是保持保守态度，只以大幅低于根据保守预测做出的价值评估的价格购买证券，并且始终给自己的组合留出退路。不管市场的波动方向如何，深度价值投资者都能做到比较省心地投资：不用天天盯盘，不用接纳繁多的新闻资讯。

（4）更强调纪律和耐心，严格管控决策者的情绪。

深度价值投资将对潜在价值进行更加保守的分析，与"只有在价格足够低时才购买"这种必不可少的纪律性和耐心结合在一起，并用事前周密的计划安排代替决策者临场发挥的随意性。

（5）更强调逆向思维，并且对"逆向"进行更精准描述。

逆大众而行，就是利用大众的不理智造成的过度恐慌、打压或是过度追捧，实现与大众反向的交易获利过程。价值投资策略会在大跌的市场中闪闪发光，当人们对企业的评价完全失去理智，投资品的价格才会被过度打压，而随着人们理智的渐渐恢复，投资品的价格也会马上恢复。价值投资虽然本质上是研究企业性价比的工作，但从过程上看，似乎也是一种等待大众集体犯错的"狩猎"工作，其要点是"只有在大众最缺乏理智的时刻出来交易"，按照我们简化后的称谓即"等待过激"，即等待股价被过度低估或过度高估的两个过激区域。没错，就这么简单，只要你肯愿意付出精力去等待"人性的丑陋"一而再、再而三地爆发，复利就会源源不断地产生。

四、深度价值投资的重要性

有从事价值投资的朋友问：价值投资还加个"深度"，是否有些多此一举？价值投资，感觉有价值就买入不就行了，为什么还要提及"恐慌"和"深度"这些字眼呢？难道仅提价值还远远不够？

如果你经常阅读价值投资大师们的书籍，会看到价值投资者要寻找"安全边际的打折价格"和在"一片恐慌下"买入，买入"上个大熊市底部的接近价格"等出现频率较高的一些有关买入的叙述，这些语句的共性就是：**要求价格深度**。

我们在实践中也会经常遇到这样的情形，本来自己预估了合理价格区间，但市场毫无情面地又继续下跌了很多，甚至有时一跌就是50%，并且"下跌如山倒，回升如抽丝"，股价恢复的过程比较漫长。还有股票在漫长的市价恢复中遭遇意外，遇到了价值陷阱，企业出现业绩大幅下滑甚至永久性衰退。因此，在价值投资前面加上"深度",要求苛刻一些总没坏处。

也就是说,我们要求的最终结果是满意的、可持续的复利收益,所有影响这个结果圆满实现的问题都需要我们——解决。很多时候宁可少赚一些,将盈利预期放低一些,也不能出现大面积、长时间"深度套牢"的局面。价值投资绝不能以"价值依旧在"作为长期被深套浮亏的说辞,因为价值投资只是一个获取利润的手段,而且你所运用的还可能不是原版的正宗价值投资策略,因此如果你发现自己的价值策略不是最有效和最完美的,就一定要向更深度追寻,不断完善和修正它。

深度价值投资可以为你提供一个简洁明确的获利方法,不用浸淫市场太久,不用接受广泛的、无聊的信息,为决策者提供了较为宽松的"慢生活"环境,对其身心健康大有益处。深度价值投资者只需要笃定自己的简单原则和宏观价值规律,就可以取得超越常人的投资收益。除此之外,什么技术、趋势、政策、经济研判都是浮云。不用过多揣摩这些的主要原因有以下两点。

一是用处不大。很多涉及泛消费必需品的企业能够穿透牛熊市不断稳健成长,即便是你研究了短期趋势和政策、经济形势,发现短期指数的翻云覆雨似乎都与这些因素有关,但打开一群优质股的复权 K 线图,你会发现纵然这些看似"威猛"的信息也难以阻止那些优质股的底部和高点被不断抬升。而且不用理会外部宏观信息,去研究每个大跌之后的估值,就足以把长期价格回升阶段牢牢掌握在手。

图 1-2 是格力电器上市以来近 20 年的股本扩张图,总股本

从起初的 1.5 亿股到 2015 年 4 月份的 60.16 亿股。市值由 26.25 亿元上升到本书撰稿之时即 2018 年 4 月 15 日的 2854 亿元，22 年来穿透多少大小危机和政策变化、国内外经济形势的风雨洗礼，市值翻了 100 倍之多。这样的消费类必需品行业龙头或细分行业龙头市值长期增长的趋势是很明确的，因小失大去揣测外在影响几何，很容易让我们和普通大众一样做"高买低卖"的反向操作。

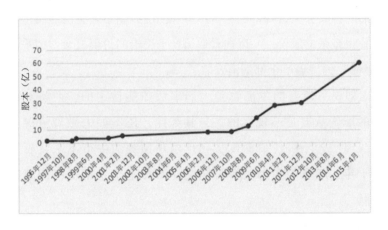

图 1-2　格力电器上市以来股本扩张图

二是揣摩不清，毫无结果。对于未来经济形势的预判，连很多经济学家都不见得有统一的答案，更何况我们这些门外汉呢？但是，价值投资具备自下而上研究的优势，比如用常识来敲定某产品为生活必需品，企业行业地位突出，并根据"护城河"来判断其地位数十年都无法撼动。那么接下来就只等出现危机时市场的恐慌性出价了，这时候一定要静心笃定，不受外界干扰。

只有在与大众反向的特立独行中，投资者才有可能知行合一地做好长期满意的复利投资。

难以静静等待，是投资者复利折损的最主要原因。因为很多投资者会纠结"追求深度估值易错过机会"的问题。这样的人在牛市到来时候通常会讲很多牛市里的原则，比如"满仓、集中、加杠杆、跟上热点、轮番炒作、买入明星企业"等，而在熊市的时候又会大讲外部的经济形势和困境，毫不理会已经跌落到便宜得夸张的股价——以往看似很合乎逻辑的价值机会，似乎在"恐慌"的威逼下全部烟消云散了。

但是，所有的牛熊都是人们事后才能认定的，期盼对牛熊的准确掌握是不现实的。与其如此，还不如去做价值深度的研究。若不讲价值深度，一旦乐观预测的牛市不来或延缓若干年，随意的布局很有可能会耗费掉上个牛市所得的超额利润。

在市场待得越久的人越会懂得的"活下来"的重要性，这远比"一年翻几倍，抓紧时间赚快钱"要高明得多。当然，深度价值投资策略一定不符合普通人的赚钱观，因为普通人要在市场上取得长期的满意收益异常艰难，所以大多数投资者总担心错过机会，这时候我们要记得一句话："纵使错过大多数机会也并不会给我们造成一丁点的蚀本，而那些被我们靠耐心和毅力抓住的确切的深度价值机会，很有可能成为一生的成就！"

五、 深度价值投资修炼的主要方向

从入市以来 20 多年里,我一开始会急急忙忙地进行交易,很多次以后发现这样得不偿失。并且我发现市场不乏恐慌和贪婪带来的机会,"慢"下来,少交易,学会了耐心和保守,反而收获了更多。如果投资决策者没有耐心和保守的性格,深度价值投资机会也许根本不属于你,无数次牛熊下来,你会发现自己只是市场价值规律作用下的一位旁观者。只因为见涨说涨,见跌喊跌,所以也只能是被市场波动裹挟的利润过客。

价值投资有大概率能成功,因为成功的价值投资者都能抓住"市场先生"的弱点。市场先生经常用喜怒无常的情绪来践踏价值规律。我们看同样一家企业在同一年度里,尽管经营状况没有发生很明显的变化,但是股价却可以向下跌去一半,或向上涨出一倍甚至更多。价值投资必须利用这种市场价格的扭曲,利用市场自行矫正的功能来留住利润,进行年复一年的复利累积。

1984 年巴菲特在哥伦比亚大学的讲话中说道:"我确信股票市场中存在着许多无效的现象,这些'格雷厄姆-多德都市'的投资人之所以成功,就在于他们利用市场无效性所产生的价格与价值之间的差异。在华尔街上,股价会受到羊群效应的巨大影响,当最情绪化、最贪婪的或最沮丧的人决定股价的高低时,所谓市场价格是理性的说法很难令人信服。事实上,市场价格经常是荒谬愚蠢的。"

这种经常出现的"荒谬"价格，就给价值投资者带来了最好的交易机会，于是我们在进行投资感悟升华时，就能很明确地找到以下五个需要不断感悟的重要方向（见表1-1）。

表1-1 五个需要不断感悟的重要方向

方向	四字总结	核心问题
天时	易顺天承	客观规律是如何在价值投资中起作用的？
地利	海纳百川	如何寻找财富聚集的价值洼地聚宝盆？
人和	道法自然	如何理解人与规律的和谐共生、天人合一？
尺度	仓位管理	如何进行有效的资金仓位管理？
心性	自我修行	如何能将简单的事情做到极致？

（1）**天时之易顺天承**。感悟的核心问题是"客观规律是如何在价值投资中起作用的？"

易顺天承，"易"可理解为变化或交易，"顺"指的是顺应，"天"即为规律，"承"就是承办、承接。整体意思就是一个投资者依据什么制定投资策略？其实你只要简单地顺应价值规律就行了，规律为你承办了交易，你只作为一个旁观者或是听命者就足够了，每走一步，都由大规律指引，投资收益自然就来了。

（2）**地利之海纳百川**。感悟的核心问题是"如何寻找财富聚集的价值洼地聚宝盆？"

金钱如水，会滚滚流向世界上最低洼的、最具容量的地方，价值投资要"向宽处行"，靠耐心和毅力汇集财富。

（3）**人和之道法自然**。感悟的核心问题是"如何理解人与规律的和谐共生、天人合一？"

道法自然,是《道德经》里的一句话,"道"就是客观规律,"法"是效法遵循。所谓的"天人合一"在投资上的运用就是人们的行为也必须在客观规律的指导下进行。市场趋势、主力资金、政策方向等促成市场变动的因素并不是主导市场长期走势的根本原因。根本原因只有客观规律,是不以人的意志为转移的社会和自然的发展规律,所以价值投资按规律办事,起到修正市场跑偏的作用,是符合人们长远发展意愿的和谐正道。

(4) **尺度之仓位管理**。感悟的核心问题是深度价值投资在贯彻保守思想前提下,"如何进行有效的资金仓位管理?"

巴菲特的老师格雷厄姆在1929年经济危机中的教训,可以说是一笔宝贵的财富,而且几乎是所有价值投资者的经典案例。在经历这场大危机后,格雷厄姆在资金管理方面提出75%股票和25%现金债券平衡的仓位管理方法,保守投资者甚至可以对这两类资产进行50%对50%的平衡布局。进行有目的的仓位管控和定期平衡,可以克服人性弱点、节制贪欲,做到在任何时候都能进攻或防守。我们采用根据市场整体价值形势来确定仓位的方法,将在后面的章节中详细叙述。

(5) **心性之自我修行**。感悟的核心问题是"如何将简单的事情做到极致?"

"心性"即所谓性情,也就是性格、习惯。好的投资习惯需要日积月累。不断在自我修行中培养铸就。最有效的价值投资理论其实并不难,难的是知行合一地执行。长年复利前行,需要有固定之规,不随风摇摆,不进行赌博式的投资。最好的解决办法就是将好的投资理念转变为一种性格和习惯。

所以,自我修行的主要课题就是需要投资者与投资理念做心灵上彻底、反复的沟通,通过不断实践、反思和总结来逐步坚定自己的投资信念,培育自己良好的投资习惯。

价值投资需要宁静淡泊的投资心性,需要不断的学习和自检。为此我们需要克服一些不良心态,比如,总想一语惊人地预测涨跌和行情、好的时候炫耀鼓噪业绩、差的时候渲染恐慌、盲目攀比、对不了解的东西随意评价、用情绪来臆测涨跌等。虽然这些大多是日常细节琐事,看似问题不大,但细节足以决定未来的成败,努力去掉这些平时的坏毛病是完善投资的必由之路。

六、 什么样的企业最值得投资之超级品牌

以深度价值投资者的角度来看,具有全方位深度价值的企业最值得投资。巴菲特在名为"什么样的企业最值得投资"的演讲中提到最值得投资的企业特点:"我要找的就是生意简单,容易理解,经济上行得通,拥有诚实、能干的管理层。这样,我就能看清这家企业 10 年的大方向。如果企业做不到这一点,我是不会投资的。基本上来讲,我只会买那些即使纽约证交所从明天起关门五年,我也很乐于拥有的股票。如果我买个农场,即使五年内我不知道它的价格,但只要农场运转正常,我就高兴。如果我买个公寓群,只要它们能租出去,带来预计的回报,

我也一样高兴。"

归纳起来也就两点最重要：

（1）简单易懂，自己熟悉，大家耳熟能详。

（2）有宽阔的护城河。

如果你是非专业的一般投资者，我建议你用一些常识选择企业就够了，并不需要研究企业伟大不伟大，盯住一两个财务指标，然后再如福尔摩斯一样跟踪最佳买点，用常识、模糊的正确、耐心的持有获得不错的利润。

比如你可以观察，在行业中具备以下两个条件的企业：

（1）长期维持行业领先的较高毛利率、净资产收益率（ROE）。

（2）长期持续发放较高的股息分红。

在同一个行业里，毛利率一般是衡量企业或产品竞争力的一个很形象的财务指标，它能记录这家企业的或者整个行业的发展历史和未来趋势，体现该行业的集中度和该公司在其所处行业的地位之变化情况，并能大致体现品牌的忠诚度和溢价程度。

毛利率 =（销售收入 – 销售成本）/销售收入

而净资产收益率能体现单位净资产的投资收益如何。

净资产收益率 = 报告期净利润/报告期末净资产

长期持续发放高股息或高分红显示了企业的内涵。比如展示了企业充沛的现金流管理能力、经营稳定性和对待股东的忠诚态度。在同一行业中相互对比，持续发放较高股息分红的企业一定符合这样五种情况：

(1)行业地位突出。

(2)有一定的行业掌控力度。

(3)品牌美誉度较高。

(4)产品受众广,且附加值高。

(5)经营能力较强。

可见,以上两个条件几乎是最直观的企业评价要素。它们体现了行业竞争中的优势地位、经营中的现金流充沛、对股东的忠诚和责任心等。因为直观简便,易于理解,所以比较适合普通投资者作为依据,建立自选股进行长期观察。当然,选股距离买入还有一个耐心等待市场价格"错杀"的过程,方法简单易懂,难的是持币或持股等待的煎熬过程。

作为普通投资者,可以简单地用以上条件选择股票做成一个适度分散的组合。分散的是一系列具有以上特质的不同行业翘楚,但集中的是价值深度;虽然这样可能会错过一些很少分红的高成长股,但错过一两个未来长期黑马并不会让你业绩大幅折损,反倒是过滤掉很多伪成长、伪价值股的过程滤掉了很多大概率的风险。

价值投资者的普遍认知是:"买股票就是买企业。"这没错。除了以上我提出的简单判断可以买入的企业的大致条件外,大家也要理解这样一句话:"买企业就是买未来。"也就是说我们要买一家有着扎实的过去、稳固的现在、大概率还会有一个可以持续发展的未来的企业。因为对它们的一些企业特质进行定性分析可以发现:

（1）产品是长期的必需品，不大可能因替代品的出现而在短期内消亡。

（2）企业的行业地位稳固而突出，经营业绩优异且企业文化有一定惯性。

（3）企业的荣誉感或治理制度也约束着企业管理层要稳扎稳打。

我精选了36家企业作为"超级品牌股票"供读者参考（见表1-2）。

表1-2 超级品牌股票

品 类	股 票 名 称
啤酒白酒	贵州茅台、泸州老窖、洋河股份、青岛啤酒
食品饮料	海天味业、双汇发展、伊利股份、养元饮品
纺织服装	伟星股份、鲁泰A、九牧王
医药商业	华东医药、药明康德、恒瑞医药、信立泰、上海医药
轻工电子	奥瑞金、老凤祥、晨光文具、海康威视、伟星新材、裕同科技、法拉电子
出行汽车	锦江股份、中国国旅、华域汽车、福耀玻璃、精锻科技
居家家电	美的集团、格力电器、美凯龙、正泰电器
银行保险	中国平安、招商银行、建设银行

七、什么样的企业最值得投资之锁定大方向

要寻找最值得投资的企业，我们还可以用倒推法：先找到未来确定的社会、经济发展方向，然后向回倒推，找到当前最值得投资的企业。比如先确定一个未来有极高确定性能实现大幅发展

的行业或细分行业,再从行业中挑选最优秀的种子选手进行战略布局。上文中轻工电子行业的海康威视和白酒行业的贵州茅台,当年我便发现并持有了——它们就是放眼社会发展未来,再倒推回来发现的"希望种子"。显然,它们已经成长发展数年了,已经过了"种子"阶段。

那么,按照这个办法,我们来研究一下未来的希望种子在哪里。接下来我们分三步走:

第一步,从整个社会发展方向出发,确定未来能够蓬勃发展且确定性极高的几个行业方向。

第二步,倒推回现在,比较一下看看这些行业方向里最有前途的某几个细分行业。

比如看好新能源行业,但行业中主要细分行业肯定竞争激烈,不好选择最终胜者,此时与其共生的上下游行业可能会提供最好的选择。

第三步,梳理一下,其中有没有独角兽或鹤立鸡群的企业已经显现?

以下涉及公司只是举例,不做推荐,以提供两种思路。

第一思路:未来的确定性。未来物流会越来越发达,快递行业将突飞猛进,并且大规模使用新能源车。

(1)从快递行业的突飞猛进到物流,再到新能源汽车,再到车身的轻量化解决,你会发现铝合金材质的轻量化车身是汽车、火车、飞机等必需的材料,你会找到中国忠旺这家公司。

(2)从新能源到光伏再到低压电器和设备一站式解决方案,

你会慢慢关注正泰电器这家公司。

（3）从物流运输的环保要求到新能源汽车的零部件，再到汽车精锻齿轮的生产，就会转到对太平洋精锻科技这家公司的研究跟踪。

（4）从物流速度的加快，快递业的崛起转到顺丰控股公司的研究，再从快递包装业兴盛转到对裕同科技这家包装解决方案提供商的研究。

第二思路：供给侧改革是国之重策，是长期的必须坚持的重大策略方向。

供给侧改革，让那些资源（能源）利用规范、或规模成系统、管控有节制、技术高精尖的传统行业龙头长期受益，提升了其产品附加值。由此可挖掘如中国神华、江西铜业、太钢不锈、宝钢股份、大秦铁路、上海汽车等支柱型国企"明星"。它们能最先利用技术改善生产环节的能耗和污染问题，并且在小规模企业不断被淘汰或兼并中大大受益，逐步抓住未来成长机遇，成为未来最具话语权的行业先锋。

当然以未来看现在，不限于以上举例的内容。只要方向正确，符合人们物质生活水平不断提升的发展道路，你就找到了行业的发展趋势，就可以在其中仔细筛选最具成长希望的好企业。但是无论如何要记住：选出再好的企业，也要耐心守住安全边际，"好股好价"才能确保长期复利收益。

用未来发展大方向锁定最有前途的上市企业，这是对超级品牌投资组合的一个补充。因为很多时候超级品牌不会给你最好的买入机会，所以自己的组合里应该补充一些其他的深度价值股票。与发现超级品牌类似，找准符合未来大方向的企业靠的肯定不是价值投资者的空想，而是利用社会发展规律和基本常识来进行客观推理的结果。

八、深度价值投资简单的交易条件

一般具备常识性选股能力的股票投资者，在选取具有基本面深度的好企业时，只需要根据自己所掌握的线索，一步步总结推理出最简单的交易标准即可。坚持简单的交易标准就可以抵御绝大多数市场风险，也可以基本保证未来复利收益的持续。那么这里的要点是什么呢？如图1-3所示。

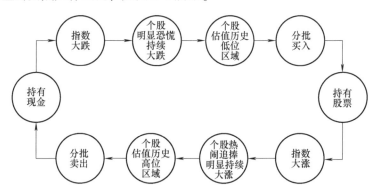

图1-3 深度价值投资循环图

图1-3是普通投资者进行价值投资的最简单的交易循环图。可见，简单的价值标准买入原则就是：

恐慌的大跌后在历史估值低位区域买入。这是最简单的交易法则了。反之，卖出的原则是：热捧的大涨后在历史估值高位区域卖出。

如果单看指数涨跌觉得乏味没内涵，那么如图1-4所示，连接指数高低点和市盈率高低点的连线图，会让你感觉有些意思。

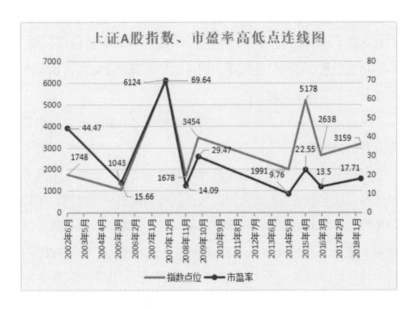

图1-4 指数与市盈率高低点连线图

（1）指数的大涨大跌一定伴随着估值的大幅变化。

（2）历史上上证指数恐慌之后见到的阶段大底都大约位于估值在9~16倍市盈率的区间内。

美国股指绝大多数时间都在10~25倍市盈率之间徘徊，10倍左右是安全区域，25倍以上是危险区域。图1-4中还有个细节，在 2015 年 4 月份，显示上证指数平均市盈率 22.5 倍，指数 5178 点，似乎有些不搭。但此时深证 A 股市盈率已经在 60 倍以上，由于杠杆牛市"炒小票"为主，所以这种结构性行情显示指数大涨，高估部分就在小盘股指数。后来继续创新高的大多是以银行为代表的大众蓝筹白马股，而很多业绩不能持续成长的中小品种至今还无法恢复元气。这就是整体估值研究的魅力，在我们自下而上地选股时，面对个股估值高低捉摸不定的模糊区间，不妨稍加留意整体的估值水平，它可以让投资者清醒地认识整个系统运行到了什么位置。

在低市盈率区间选股买入的策略是如此之有效，下面我们看看其背后的道理。

市盈率是某只股票每股市价与每股盈利之比。它基本体现了单位购买成本和单位盈利之间的比例，在很短的一段时间，比如一年内，整体市场综合盈利水平的增长是有极限的，但指数可以快速上涨 50% 甚至更多，这就意味着会有人在短短一年时间内付出比一年前投资大 50%，甚至更多的价钱买几乎是同样盈利水平的东西，这里就蕴含着一定的风险泡沫。想一想，同样估值的东西在短周期内价格差异巨大，这背后肯定有一大批人在比较疯狂地非理性买入，因此可以认定：能够真正落实价值投资理念的人，其实在市场上极为罕见。这也符合在市场上只有极少数人能够持续获得满意收益的客观规律。

那么，最简单的价值标准条件就如沃尔特·施洛斯所言：关注上次熊市底部的价格。言外之意就是上次熊市底部的估值极具参考价值,从图1-4中可以看出:即便不能找到每一次的价格底部,但至少我们能够轻松买在大致的模糊安全的区域。

我们再来看看指数市净率相对低点时的未来发展状况(见表1-3)。

表1-3 2002—2018年的四次大底的综合估值情况

指数低点时间	对应指数	对应市盈率	对应市净率	随后指数最高涨幅
2005年5月	1043	15.66	1.67	500%
2008年11月	1678	14.09	2.15	112%
2014年5月	1991	9.76	1.29	160%
2016年2月	2638	13.5	1.55	36%(进行中)

我们来总结性地回应几个问题:

(1)为什么要关注指数大涨大跌呢?

普通投资者对于企业的研究程度有限,但可以选择优质龙头做成一个类指数的大组合,就不用非常细致地研究个股,靠一般常识选股就可以。而且只有在整个市场比较低迷,指数一再创下新低的时候才有可能成群地出现深度价值股票,这时候选股买入比较轻松。

所以,要关注大级别的指数震荡,它直观地体现了市场集体情绪:恐慌或是贪婪。

(2)表1-3说明了什么?

A股市场中并不缺乏机会,最缺乏的是投资者的耐心,在进入统计的16年里大致出现了四次机会,平均四年一次大机会——"鲤鱼跳龙门"的机会。实际的个股涨幅要比看到的指数涨幅更猛烈,一些优质股在指数涨幅一倍的情况下有 3~5 倍的上涨幅度。

(3) 如何认准最佳的交易机会?

没有恐慌性的大幅下跌,就无法浮现出最确定的深度投资价值。每次回看指数或股价从一个暴跌的深坑里面慢慢爬出后,你就会惊叹其价格竟然到达过那么低的位置。总会有人后悔没在暴跌之后多买些廉价股票,那是因为每场大跌必有缘由,必有恐慌气氛围绕,能坚持价值深度和保守思想,排除周围所有困扰羁绊而分批买入的只有极少数人。**所以最佳的交易机会就是:市场已经进入了估值历史低位,但由于消息面影响继续恐慌大跌的时候。**

谋划绝佳的布局机会,深度价值投资者的策略就是:先自下而上地选择个股跟踪,等待整个市场过度低迷进行买入,然后在估值低位的恐慌下重仓进入,长期来看这样出错误的概率非常小。

同理,没有价格的大幅上涨,也很难体现出大众的贪婪本性。回看那些暴涨的历程,你会惊叹当年在市场指数达到如此高位时,市场人士却毫不畏惧、不知退却,大众的贪欲造就了群体性的疯狂。人性的疯狂贪婪在世界各国的股市中都被无数次验证过。可以确切地说,证券市场的崩盘大都来自高涨盛宴之后的快速退潮。能坚持保守理性思想,敬畏高估值而总能理性分批退守的人才是最终的大赢家。

光是明白以上这些大道理还不够,我们进行交易必定要有原则,哪怕是长线交易,也需要找准自己的基本交易逻辑,然后构建自己完整的投资系统。

九、投资交易的基本逻辑

深度价值投资的"深度",在本书里不仅仅是"买便宜货"这么简单的字面含义,即便是"便宜"这个字眼,也包含着比较丰富的基本的交易逻辑。我们来看股票交易市场,它的基本逻辑就是这样一个"三交换"的交易市场(见图1-5)。

图1-5 投资交易三交换

1. 价值交换

市场价格忽高忽低,但交易标的内在价值在短时间内其实只有一个。无论交易双方是如何达成的交易,在交易完成后,标的物一转移,其内在价值的归属也转移了。

2. 权利交换

在公司的经营管理和盈利及财产的分配上享有普通权利的股份，代表满足所有债权偿付要求及优先股东的收益权与求偿权要求之后，对企业盈利和剩余财产的索取权。当股票交易完成后，此权利也随之转移。

3. 风险交换

伴随股票交易的完成，股票所蕴含的所有风险，比如由企业经营出现问题、市场价格下跌等带来的市值折损等风险也一并转移；随着股票交易完成，风险也由出售者转移到购买者这一边。

因此，伴随着投资交易的完成，"三交换"的过程也就是财富重新分配的过程，虽然交易双方各有各的交易目的，但是要在无数次交易中获得超额溢价，就必须遵守"三交换"的基本逻辑。

股票是指以主张企业权利的有价证券。随着企业经营情况的变化，其股票的价值、风险不断发生变化，从而影响其实际价格变化。因此，最有利的交换一定反映了价值最大化、财产权利最大化、风险最小化的权衡。交易者未必在交易前都经过了严谨认真的研判，或因能力有限，极有可能在交易中，承担了不对等的风险，其一般表现就是以过高价格买入了股票，或以过低价格卖出了股票。总之，随意而不严谨地对待交易，很容易让对手大获其利。放眼股票市场，随手交易、赌博式的买卖屡见不鲜。因为深度价值投资要逆大流而行动,所以这种"情绪化"交易情况越普遍,深度价值投资者就越可能在市场上如鱼得水,赚取丰厚利润。

基于此,我们要胜过交易对手,就要认真地做好以下工作:首先要确定交换后的自己所承担风险几何,其次要认真分析交易价值,考量标的内在价值与交易价格之间的关系即"性价比",最后要看看交易后资产权利主张是否能够得到实施和保证(仅指合法的场内交易,要对场外的原始股"忽悠"交易持谨慎态度)。

在交易之前,要严格考查"三交换"对我方有利的程度,把基本面的价值深度估量放在交易研究的第一位,而由此产生的投资策略就是深度价值投资策略。为了"交换"时的极度不对等,你必须等待对手犯下大错误。正如巴菲特所言,要"大众贪婪的时候我恐慌,大众恐慌的时候我贪婪",没有市场价格恐慌的大幅下跌,就没有对手的非理性错误,也就没有最确定的深度投资价值,任何投资品种都是如此。

通常情况是,当恐惧和贪婪情绪充斥市场的时候,大众就会把投资交易"三交换"的基本逻辑都忘在脑后了。当投资者不去思考原则或规律,而完全被自己的情绪悲喜所支配,就肯定会被"市场先生"左右,跟随"羊群效应"进行非理性操作。忽略了以上"三交换"的正确逻辑,不顾价值、不顾权利、不顾风险地进行随意交易,长期蚀本或是获得平庸的收益就是自然而然的事了。

十、 投资新手过三关

投资 20 多年，我总结了许许多多身边的投资新手们所犯下的错误，其实无非就三条，因为这是我最常听身边新股民提及的三条，想必也是最难逾越的三关，或叫投资新手的"三不懂"。其实不是不懂，只是因为人性本贪婪，导致很难克服自身的弱点而已。

第一关，分批交易，分散布局。投资新手往往不懂分批买卖、分散保守布局的道理。他们总是认为买入卖出应一气呵成，何必拖泥带水地分批分散？这就是要过的第一关，新手经过数次市场的洗礼，最后才会懂得：分批买卖收益高，适度分散布局最牢靠。

大众情绪随着市场波动而起伏，多数人以为的"现在"，其实都是已经发生的"过去"，未来却总是那么变化莫测。因此，笔者建议投资者们最好拿稳价值之尺，不要臆测牛市和熊市处在哪个阶段，始终分批买卖、保守而行，在分批分散的交易间隙多总结、多思考，最后反而会获得更丰厚的利润。

第二关：保留现金，按比例加仓，永不满仓。投资为长期满意复利而来，但往往你越想赚快钱就越难赚到钱。多数投资者一年 365 天几乎天天满仓，没有保留现金的概念。老手总是胆小怯懦，眼向下看；新手总是胆大且自信满满，眼向上看。不满仓，留点后路有那么难吗？是的，很难，性格所致，这对很多人来说难于上青天。现金好比氧气，总是在最需要的时候才能感受到它的珍贵，但在关键时候却发现它竟是如此稀少。

第三关：长线是金，耐心守候。新手不懂长线交易是金的道理，总是喜欢频繁交易，追涨杀跌就在一念间。

新手的关键问题是不清楚自己的能力大小，不关心每一笔投资的确定性几何。如果认为短线交易的确定性极高，他们就会按次计算或按天计算复利收益，认为长此以往，小小的复利就富可敌国，但这种理想化的短线操作现实性几何？但如果获利确定性很差，做成"负复利"，那么再想挽回损失就很难了。因为如果没有确定性做保障，很容易被情绪所左右。随手交易可能进入恶性循环：越做越差，越割肉越厉害。环顾整个市场，这样的"短线赌徒"比比皆是。

要过这一关，必须做好长期投资准备。每年核定自己可用于投资的闲余资金量，必须提前充分准备应对日常生活和突发事件的现金需求。不能等突发事件来了，才匆匆忙忙地割肉取钱，将很多投资理念和计划抛在脑后。再好的理念无法知行合一地执行，也是形同虚设。俗话讲："长线是金。"是因为投资主要靠企业的稳健经营和不断成长来赚取确定性的利润，但企业经营效果的显现都比较慢，短则一两个季度，长则两三年才能看出端倪。所以要保障长线投资持股等待的需求，必须用闲钱来投资，用理性来掌控自己的账户。

十一、 怀抱价值之尺， 悠然而行

塞思·卡拉曼说过："最近一段时间的市场热点，必然得到热捧，从而推高股价，这可以看作是对未来的'诅咒'。当然，人的本性使我们很难去接受最近表现很差的品种，但这正是长期投资成功的关键。"这就说明了一个比较深刻的道理：价值投资是不"追新"的，那些追逐潮流的大多数人是很难在市场上持续赚钱的。

一个时间段内的市场冷热当然是由参与交易的资金态度决定的，或者说是由主流资金背后的交易群体的立场决定的。但是，如果你用价值之尺去衡量的话，事实就必然要和主流资金的意愿背道而驰了：那些被热捧的、大涨过的股票一定不如从前更有价值了；而那些从前就有价值的、一直没涨的股票，反而在不受热钱关注市价回落后越来越有价值了。这个结论显然与时下的冷热风评是反向的。

卡拉曼接下来解释道："当下跑赢大盘的品种，不会也不可能永远保持高位。如果某一个板块跑赢大盘的时间持续相对较长，这样的表现一定是从未来'借'来的，将来'还'的方式，要么是未来长期跑输大盘，要么是暴跌。"

如果卡拉曼这样的大师级投资者、经验丰富的资产管理人所言没错的话，就进一步说明投资者若能够在这种市场大潮中清醒地保持独立思考，能坚持"怀抱深度价值之尺"到底有多么重要了！其实，几乎所有的价值投资大师都做过这样的忠告，霍华德·马克斯说："第一个准则，大部分事情都有循环起伏；第二个准则，当其他人忘记第一个准则时，你就有获利的机会。"

没有价值之尺，投资者的情绪总会随着涨跌发生微妙变化。要做到"怀抱价值之尺，悠然而行"，以下三点是关键。

（1）保持舒适的仓位。

想要知道自己的持仓比例是否舒适，首先就要清楚自己投入的资金的风险承受力，比如这些资金能承受的最长、最大回撤是多少。然后，要模糊地计算出你所持有的品种可能遭受的年度最大浮动损失是多少。

把以上两个问题解决掉，你就会清楚地知道自己舒适仓位是多少了。

（2）谨慎对待杠杆，不抄近路，不做短线。

不要做经不起时间考验的游戏。经过多年的投资，我并没有见过哪些喜欢投机取巧的投资者获得过很好的收益。价值投资者要尽可能做"愚钝"的投资，不抄近路，抱拙守一才能有未来的大前途。

（3）常念投资经，拒绝永久性损失，知行合一。

投资，需要一些经历和不断反思才会成熟，想要克服人性，就需要管住自己的每一次操作，梳理清晰自己的投资理念，拒绝任何诱惑。唯有保守投资者夜夜安枕，所以在整个投资过程中我们需要不断警醒自己，不断感悟投资经。念投资经绝不能临时抱佛脚，好的投资习惯也不是一天养成的，必须做好长期学习、修行的准备。投资，必须经过不断打磨，才能升华，最后进入知行合一的完美境界。

十二、 投资修炼三要素： 空间、 尺度和心性

价值投资是站在投资企业的角度，挖掘长期获利机会，因此，价值投资不仅仅是能抓住稳定获利机会的一种手段，其背后还隐藏着更深的类似哲学般的内涵。将简单的东西拓展成很复杂的系统，说明投资者有过艰苦思考和学习的过程。而将繁琐复杂的系统归结成几个字，回归简洁，则更需要投资者经年累月的学习思考。所谓的伟大投资者无非是在三方面达到了顶级水平：

（1） 空间：长期收益空间巨大。

（2） 尺度：风险控制尺度掌握卓越。

（3） 心性：心理素质和性格特质极其适合投资领域。

投资伊始，我们需要了解在这个市场上，能大概率持续获取不错收益的投资策略，它们的利润空间来自何处？也就是始终怀有这个疑问：如何创造长期的、比较大的收益空间？伟大投资者的利润空间来自于市场大众的错误，来自优秀投资标的遭到的价格"错杀"；价值是由扭曲的过激恐慌市场创造的，又是由市场的过度追捧毁灭的。

虽然"恐慌"与"贪婪"这两种状态不直接意味着投资大众对企业的价值有所错判，但如果能敏锐地利用这种癫狂行为跟踪优秀企业股票"性价比"的变化，却能大概率获得成功。于

是，财富在恐慌和贪婪的每一次癫狂中进行再分配，总是会从大多数冒险者手里不断转移到理性的保守者手里。卡拉曼视"安全边际"为投资者的生命。安全边际意味着以较低的价格获取较大的价值空间，只有严格遵循价值规律，持之以恒地强调风险，才可能获得价格大幅向下时进一步低价买入的空间，从而更能在未来股价的上行中占据优势。

在精准选股的基础上，跟踪标的价值深度，然后再掌握好的尺度布局，最后落实和持续贯彻，需要投资者有强大的内心和执行力。从心性上分析，伟大的投资者除了具有坚持己见、好胜心和自信心超强的特质以外，还体现出以下两个成功投资必备的基本心理素质：另类和耐心。第一，要做个另类，反大众思维和独辟蹊径地寻找冷门投资，才能真正选到价值、遇见低估。第二，要有耐心和毅力，牛熊转换背后的价值规律是不会错的，错的只是嫌路途漫长，饱受折磨，从而丧失了耐心或是随波逐流的大多数人。所有的失败都可以归结为没有强大的"自我控制力"，导致最后违背价值规律行事。

十三、价值投资的利润空间实现

任何商业模式实现利润无非是通过赚取商品差价或提供劳务、技术、服务等。那么为什么坚持价值投资可以确切地获得利润，而且可以无数次重复获利呢？

原因有两点：

（1）人们情绪的反复无常是人性决定的，投资市场大众的情绪化是交易市场的常态。大众经常出现集体性的悲观或乐观情绪，总会给价值投资人带来"可乘之机"。

（2）很多企业处在不断的成长变化之中。企业的成长使其内在价值提升，一方面给股价不断上行的机会，也让企业的估值底线逐年抬升；另一方面逐年提升的分红也会有力地帮助价值投资者不断兑现收益。

可见，价值投资的利润实现是由"悲观预期被平复、企业成长、乐观预期去追捧"这三层规律性原因叠加构筑的。股票价格与价值落差拉出获利空间，企业长期成长创造获利空间，市场的牛熊变换实现获利空间，这些空间的叠加，就是价值投资者超额利润的来源。不管如何制定策略和把握机会，价值投资的成功均离不开这三个空间。

这么看，价值之战就是"峰谷"之战，寻找更大的安全边际价值就是在寻找深深的山谷，寻找未来有持续成长能力的企业就是在寻找山峰，有山谷也有山峰的投资，才可能有不错的收益空间。

下面我举个例子，从一组数据分析价值投资的利润实现（见表1-4）。

表1-4　伟星股份2005年6月1日—2007年6月18日"峰谷"数据

	时　间	股　价	每股收益	市盈率	市销率
最低点	2005年6月3日	6.2元	0.39（2004年）	15.9	1.3
最高点	2007年6月18日	34元	0.56（2006年）	60.7	3.5
上涨幅度	2年左右	涨448%	涨44%	涨282%	涨169%

1. 价值估值收复

伟星股份2004年6月25日上市，因为市场低迷几年了，这个细分行业龙头一上市我就开始研究。当时就知道他们的业务员很厉害，也很拼，开始利用自己的纽扣渠道拓展做拉链，起步高端，逐步扩张。我当时认为它具备了一定的成长性，总股本不大，按照PEG=1（PEG为市盈率相对盈利增长比率，即公司的市盈率除以公司的盈利增长速度），大致合理估值在25倍市盈率，因为2005年业绩上涨25%，预估未来几年业绩涨幅要大于25%。如上表，2005年一直被打压到6月份的接近15倍市盈率附近，若根据我的估值标准看，价值会恢复到25倍市盈率，价值得到合理恢复可以促使股价上涨60%以上，保守估算也是有一定空间的。

2. 成长空间收益

每股收益从2004年到2006年上涨44%，其真实的成长空间叠加上一条的估值恢复正常到25倍市盈率水平，那么$0.56 \times 25 = 14$元，基本上是成长加上估值恢复后的合理价格。

3. 牛市估值溢价

这个很难确定，但按照牛市里保守的中位数以上的估值大概在40~60倍市盈率之间，可见在大致14元左右的价格上还可以有大概一倍的涨幅，如果再保守一些，20元以上的价格也应该能看到。

市场往往是非理性的，2006年和2007年两年的大牛市来临，我们在确定性地赚取了估值恢复和成长的钱之后，不能就此旁观。巴菲特说过"大众贪婪的时候我恐慌"，既然如此，不能只赚取以上两部分的钱，还要等待市场上大多数人士开始贪婪、开始疯狂，赚取牛市的超额溢价。

虽然在牛市里估值溢价的疯狂程度很难做到预测具体幅度，但至少可以在合理价格之上实施分批卖出交易，如表1-4所示，伟星股份在牛市大约还有150%的溢价空间等你慢慢享受。但记住两点：

（1）牛市里不用赚取太多，指数上行一半就行，慢慢分批减仓，反而收益最好。

（2）减仓后，现金不能再做随意的买入操作，必须等待下一次深度到来。

遵循了以上两点，接下来即便你预测不到暴跌的熊市即将来临，也不会冒着风险去追涨了，有价值尺在手，保你安全穿越牛熊。

十四、以小博大：1/10的10倍

深度价值投资的主要赚钱利器就是保守，即"保住本金，守住复利"。这就要求投资者提高准确率，不着急下手，别怕错过机会，用最精准的小仓位撬动大收益。

从上一节可以看出，只要具备两个条件，深度价值投资者是非常欢迎市场危机的到来的。

第一个条件，足够的现金。

第二个条件，捡起"金子"的勇气。

我们以保守的姿态，等待闪闪发光的金子，这种保守策略能赚钱吗？

大家熟知的彼得·林奇某年曾列出自己的个股成绩单，在标普500收益高达40%的情况下，他买的12只股票中有4只亏损，最多的亏了将近40%，还有7只股票赚钱了，但总计三年只盈利了30%。看似绝大多数股票跑输了指数，但除了这11只股票外，还有1只，它涨了10倍，一下就让总收益远远跑赢了市场。所以价值投资者尽可能按部就班地精准布局，但对每只股票的收益结果不能强求，甚至不必追求每只股票都赚钱。只需要找到那些看起来有可能涨10倍的股票放在一起，布局比例相仿，10只股票里抓到1只你就赢定了。

我们来做个计算：你将仓位分成10份，也许只有1份很神奇获得了大收益，其他9/10不管它怎样，哪怕跌得死去活来，只有1/10神奇地做到了10倍收益，结果怎样？就可以解放剩下的9/10。100万元中有10万元翻到了100万元，剩下的90万元随便它怎样，你都能赚钱。这给了我们一个什么样的启示？

启示一：不怕小。一定要重视哪怕再小仓位的投入。保守的仓位也可能有不俗的表现，小仓位可以撬动大收益。只要是非常有深度的价格，哪怕是慢慢分批买入一点小仓位也不错，所以随时留有足量现金十分重要。

启示二：不用急。尽可能提高准确率，不匆忙下手，别怕错过机会，要精心对待每一笔投资，一定要有充足的资金等待大的危机出现。

启示三：高质量。一定要做一个高质量的组合，做一个确定性极高的深度价值组合，宁缺毋滥。然后要坚持持有一大段时间，等待种子发芽成长为参天大树。

这里讲的"10倍收益"是个虚指，也许是三倍五倍，也许是二三十倍。总之，大致意思是组合里那些特殊的高收益部分，因为它们持续成长而且成长幅度巨大，对组合的收益也会有不同凡响的贡献。

我们将这个"以小博大"的现象总结出来，因为它值得我们在制定投资策略的时候认真思考如何保守布局的问题。这个"1/10 的 10 倍"问题，会使投资者对仓位安排、危机买股、成长股研究、耐心等待、保守、深度价值等概念的理解，即对保守投资的领悟有一种豁然开朗的感觉。有时候，投资者习惯的、常听到看到的策略不见得是最好的策略。而那些看似不起眼、愚笨的策略经仔细研究后，却发现是最应该得到发挥、最值得从容坚持的策略。尾随大众思维或流行想法，很难发现投资现象背后的本质。

但是，不可忽视的是，"10倍股"的发现的确有很大的难度：难度一：什么样的企业能持续几年大爆发呢？难度二：如何能持有到 10 倍呢？难度三：如何才能守到"10 倍股"买卖位置呢？

为了化解以上难点，笔者数年间不断学习研究总结，后来认识到了一种处事原则叫：向宽处行。出自左宗棠的一副对联的末尾一句。

全联是：

发上等愿，结中等缘，享下等福；

择高处立，就平处坐，向宽处行。

也就是说在投资路上，我们努力往最好的投资结局上去做，但结果如何都坦然处之，对利润不贪不怨，按照价值大规律"择高处立，就平处坐，向宽处行"就很好了。我们努力在最恰当的价格时机慢慢做成最好的投资组合，保守而行，以博大的胸怀迎接利润如泉水汩汩而来。

根据以上思路，我们需要：

（1）重视自己所掌握的每一分钱，努力开始寻找 10 倍股的共性，做一个好的组合，即使不是 10 倍，就算是再小的部分实现五倍八倍的收益也是不错的成功。

（2）尽可能做长线投资，要有耐心把握企业的长价值周期，磨炼出精益求精和耐心等待的精神。

（3）不要畏惧恐慌情绪，不要人云亦云，要我行我素特立独行。

这个"1/10 的 10 倍"理念分析，为我的系统建立保守的深度价值投资风格打下了坚实的理论基础，是非常直观易懂的好思路。

第二章 复利投资：反复利用大的 "价格扭曲" 实现复利

一、简单持有高息组合累积复利

简单理解复利，就是"鸡生蛋，蛋生鸡"，俗称利上滚利。在股市投资中，投资者完全可以建立一个高分红组合，去实现"股生息，息生股"利上滚利的复利累积。如表2-1所示，笔者精心选择了近十年"分红王"的市值成长和分红情况，仔细看看，是否感触很深呢？

表2-1 A股上市公司"超级品牌＋分红王"十年市值分红统计

代码	上市公司超级品牌	2008年4月18日市值（亿元）	2018年4月18日市值（亿元）	市值涨幅	期间每股累积分红（元）	十年前股价（2008年4月18日）（元）
600104	上汽集团	817.6	3732.7	357%	11.5	12.48
000651	格力电器	312.3	2863.6	817%	48.3	37.4
000895	双汇发展	211.0	853.4	304%	34.6	34.82
600519	贵州茅台	1605.4	8540.3	432%	44.3	170
600887	伊利股份	123.5	1759.6	1325%	17.5	18.54
600612	老凤祥	23.6	125.9	434%	7.5	16.26
600009	上海机场	377.7	868.9	130%	2.8	19.6
600754	锦江股份	60.6	266.5	340%	4.55	13.56
002003	伟星股份	32.7	66.75	104%	8.19	21.8
601607	上海医药	40.2	442.3	1001%	6.54	7.06

注：2008年4月18日上证指数为3094点，2018年4月18日上证指数为3091点。

这样简单的高股息超级品牌组合，有两个最大特点：

（1）选股很简单，因为有显而易见的极佳品牌效应和股息分配。

（2）不管长持或是做价值判断，都是能夜夜安枕的放心投资。

虽然有些超级品牌市值扩大有短期再融资因素，但是如果再融资毁灭了价值，反过来也会影响市值的维系；如果再融资推动了企业发展与成长，则会给市值维系和不断上涨带来福音。细细总结A股市场，可以搜寻出不下50家这样的高息超级品牌企业：品牌价值巨大、品牌耳熟能详、高股息持续派发、成长稳健、价值判断简易、风险保护好、安全性高。

因为只要投资者买进了股票，钞票就变成了股票，过去还能换来一张纸质凭证，现在连这张纸都看不到了，是"摸不到、抓不牢"的电子凭证。上市股票的资产未来由市场和企业说了算，那么不选择最优秀的企业，还想要这部分资产保值增值绝非易事！因此，我们必须踏踏实实去研究：自己的真金白银投资的是什么样的企业？企业最终能留给投资者什么？

其实，高分红的优秀企业的股息收入是最靠谱的利润累积，因为它是唯一不利用市场差价完成的利润累积。对稳定分红的企业股息率的高低评判，有助于我们了解企业的大致估值情况。因为分红不改变企业内在价值，也不改变企业固有的盈利能力，所以评估企业是否有投资价值的时候，在考虑其他财务指标是否正被低估的同时，要严格衡量一下其股价和股息之间的比率，当其他财务指标被低估且显示股息率处于历史最高水平的时候，往往是股价处于被"错杀"最凶狠的时候。

而且，长期股息分配的多寡也是最直观的企业发展趋势展现。如表2-1，上证指数从2008年4月18日的3094点到2018年4月18日的3091点，涨跌幅几乎为零，这十年宏观经济和证券市场经历了不少事情，但高分红的行业优质龙头企业却以淡定的步伐、丰厚的累积分红，完成了十年市值不断攀升的飞跃。

普通人无法做到极高明，那么不妨就做到极简单，将股票看作债券，寻找这种信用度高且利息可观的"债券"，做成一个较高股息的组合，买入后需要注意以下两点：

（1）价格没有出现大的扭曲就安静持股收股息，保留一部分变现权利，等待未来最好的投入机会。

（2）一旦价格显得明显过高，偏离实际价值，就逐步卖出高估值股票变现，等待股价向下的过激扭曲。

没有哪一次熊市会砸掉最优质企业的"饭碗"，它们大多都能跨越熊市不断成长分红，与股东共享经营成果，更何况深度价值投资者们建立的还是最优质股组合的"铁饭碗"。我们就这样反复利用"大的价格扭曲"，安稳而惬意地不断重复价值周期。

二、复利累积需要步步为营

众所周知，巴菲特从27岁即1957年开始有业绩记录，60年间资产翻了6万多倍，年复利20%多一点。其实，大家都明白复利累积的常识，比如一年定期存款利率是1.5%，你存款一年，然后继续连本带利再存一年，如此反复让利息继续滚动出利息，这就是最简单的复利收益。上一节讲过最有效的复利累积是高息组合，就如同"鸡生蛋，蛋生鸡"一样，我们来个"股生息，息生股"，持股数量不断扩张。即使在组合分红水平大体不变的情况下，随着每年收到的股息不断增加，投资组合未来一定会随着好企业的业绩成长和不断的股息分红让资产获得年复一年的不断增长。

步步为营，原意说的是军队每向前推进一步就设下一道营垒。我们利用优质股的高股息再投入也正反映了这种步步为营的好策略。当然，企业分红到手后不见得马上能发现称心如意的市场价格深度，这时候我们可以保留现金，等待最好的深度价值位置再投出去。

那么，这步步为营就是价值投资最简明的模式："低估值恢复产生利润，利润再投低估值。"价值投资就是一项无数次简单重复的单调工作，这需要细水长流地默默坚持。利用所获现金不断重复投入到深度价值中去，这种投资不是马上能获得惊喜的投资，但只要稳稳地、循规蹈矩地前行，默默地靠时间酝酿财富，最后的累积效应是惊人的。

市场大众往往只会感叹投资大师们所获取的丰厚财富，几乎很少有人细心琢磨与成功紧密相关的一些性格要素。所以，想要创造投资奇迹，取得最辉煌的成功，就必须磨炼自己的性格。有这种累积复利的超强毅力，并且将工作变为可以持续一生的浓厚兴趣，才是投资成功的最坚实保障。

坚持步步为营的好策略，意味着投资者可能要极力抵御一些诱惑。要重点警惕的是千万不要随手买入，付出不该付出的高昂代价。要做一个优秀价值投资者，必须学会安静等待，利用市场上的"价格扭曲"实现价值恢复或价值成长，以此获取收益累积。价值投资需要严谨的性价比衡量，没有"价格扭曲"就尽可能不出手交易，以避免频繁交易带来不必要的损失。

比如每年目标复利是15%，随手买入造成组合总市值三年零收益，未来就要用大约52%的年度收益来追回。如果这三年市场整体低迷，你的组合并没有大毛病，估值一直都很具有深度，熊走了牛总会回来，这还好办。但如果是组合建立得有问题，有部分遭遇价值陷阱或黑天鹅，造成了不可挽回的永久性损失，那么今后想要扳回就不易了，宏伟的复利增值之路就变得异常艰难。投资者通常都有这样的想法：失去得越多越想冒更大风险试图去夺回，于是很多投资者就在这样的恶性循环中亏蚀了大部分财富。

如图2-1所示，某风电股上市七年，股价跌至不到原来的1/10。如果组合里有这样的一个"坏分子"，七年下来股价复权后跌幅高达90%以上，则即使假设其仓位为1/10，也会直接将总收益拉低9%，七年里每年平均拉低复利接近1.3%。有了这样的"捣蛋鬼"，剩下的资金怎样努力才能够"贴补"这"负复利"？对比无风险收益，若是将这笔资金投入货币基金，每年复利以3%计算的话，"坏分子"每年平均拉低1.3%，两方面合计，一个正收益一个负收益，每年就因为这占比1/10仓位的股票，可以使总收益损失接近4%，也就是说它侵吞了大约4%的复利收益。

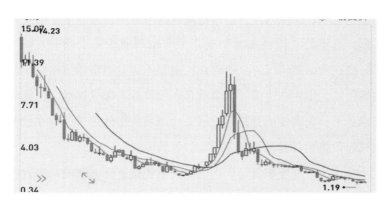

图2-1　某风电股上市七年股价跌至不到原来的1/10

上面的例子当然极端,但那些虽不极端,但一出现就是"一窝"的下跌,也会对复利收益造成几年甚至十几年的沉痛打击。因此,深度价值投资要求投资者宁可有许多的"错过",也坚决不能有频繁的"过错"。小心驶得万年船,一旦遇到价值陷阱或永久性损失,才想起保守理念之美,可能就悔之晚矣。

只有脚下踩着踏实,才有可能步步为营地不断进行复利累积!

三、复利奇迹产生的三要素

在20多年的投资实践中,笔者强烈地感受到了复利的神奇效果,梳理一下过往经验,以下三要素是复利产生的核心支柱。

第一要素:重复,坚持重复是最简单的复利原则

由于"价格扭曲"的现象频繁发生，价值投资者利用价格的巨幅波动，不断实现价值恢复或成长的收益，完成常年的复利累积。这里的"价格扭曲"是指经常出现股价或上或下大幅度远离内在价值的情况，企业内在价值得不到股票市场价格真实合理的反映。但内在价值就像牵动企业股价的一条风筝线，市场价格飘远了，内在价值会把它拽回来；市场价格低迷了，内在价值会托起价格让其迎风飘扬。

简单的价值规律就是价格围绕价值线做上下起伏波动。这些起伏波动的诱因很多，但归根结底是投资者的情绪在作怪，这就是人性弱点的体现。价值投资者只要坚持拿着价值尺去不断衡量市场价格远离内在价值的程度，就能找到不断产生复利收益的最好的交易策略，然后不断重复这种简单的工作，复利收益就会不断累积、发酵、爆发。

价值投资的工作就是这样简单：坚持分批投入"下过激"，耐心等待"上过激"分批撤离。价值投资者是人性弱点的旁观者：当人性的宣泄造成价格扭曲几近极致时，他们出来交易，利用大众对股价的惊人"错杀"或"错捧"来完成一轮价值操作。

笔者用"三个圆"阐释了简单的价值投资原理（见图2-2）。

"三个圆准则"：三个圆ABC，揭示价值投资全貌。

A = 深度价值 = 分批买入 = 熊极区域 = 下过激。

B = 持股守息 = 混沌区域。

C = 分批卖出 = 牛极区域 = 上过激。

人的一生也就能经历五六个这样的大周期，不用计较太多，

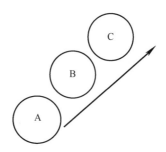

图2-2 "三个圆"阐释简单的价值投资原理

方向不能错,也不可中途摇摆不定。

每一个这样的大周期都是鲤鱼跳龙门的机会,平庸的投资者只会做平庸的事情,没有大格局是不行的。

简单的,才是最有效的。

所谓的"大熊市和大牛市",似乎是"上天"给予的"恩赐",因为它赋予人贪婪与恐惧的情感,于是人类的情绪化注定会造就市场不定期的价格扭曲。面对"恩赐":你不知分辨,就无法接受这种厚报;你不知等待,就会经常错过大的机遇。

第二要素:控制仓位,降低整体收益预期。

在股票市场做投资,要对自己的收益预期有清醒的认识,目前看:要超越银行存款只需年均复利大于3%,要超越无风险收益率只需年均复利大于5%,要超越巴菲特只需年均复利大于22%。但是,我们都知道巴菲特的长年复利收益是世界顶尖水平的,这就意味着普通投资者很难长期维持超过20%的复利。如果偶尔几年超越这个水平,也是短期的市场因素和自己的好运气相互叠加所致,时间一拉长,高收益极有可能被抵消,这种抵消形式无外乎两种:第一种,盈亏同源,冒险有冒险的收益或代价,业绩大涨大落,复利早晚被抵消至平庸水平;第二种,业绩可能会短期高涨,但无法长期维系合理水平以上的收益。

深度价值投资策略是将总体波动幅度控制在一个比较稳定的范围内,降低整体组合超高收益预期,保留足够现金,用精准选股、深度买入、保守持仓来做到稳定复利的维护,如表2-2的收益范围对比。

表2-2 深度价值投资与其他风格产品的收益范围对比

	年度最大波动范围	收益稳定性描述
深度价值投资	−20%~50%	期望8%~25%,稳定性良好
大众激进投资	−60%~300%	稳定性差,几年成绩有可能一年毁灭殆尽
大众平庸投资	−50%~50%	总在解套、被套中徘徊,收益不理想
银行存款	3%	3%复利,极其稳定
债券收益	−10%~10%	5%复利,长年统计下来收益比较稳定
货币基金	0~4%	3%~4%,比较稳定,随市场利率波动

第三要素:拉长周期,掌握大的价值周期,实施确切的长线"低吸高抛"

如图2-3所示,标普500大周期市盈率10~20倍的区间很明显,不管指数如何,价值线的此起彼伏非常清晰。普通投资者长期复利收益不理想,主因并不是没有买那些明星股,而是你没有彻彻底底地坚持大的价值周期内"低吸高抛"的策略。若头脑中有大的价值周期概念,按照价值规律简单重复长周期交易,相信一定会以稳健复利收益来实现财富的不断飞跃。

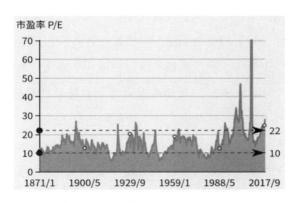

图 2-3　标普 500 长期市盈率图

来源:https://www.legulegu.com/stockdata/market/sandp

四、做一个保守投资的"傻瓜"

投资历史上,有很多实现过阶段性高复利的明星,其阶段性高复利被终止的形式多种多样,不管是遭遇股灾还是过分冒险,总之归结一点:几乎全是因为失去保守的投资原则。能像彼得·林奇一样,在 45 岁主动退出"基金"江湖归隐山林,就算是极聪明的了;要么就像沃尔特·施洛斯一样,一生保守如清教徒,过着极简的生活;至于巴菲特,聪明与保守兼而有之,更是常人所不能及的。

除了少数极幸运的投资者外，不管你背景、地位、学识如何，不管你曾经赚过多少钱，曾经如何精准地抓到一只长期大牛股，或如何精确地预测到顶和底，只要长期浸染市场，一旦在长期投资中偏离了保守主义和价值规律，早晚会遭受市场的惨痛打击。也许你会将它归结为偶然，但概率告诉我们它必然发生。

在股票市场中，衡量赚钱不赚钱要用一个或几个大的牛熊周期来看，"等潮水褪去"就知道投资者是真赚钱还是假赚钱了。真正的财富大转移一定是由多数人转移到少数人手里，从激进者转向保守者，它一定不会褒奖市场上绝大多数平庸的投资者。既然能到这个市场来搏杀的都自认为是"聪明人"，而且现在的投资市场各种信息异常泛滥、投资知识普及无处不在、各种资金势力盘根错节，什么样的人才能混在其中并稳健盈利呢？只有那些不沾染时风，将简单的大规律坚持做到底的"傻瓜"，才有可能获得巨大成功。

当市场上众多的"聪明人"跟着涨跌漩涡引发"羊群效应"的时候，有三种"傻瓜"获得了巨大成功。

第一种"傻瓜"是不经意的"傻"。他们没有理念和技巧，买入时感觉是家好企业就下手，然后能不浸染市场，做到手中有股心中无股，过自己该过的生活，过了许多年打开账户一看收益颇丰。大约2001年，我在大户室里的一位朋友要去南方做电器生意，急匆匆问我有什么好股票，能买上以后就不管了。我说，那就看看分红不错的电器股吧，他一下子把仓里的几十万全部买入格力电器，然后就没了音信。

我们最近通过一次电话,他说很少看股票,就看过两次,一次券商通知账户要升级,另一次是偶尔想起核对一下密码,一看有不少分红现金,然后又无脑加仓买入了格力,就一只股,估计也有几千万收益了吧。这个案例足够让市场大多数卖力交易做投资的人羡慕嫉妒恨了吧?

第二种"傻瓜"是因为一些条件因素被迫长持的"傻"。就比如 1988 年 12 月末万科正式向社会发行股票,因为一家本来承诺投资的外商打了退堂鼓,与王石相熟的香港人刘元生闻讯用 400 万港元认购了万科 360 万股,他坚持持有万科股票,可以说是对王石董事长和万科这个团队投出了信任票。万科董事会秘书认为,刘元生这样做可能也有被迫的成分。1991 年深交所成立,他的股票因为没有更换成标准股票而被冻结,也是客观上不能出售的原因。不管怎样"傻傻"地帮忙,他靠时间酝酿了一笔不小的财富,截至 2016 年持股万科 28 年,其财富至少已经增值到 27 亿元,赚了 749 倍,成为"万科的扫地神僧"。

第三种就是主动要做"傻瓜"的价值投资者。他们的"傻"不是不经意的傻,也不是被迫的傻,而是主动、安心、长年地做"傻瓜"。不管是做实业还是投资,有时面对诱惑,觉得进退两难举棋不定,那是因为人的贪婪本性正在发威。投资中抵御人性弱点确实很难,它像拦路虎时不时给出难题,这正是绝大多数人不能将事业做到极致的重要原因。既然我们走在投资的路上,就一定要争取做一生的极致投资,虽然大多数人成不了巴菲特,但这不妨碍我们做一个保守累积复利的"傻瓜"。这群人随时都拿着价值尺,不断跟踪好企业,去安排适度的仓位。因为只有在似乎是"无欲无求"的简洁投资中,才最能坚守住最初的承诺和原则,只有执着的"傻瓜"才会义无反顾地按照大的价值规律前行,复利累积才能在悄无声息中完成。

第三章 安全边际：深度价值投资的核心

一、过去、现在、未来全方位的安全边际

没有安全边际的价值投资者被卡拉曼称为"价值伪装者"："他们违背了价值投资的保守规定，使用夸张的企业评估，为证券支付过高的价格，没有给买入提供安全边际，因此并不是真正的价值投资者。20世纪80年代后期，价值伪装者得到广泛的接受和很高的回报，他们的一些做法在那些年很流行。而到了1990年，企业评估回到历史水平后，多数价值伪装者蒙受了巨大损失。"因此记住，偏执的保守并没有脱离价值，不顾安全边际的"价值乐观主义"反而偏离了价值投资。

很多人对价值投资有各种不同的偏见，这是正常的。比如一谈到价值投资就想到对钟爱的股票长期持有，其实脱离性价比的持有是不严肃的做法；但往往股票价格由低估到高估的价值回升过程都很漫长，因此不做好长期持有的准备也是不行的。如果没有价值尺，多数投资者在做投资决策的时候都会非常纠结，他们总会自问："高抛低吸，还是长期持有？"这个问题其实是有逻辑上的毛病的，即：在价值投资者看来，交易和持有时间本质上没有太大联系，其实持有时间长短并不是投资策略的组成部分，而是一种投资策略作用下的、附着在价值变化上的结果而已。

为了不产生对价值投资的偏见，投资者必须紧抓价值核心。**价值投资交易的核心问题就是安全边际的问题，因为不管是企业**

成长收益，还是估值修复收益，最终利润的实现都会体现在买卖价差上。企业长久的分红可以解决部分收益实现问题，但多数的股票投资（非做空）肯定需要"低吸高抛"实现利润，关键是这个"高"和"低"如何确认。掌握了安全边际这一价值投资核心思想，你就会清楚：有深度的安全边际就是"低"，没有安全边际甚至出现泡沫的就是"高"。

如果"低买高卖"是投资获利的重要途径，那么追求安全边际就是价值投资最核心的思想。安全边际是基于对企业基本面的严谨分析进行价值衡量的结果，是对企业各个时期综合考察得出的结论：有对过去历史经营状况的定性分析，也有对于未来成长性的保守研判，也是基于"当前"企业地位的定性研判等综合判断的结果。

就如同商人做生意一样，最先要做好"讨价还价"的功课，讨价还价的基础首先是对交易标的基本价值有清晰的研判，然后找到交易的安全边际，在安全边际基础上进一步讨价还价以增加己方的获利筹码。这样的话，可以说安全边际是深度价值投资的核心，也就是说，所有的深度价值投资研究基本都是围绕安全边际展开的。

（1）研究企业"过去"，通过对企业过去 5~10 年的毛利率水平、净资产收益率、股息分红、资产负债情况的了解，研究其历史经营稳定性，并定性分析其行业地位和产品用户的忠诚度。

（2）通过行业发展状况和企业产品、企业发展信息等，了解企业未来是否具有成长前景和长期持续经营能力。

（3）研究企业"现在"，通过最近年报确认企业发展阶段和静态估值水平，对照心里给出的安全边际，制定当前针对性的策略：是分批买入？还是作壁上观？

比如我的一位朋友慢慢开始建仓的分析：当前（2018年6月至8月）注意到美国加息，美元走势坚挺，对纺织股有积极影响，但是美元对我国国内纺织出口行业有较大的负面影响，美元指数从2017年1月最高值103下降到2018年笔者开始写这本书时候的最低值88，大跌14.6%，可谓是跌幅巨大，纺织出口行业股价受到汇率和市场双重打压，如表3-1所示，研究了两只长年持续高分红的纺织细分龙头股，在被美元打压后的投资价值分析。

表3-1 纺织细分龙头2018年4月22日安全边际分析表

纺织细分龙头	鲁泰A（000726）	联发股份（002394）
定性分析	色织布世界龙头 必需品 一体化生产 高分红历史悠久	色织布全球第二 必需品 科技实力强 高分红历史悠久
最低点P/E区间（现在P/E）	8~11（11.2）	9.2（9.75）
最低点P/B区间（现在P/B）	1.1~1.6（1.3）	1.02（1.13）
最低点股息率（现在股息率）	4%~5.9%（4.9%）	3.5%~4%（6.5%）
过去经营历史情况	长期优秀、稳定	长期优秀、比较稳定
未来发展情况	慢速增长可期 回购B股	产业链完整 科技力量强
安全边际评级（2018年4月22日）	较高安全边际	有安全边际

利用核心的安全边际要素分析，确定性价比和安全边际的可靠性后，这位朋友就开始分批建仓了。可见，为了保证"买入价

格安全",我们必须对企业过去、未来的经营稳定性和趋势做多重要素的安全性分析,因为除了静态衡量之外,我们还要保证在未来一个较长时期内,投资者的"估值"是有效的、确定的"真安全"。

二、 具有最大获胜概率的才叫安全边际

先来看一个概率游戏:

一个口袋里装了五种颜色的彩球各一个,其中只有一个是红球,彩球杂乱放在口袋里混合好,只留一个小口,让游戏者伸手去袋里抓,每抓一次之前要付2元费用,如果能抓住红球,就能获得比较高的奖金回报。

问题是:给你最低多少奖金,你才肯玩这个游戏?你通过计算,认为有20%的概率抓住红球,那么奖金到10元以上(五次中一次)才有赚头,你才肯玩。

我们来进行安全边际分析:

(1) 我们认定11元奖励就是此游戏的大致安全边际了,当然大大高于11元你更乐意。

(2) 只有抓五次或五次以上,即抓的次数多了才可能接近理论上的概率,才可能不亏钱。

(3) 另外还有运气原因,你可能抓五次甚至十次都抓不到红球,如果中途放弃,就会失败,保持信心相信概率,反复多次很重要。

所以，作为游戏者，你会希望：

（1）最好大大提高奖金水平，才能够有足够的安全边际。

（2）最好抓足够多的次数，才会接近心目中的大致概率。

（3）保持良好心态，当运气不在你这边时候，你有信心继续玩下去，才能得到满意的收获。

投资中的"安全边际理论"也一样，回到投资市场简单归纳：

（1）提高回报，光达到安全边际还不够，要有足够厚实的安全回报奖励才叫安全。

（2）尝试足够多的次数以充分抵消运气不佳或偶然因素带来的风险，投资上，除了认真研究回报空间之外，还需要适当分散持有或分批买入投资品种。

（3）要有足够的信心，投资中交易决策者良好的心态和情绪是极为重要的。

通过以上对安全边际的重新认识，投资者经过反复尝试和深刻感悟，就可以对自己在价值投资中遇到的大多数疑惑找到准确答案了。

比如一位朋友的问题："操作自己觉得安全边际非常好的银行股，为什么几年也赚不了多少钱？"根据上面的游戏启发，问题的关键在于：持有品种单一，由于"运气"原因，即便一时安全也不可能永远安全下去。

如果没有适当分散，虽然单一品种看似可能回报比较丰厚，但如果由于各种原因，比如刺激价格上行的因素未能有效汇聚，或运气不在你这边等，就很有可能几年都没有成绩，增加了时间成本，慢慢拖垮了常年的复利水平，甚至破坏了你坚持正确投资理念的信心。另外，对银行股的"抓取次数"可能不够，期盼马上获得市场差价利润是不现实的，恢复正常的股价水平还需要耐心等待，时间拉长了大致就恢复正常了。

"价值可能会迟到，但总不会缺席"，被低估的个股大概率会在未来几年内实现价值回归，因为市场情绪被非理性伤害过了，总会有回归理性的需求。就好比抓红球游戏，你可能10次20次也抓不着，但是时间长了，概率会慢慢恢复到理论上的正常值，接下来你完全有可能连抓几次都是红球。从投资角度来看，若选择了正确的方向去努力，很多实践案例都证明靠时间累积可以酝酿财富；但为了防止投资者在不正确的方向上使劲，耗费时间却获得了更多不安全的因素，我们必须充分了解能够维护安全边际的更多要素。

在深刻了解了安全边际后，你就可以慢慢解决在投资路上遇到的多方面困惑了。当然，投资和上面的游戏还有很多不同，除了追求交易价格空间上的让利之外，还可以利用优秀企业的高分红和内在成长因素去大概率地获得更完美的安全边际。我们为了预防各种风险，最好想尽办法用其他手段增厚我们的安全边际，图3-1列出了可增厚安全边际的三要素：**价格、分红和成长**。

总结一下：一个关于概率的小游戏，引起了我们对安全边际的深入思考。我们所做的投资无非也是一种概率游戏，也一样要求交易决策者利用一切能力范围内的知识去获得更多奖励。与此同时，决策者一定要保持良好心态，逐步构建一个适当分散的投资组合，然后按照基本的大规律来制定交易进退策略，最终目的就是获得大概率的胜算。也就是说，能保证获得大概率成功的投资策略，就是安全边际策略。

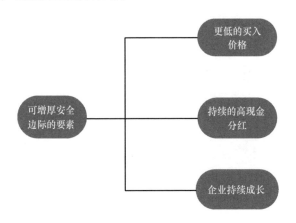

图3-1　可增厚安全边际的三要素

因为投资市场几乎总是在上一次大爆发到下一次大爆发间反复，人们贪婪和恐慌的本性总是周期性发作，所以价值投资者很容易就能依靠"安全边际"立足：耐心观察，乘虚而入，人弃我取，人抢我跑，完胜。

三、 如何坚定安全边际信心？

一位网友提出的关于安全边际的问题，可能代表了很多价值投资者的心声，很值得研究，他说："老张您好，其实安全边际很多人都知道去寻找。但是问题在于，当自己估算了个股或者指数的安全边际之后,个股和市场仍然处于持续下行阶段,甚至大幅度击穿设定的安全边际线,这时候自己就动摇了,如何能够坚信某某地方就是安全边际?"

我从几个方面来回答这个问题。

(1)**安全边际不是预测市场价格走势,与其对应的企业基本面的估值也不是市场精确的底部价格。**

我们常说买股票就是买企业,既然是买企业,核心问题就是出多少钱买这个企业的部分股权,未来能有确定的赚钱机会。这种赚钱机会可以在市场交换中体现,也可以是脱离市场存在的客观收益,因此我们所核定的安全边际价格与市场走势和市场短期喜好无关。

市场只是方便股票交易流通的地方,交易双方很有可能是在情绪控制下临时起意出价交易的,绝大多数投资者并未顾及企业的真实内在价值。所以市场价格击破安全边际线是极有可能的,也是正常的市场宣泄行为。但是,就算是整个交易流通市场都不存在了,我们以安全边际价格买入企业股份,按照非上市股权交易来说也是划算的。

(2)**安全边际是一个模糊的区域概念,在这个区域内买得越深越有安全度、越有利可图,所以通常深度价值投资者会在安全边际打折的位置上分批介入。**

比如价值一元钱的硬币,如果你能以四角钱买下,总比六角钱买下更有利,但是并不证明六角钱就不安全。为了应对市场有可能出现的安全边际线之下的一系列更低的出价,我们可以采取分批买入的方式。所以，保守的深度价值投资者主张保留足够的现金，即便你只有一小部分买进了更低的位置，也比你在某一个价位全仓买入更稳妥和有利。

(3) 要确信买入是否安全，一定要做好综合全面的分析考量。

做生意的朋友们都知道，在每一笔生意上都要反复琢磨利润空间到底有多大、能在多长时间内完成交易、交易过程中的风险有多大等。那么，为什么来到股票市场上的交易者，就可以随手随性而为之呢？

价值投资者在考察安全边际的时候，要综合各种要素来评定其确定性。如前面的朋友买纺织股的分析，定性分析企业地位和产品特性很重要。比如，行业龙头可能在危机时复苏更快，这样的安全边际可能更加可靠；安全边际的出现肯定是市场不断抛售造成的，你必须分析造成这种抛售的原因是整个投资市场系统的风险，还是单个企业或行业整体的风险；分析企业所受伤害是短期的，还是永久性的？为了确保安全，还要对比每次熊市时企业的估值水平和经营情况，确定当前的安全边际有较大概率是确凿无误的。

(4) 有必要将每笔交易多上几道安全锁，一定要确保安全，才能有更强的交易信心。

第一道锁：永不满仓，即便是遇到安全边际打折的价格，也要保守推进建仓。就算真是好东西，也不用一下子"吃"太多，关键要精准。第二道锁：适度分散布局品种，每一个行业别超过两只股票，每只股票要限制最大仓位。第三道锁：优中选优，一定要选择行业地位最佳的品种，一定要选择历史业绩和分红回报最优的品种。

（5）**思想单一简洁，排除干扰，不去费精力研究那些与安全边际无关的市场信息。**

大多数人之所以投资失败，就是因为无用的思考太多，以至于关键时刻情绪失控，导致原则尽失、交易随意、亏损叠加。笔者劝那些经常脱离安全边际胡思乱想的投资者们，请回来继续单纯地、简单地、专一地思考安全边际；不要对虚无缥缈的信息做过多的研究，不要对价格趋势和指数走势做无谓的判断和预测，不要超越能力做事情。不管是资金面、政策面、经济面还是舆论面，不管好与坏，总会有多数人无法完成长年复利累积。也就是说，这些脱离企业基本面的分析，是从来不会帮助市场上绝大多数人赚钱的。赚钱唯一可以依赖的东西就是你个人的投资素养，其中最重要的一条就是对安全边际原则的坚守。在漫漫"熊"途中，投资者可以多检查一下，看看你的最优质股的数量少了没有？注意别被叫"情绪"的小偷偷走了。

在熊市最低迷期间，我们只有两个任务：第一，找闲余现金流，在安全边际内不断买入；第二，若没有第一，远离股市暂时别关注。只要所持股是优秀的，时间会自然而然解决一切问题。越是喜爱投资这个行当，越是期盼获取巨额的投资收益，越是不要整天沉溺于其中。放手就是放下心来，保持一种极其轻松的、若即若离的良好心态，依据估值耐心等待或耐心持有也许是对投资的一种更加深沉的爱。

四、股票安全边际的六种估算方法

估算安全边际的主要内容就是计算证券的市场价格与内在价值之间的差距。格雷厄姆先生所说的"内在价值"概念可以这么理解：

（1）内在价值是指以一种既有事实——比如资产、收益、股息、明确的前景——为根据的价值，它有别于受到人为操纵和心理因素干扰的市场价格。

（2）内在价值往往是模糊的区域概念。

（3）对内在价值的理解源于对债券的理解：普通股投资的安全边际是指未来预期盈利大大超过债券利率水平的部分。

（4）拥有安全边际的两层概念：保证本金、拥有超额收益。也就是说，在此区间内购入股票是未来可能获得超额收益的安全基础。

（5）巴菲特定义的内在价值为：一家企业在其余下的寿命之中可以产生的现金的折现值。内在价值是一个非常重要的概念，它为评估投资和企业的相对吸引力提供了唯一的逻辑。

（6）内在价值估算方法有市盈率法、市净率法、PEG 法和股利贴现的绝对估值法。

（7）对于安全边际估算最好的参考就是历史大熊市底部的估值，这对安全边际估算有极大帮助。

虽然内在价值的具体数值确认是比较粗略的，但价格一旦确定性地落在了内在价值区间内，这种情况下的判断应该是比较有把握的，就是有了确定的安全边际。在深度价值投资的安全边际确定之初，首先应判断标的企业的经营状况和财务稳定性。也就是定性分析企业过去、现在、未来的简单状况，然后利用综合的、客观的财务信息对该标的内在价值区域进行划定，结合在上一个市场极度低迷时期的估值状况进行对比分析研究，从而确定可逐步买入的较为安全的价格区间。这样做的实战效果非常明显，不会因纸上谈兵而错过最有价值的投资机会。

我们利用实例来形象化地研究如何认定和利用安全边际投资不同类型股票。

第一类：高息周期性行业龙头

以宝钢股份为例，如表 3-2 所示。

表 3-2　宝钢股份数据信息

熊市最低点	价格（元）	每股净资产（元）	市净率（P/B）	收益	市盈率（P/E）	每股分红（元）	净资产收益率（ROE）
2005 年 11 月 14 日	3.76	3.35	1.12	0.75	5	0.32	24.67%
2008 年 11 月 06 日	4.26	5.05	0.84	0.73	5.8	0.35	15.22%
2014 年 03 月 20 日	3.54	6.71	0.53	0.35	10.1	0.1	5.26%

企业描述：行业龙头，产品为高附加值必需品，业绩稳定，但具有一定周期性。

强周期高息龙头在历史大低点估值有所差异，但如果行业周期低谷对应市场整体估值在历史较低区域,可以跟踪企业一些明显的特点:业绩下滑50%,股息下滑50%以上,同行业二三线品种开始出现业绩大幅度下滑甚至亏损,但作为龙头,业绩最差的时候也有股息派发,ROE同期也至少折半,最佳的参考指标就应该是市净率。在最坏的时候应该考虑净资产打八折或更低的时候开始分批买入,其他强周期行业高息龙头,如中国石化、中国神华、海螺水泥等都体现出这个特点。但记住,只有行业的绝对龙头(第一位)才值得被我们跟踪考察。

第二类:ROE常年大于20%的高息消费龙头超级品牌

请看2008年熊市底部估值分析(见表3-3)。

表3-3 2008年熊市底部估值分析

品牌名称	2008年熊市低点价格(元)	市净率(P/B)	市盈率(P/E)	股息率	净资产收益率(ROE)
双汇发展	23.2	6.46	25	3.4%	26.73%
贵州茅台	84.2	9.7	28	1.0%	39.3%
格力电器	13.9	2.0	8.8	2.1%	31.94%

从上表可以看出,一些ROE大于25%的超级品牌股票很难确定精准安全边际区域,如果你错过2008年的买入,也就错过了至少五倍的涨幅。那么我们如何投资这些超级品牌?有两个办法:第一,在市场指数大幅下跌时,参照市场总体估值水平投资,比如A股平均市盈率15倍之下,分批买入这些超级品牌。第二,在这些超级品牌所在的整体行业受到"软伤害"的时候投资。比如,贵州茅台在酒类行业被利空打压低落的时候就

曾出现10倍市盈率。

第三类：高息隐形冠军股票

这些基本上都是轻工制造业或是零配件等细分行业企业，买入最佳安全边际一般设定在市净率1.5以下、市盈率15倍以下和股息率4.5%以上的水平，当然具体股票最好遵照前期熊市大底部的一些估值特征。一段时间内具有高成长性的冠军企业，可以适当向上浮动估值，但要找到确定的业绩成长性因素，比如销售渠道开拓、收购扩产等明确的成长信息。

第四类：高息大蓝筹，主要是稳定的大银行股

从历史角度来看，一般4~6倍市盈率，加上大于6%的股息率是一个较低的估值底线。很多成长缓慢的高息蓝筹价值线比较明显，综合市净率和股息率来看很合适，不妨将其看作高息稳定性债券，当成资金库把现金安全储存起来。

第五类：港股通（因为流动性原因）

只研究一些高息大蓝筹国企股，可以在同等A股估值基础上打个八折进行研究，股息率适当要求更严一些。

第六类：地位突出的超级品牌科技股和医药股

如腾讯控股、药明康德、恒瑞医药等，需要一个适当的市盈率倍数（比如25~30倍市盈率）和市场悲观环境配合，逢下跌分批买入进行比较长期的持有，因为它们有难以撼动的地位，可以享受不断成长带来的溢价收益。

总之，多研究历史估值低点的各种财务指标状况，多分析价格形成的本质原因，对不同行业和地位的企业采取不同的估值标

准，这是比较科学、客观的投资估值策略。

五、把"潜伏"变成乐趣，变成性格

记得20世纪90年代刚入市的时候，在交易大厅里的老师傅就对我说："买跌有利，买涨留意。"这句话是我记在自己的笔记本"投资札记"中的第一句话，虽然当时脑海里闪现的只有一个涨跌的概念，还没有认真挖掘背后的企业价值内涵，但是在市场大的坑洼地带买入，获胜的概率一般都大于盲目地"追涨杀跌"。

我们都知道，确定的深度投资价值绝大多数都出现在市场持续"杀跌"之后，因此关注整体市场的持续大跌，对投资走上正道大有益处。趋势投机者想顺着向上的趋势截取一段利润，就有可能在确凿的趋势信念之下丢掉了价值判断。想趋势和价值两者兼得是难上加难，时间长了早晚会遗忘深度价值理念和保守思想的基本规律。一旦不符合我们前述复利产生的"三要素"的要求，做成"四不像"的投资，结果就不可知了。要捕捉趋势，难上加难的是：走过去的趋势总是能够看得清清楚楚，未来的趋势总是扑朔迷离，如果对趋势反复确认，投资者进进出出频繁交易，又会大伤元气。

经过了几场牛熊反复考验的投资者，基本会有这样的深刻体会：都曾看见过深坑，也知道那时候买入很有价值，但就是再没有可以动用的大笔资金了。该买的时候没钱，怎么回事？其实这是大家常犯的毛病。因为太多人在市场热闹的时候向外甩钱太潇洒、太随意了,"钱库"大门锁得不严,等不到市场低迷满地"黄金"出现,在高位买了些"破铜烂铁"就打光了"子弹",将本该潜伏"黄金坑"的资金弄得支离破碎。

投资者能做到真正潜伏价值"黄金坑"实属不易,有以下几层境界需要修炼。

第一层:切忌跟风追涨。指数快速持续大涨的时候,会诱惑你跟进追涨。

第二层:切忌盲目抄底。做到了不追涨,又开始毫无价值理由地追跌,看到目标股票下跌就想着抄底。

第三层:认准价值,关键时候不恐惧畏缩。有了价值尺,不追涨、不随意抄底了,但是又有可能保守过头,真正遇见价值了有些恐惧。

第四层:耐心守候,静待花开。不追涨、不随意买跌,有了价值尺,也不恐惧,但很多时候耐心不够,所以需要继续修炼第五层。

第五层:持股收息,等待过激,深度潜伏,修成正果。把潜伏变成乐趣,有条不紊地持币收息,或持股收息,合理布局仓位,耐心等待上下过激出现。

潜伏很深的价值坑还有如下的好处。

(1) **躲避黑天鹅**。黑天鹅往往爆发于股价暴涨之后,之所以造"天鹅",是因为有做局人的巨大利益诉求在里面。只有跟风者云集的市场,才可能给造假者、敲诈者、做局者以可乘之机。

（2）弄清事态原委，还原本来面目。股价大幅下跌，市场毫无差价盈利效应可言时，市场往往是最干净的时候，也是很多"暗疮内伤"暴露最彻底的时候。因为一些谎言和欺诈在熊市中难以骗得众人信任，缺少市场配合的气氛；而反之，市场热闹的时候最容易让人失去理智、铤而走险。因此，潜伏的一大乐趣就是能拂去表面灰尘，看清企业真实的价值。

培养乐趣就是在培养好习惯，但这要看人的性格，每个人的性格不同，对于快乐的追求也不尽相同，但一旦某项工作有了无尽的乐趣，坚持一下就不会成为难题。对于那些欲念满满、喜欢寻求刺激、贪得无厌的家伙，可能永远没有什么真正的乐趣可言。因此，我们投资修炼的任务就是：把潜伏安全边际变成乐趣，乐趣激发坚持，坚持变成性格。

六、怕摔？你就把它放在地上！

回顾我20多年的投资生涯，似乎都只在思考一个问题：有没有一种方法，在交易之前就能极大概率地确定"一定能够获胜"？

记得1996年我刚刚进入股市的时候，经常泡在某小券商营业部的散户大厅。当时条件很差，每一次交易都需要排长队填单子，为了能在投资上有所建树，我总会加倍关注身边那些与众不同的、具有"奇异"思维的投资高手，也希望从他们身上学到一些绝招。

我对投资高手的理解是这样的：

（1）逻辑正确：投资之前，他的理念就已经有极大概率会最终胜利。

（2）经得起考验：经过长期实践检验，这种简单的投资理念确实有效，也获得了稳定收益。

其中，我印象最深的是一位姓杨的大爷，由于杨大爷除了买卖马钢股份（600808），就是申购新股，因此人送外号"马钢大爷"。"马钢大爷"非常胆小，他总是骑一辆破旧的二八自行车来营业部。他喝水的大玻璃瓶子外面套着媳妇用塑料绳编的防烫套，到营业部后，他总是小心翼翼地把杯子、毛巾、眼镜盒、折扇放在一个小筐里，然后把小筐放在墙角。我问他为什么不把水杯放在桌子上，这样喝水多不方便？他说："怕摔嘛，怕摔就放在地上喽！"

他买股也是这样胆小！他经常拿出马钢的周线图，在三元和五元的位置分别画一条线，他解释说："三元以下就是熊市价格底线，跌破了三元，就逐渐买入，涨到五元就分批卖出。"虽然他不是很懂财务知识，但是却清晰地知道这三点：

（1）马钢是国企龙头，当时上市的大钢铁国企没几家。

（2）钢铁是中国经济的命脉。

（3）要找到熊市的价格底线。

后来，随着资金规模逐步变大，"马钢大爷"不再只买马钢一只股票了，而是组建了一个投资组合，但是他的组合里几乎只有低价格的"大笨象",比如四元以下的中石化、宝钢,大银行股也经常是他账户里的常客,也就是说,他基本没有买过四元以上的股票。国企大盘股总在他视野里转悠,而网络、生物、高科技股他从来不看!

他的理由很简单:"不懂!更怕摔!"

结果,他却成了我入市头十年里见过的最厉害的大赢家之一。因为每个牛市和熊市都按照他的朴素估值理论循环往复。"马钢大爷"该买入就买入,该退出休息就休息,从容不迫,乐此不疲,账户资金也不断向上稳健攀升。

像"马钢大爷"这样保守投资者,一般研究业绩长期优异的企业作为投资标的,沿用常识性规律去衡量投资价值,而且能够长期稳健获得复利。

"马钢大爷"可以说是我的启蒙老师,后来我从他的投资理念中总结出"低买高卖,寻找熊市底线"的朴素道理,这也逐渐成为我深度价值体系的雏形。

(1)严选股:要选行业龙头,这样才有持续经营的可能性,只要活着就有遇到牛市的机会。

(2)价最低:用基本面价值分析选择股票,寻找这些股票在大熊市时的真正价值底线。

按照"马钢大爷"的投资理论,几年后我也获得了不错的收益。后来到了熊市,交易所门可罗雀,大户室的门槛一降再降,我的资金稳定攀升,终于挤进了大户室。而无论是在交易大厅还是大户室里,见到更多的是和"马钢大爷"相反的案例,投资者们每天交流着大量的信息，不断变幻着各种投资标的，但是最后能够坚持坐在大户室不被扫地出门的人寥寥无几。有个现象，几乎 A 股历年的市场价格大底部的特征都是钢铁、机械、电力、银行股的全面破净，而且不管熊市中它们的业绩有多坚挺，这代表经济枯荣的晴雨表也义无反顾地遭到市场人士的无情抛售，这时候往往是深度价值投资者欢欣鼓舞的时刻。想要获得低估价值和廉价股，就要欢迎危机，而不是与大众一样在不断下行的恐慌中忐忑预测并且手忙脚乱地处理自己手中亏损的筹码。

我很庆幸，在投资启蒙阶段就遇到了这样一位无论多大的市场风雨都难以撼动的低价股猎手——保守、审慎、执拗，但令人敬佩。

七、三大安全边际认识误区

在研究安全边际的路上，很多投资者不能从多角度来看问题，或被一些成功的孤例所迷惑，有可能进入一个偏离安全边际思维的误区，在这里总结出三大误区，大家可以对照反思、反省。

误区一：皇冠上的明珠企业可以随时买进

价值投资如果抛弃了安全边际和保守思想，就会出现以下危险状况：不去苛求买入的价格，而喜爱成长明星或皇冠上的明珠企业，畅想未来傲视群雄，似乎是成长股已经到手，只要坚持就能利达百倍。

这样很容易损失若干年的复利收益，比如，即便是贵州茅台，按照前复权看，也有七年左右没有新高记录，在 2008 年年初创了历史新高后，直到 2015 年 1 月才有效突破再次创出新高，然后一路走高。所以，如果估值过高，与其追高买入，不如耐心等待安全区域分批买入更能节约时间成本。从市场整体来看也是如此，每一次整体高估值区域都是巨幅调整的开始。

但很多投资者想买入的时候，会不断给自己找到买入的理由，同时说服自己讲究安全边际的格雷厄姆已经落伍了。但事后才发现：没有良好的安全边际，对任何企业的高价投资，严重时都有可能会成为投资收益的噩梦，至少也很有可能拖垮持续几年构筑的良好复利收益。所以，做真正的价值投资，一定要学会努力讨价还价。

一旦树立了安全边际的思想，价值投资者就应该以此为核心来建立思维逻辑，不能摇摆不定或脱离安全边际思想。即便是以成长为理由的买入，也要研究在确定成长的前提下合理买入的价值线。不能因为有买入的冲动，只关心企业的亮点，从而慢慢偏离了安全边际的核心思想！

误区二：市场是有效的，存在即合理

价值投资者也提倡尊重市场，这意味着准备好迎接市场的各种各样的跌宕起伏的表演，但不代表我们任何时候都赞同市场给企业的出价。如果市场经常在很短的时间内给企业差异很大的定价，而企业经营结果在一个财报年度内没有太大变化的话，市场的定价就明显含有很多不理性成分。有些企业几年甚至十几年的经营状况都很稳定，但是股价表现却有可能在短短一年甚至一个季度内发生翻天覆地的变化，这种价格变化怎能说是市场的有效之处呢？若说"有效"也只能是反映市场交易者情绪千变万化的效力，与企业经营大多毫不相干，所以我们经常用"错杀"或"错捧"来形容市场情绪对股票的错误出价。所以说，市场是动态的，你看到"存在的"不见得是合理的，巨大的"不合理"才是我们交易的真正机会。

误区三：安全边际就是价格低时买进

我们所谈的安全边际其实是全方位、多角度的安全，从投资伊始的选股跟踪工作，就确定了必须在长年高股息的优质行业龙头或细分冠军上寻找安全边际。因此，除了价格上的安全边际，我们还要给投资过程上几把保险锁，比如对企业地位壁垒的研究评判、对黑天鹅和价值陷阱的防范、对未知的敬畏、仓位的保守安排等，多一道锁，就多一道保障，让每一笔投资都不偏离安全边际的轨道，长期复利收益才能稳稳地实现。所以，价值投资拥趸要不断自检反思，一旦发现偏离，请迅速找回你的核心：安全边际！

八、关于安全边际的十句话总结

为什么股价每每变得显而易见地低廉，却总是被大多数人错过呢？比如 2014 年 10 倍市盈率的茅台和 4 倍市盈率且破净的银行股；再比如 2015 年杠杆牛市后的暴跌，"熔断"过后股价便宜的格力、美的等。时过境迁，每每悔恨交加。多数人是"羊群效应"的受害者，只会在市场高估得离谱时，不断涌入满仓、满融、高杠杆，忽视安全边际，总认为自己不是"击鼓传花"的最后一棒。事实上，这种冒险游戏，只要不及时收手，任何人都有可能是最后一棒。

为了将安全边际思想融入投资者的血液，我们需要将以下十句话当作信条一样细细品读：

第一句：认识安全边际。

深刻认识安全边际的概念，认识到安全边际是人类生产生活不断发展改善所秉持的总原则。之所以千百年来人类能不断繁衍昌盛，是因为很多时候人们会有意识地去规避风险，界定了自身的可为与不可为，找寻大概率成功的安全底线。人类在地球生物圈里属于高级动物，其高级之处就是具有极高的风险意识，拥有对风险的判断、记忆和学习能力。

第二句：执行安全边际。

证券投资市场一定是个只有少数人能持续获得满意收益的地方，因为大多数人不是不知道正确的投资理念，而是没有足够强的执行力。市场是个充满诱惑、充满压力、充满新奇的地方，因为有人性的弱点在，走每一步都会有很多羁绊的东西，使你在投资的关键时刻变了形，"知"和"行"不能和谐统一，因此我们需要具有持续的、坚定的执行力。

第三句：你的投资失败大多源于不遵守安全边际。

偶然的成功因为幸运，必然的失败就是不遵守安全边际的结果了。我们可以静下心来细数一下以往的很多不成功的交易,或者观察、查找周边很多投资失败的案例:诸如买高了、买早了;什么企业盈利没有达到预期、消息促使买入、趋势行情热点不在这里等情况,本质原因都是没有遵守安全边际的思想理念。

第四句:买入过高估值,支持你一阵子那是幸运,但大多数会害你一辈子,总希望别人的幸运落在自己的身上,那就是赌博。

初学股票投资,人们往往学习那些别人获取了高收益的案例,所以非常热衷十倍股的挖掘,不顾估值高低蜂拥投资明星企业。也难怪,没人会有心思把自己惨痛的投资经历写出来集结成册,所以大家只看到了成功者的光环,却没注意到很多成功投资者背后的煎熬和辛酸:他们是如何抵御诱惑,或是如何严守安全边际法则等候市场买入时机的。

第五句:所有技巧上的完善都不如认识、执行、持续坚持安全边际。

很多人都会把投资弄得越来越复杂,有些人钻进企业研究细枝末节的海洋里不能自拔,有些人又过于在意宏观政策和经济趋势,想做一次精准的趋势转折预测。总之,作为普通投资者还是老老实实地回到安全边际的学习上来,抱拙守一,才可以守正出奇。

第六句:所有的能力圈都是"你"以为的,但你真的有能力?99%的普通投资者并没有一个真正的能力圈,因此即便是对熟悉的企业也要严格按照安全边际买入。

老老实实按照大规律常识来了解企业的安全边际，不能自以为对某些企业熟悉就做一些超出能力范围的决策，更不可超越安全边际为所欲为。

第七句：很多时候我们复杂的大脑让我们走远了，请回来继续研究安全边际。

化繁就简是我们投资路上永远的工作，其实安全边际没有那么复杂，复杂的往往是人们那颗不甘于平静、不甘于等待的烦躁内心。

第八句：学习别人，请记住从安全边际，而不是辉煌的结果出发。

如果你只看到了巴菲特这棵大树上结出的累累果实，只看见那些带着光环的所谓伟大企业，却没有看到巴菲特那种抠门如守财奴、细致讲价如家庭主妇、等待安全边际的如苦行僧一样的虔诚，那么你永远也无法学会真正的价值投资精髓。

第九句：安全边际的安全任务不仅仅是由估值一项承担，还有严格选股、保守的组合、企业成长跟踪等，也包括控制决策者的情绪。

我们不介意给投资安全多上几把锁，除了投资选股、布置组合之外，尤其重要的是人性方面的约束和修炼，所以安全边际也依赖生活上的淡定和自足，这更能促使你具有加倍的耐心，能够安静地等待市场真正出现惊人错杀。

第十句：价值投资只有依赖安全边际，巴菲特的安全边际可能不是你的，但只要你认识清楚安全边际，都能一样赚钱。

在投资历史上成功者无数，每个时代都会有新的成功者，相信未来一定会有中国的巴菲特出现。不过，作为普通投资者，投资信仰中没有股神和大师，只有原则，即便不能像巴菲特那样出色，一样可以依照安全边际理论，努力做出属于自己的辉煌业绩。

以上十句话我理解了十多年，还感觉自己做得不深刻、不过硬，所以在做每一笔投资之前，我总会拿出来反复阅读、理解！

第四章　保守：仓位与组合理念的运用

一、什么是保守投资者？

我最欣赏这句话："保守投资者夜夜安枕。"何为保守投资者呢？我心目中的保守投资者是"淡泊寡欲的扫地僧，无我无忧的市场看客，各种情形无论大涨大跌都满心欢喜的世外高人，快乐守住复利、跳着踢踏舞上班的价值投资者"。

在1929年的大股灾之前，格雷厄姆是位百万富翁；股灾之后，格雷厄姆却成了穷光蛋。从这次几乎让他倾家荡产的股市崩盘教训中，格雷厄姆总结出了一条保证他以后有能力东山再起的投资秘诀——做纯正的、保守的价值投资，现在我们通常认为这是价值投资的经典理论。正是这个秘诀，让他成了价值投资界的一代宗师，之后的几位"学徒"或跟随者也就用了这么两条理念：

第一条：永远不要亏损。

第二条：永远不要忘记第一条。

这两条是本书的基础理念，也是做深度价值投资的基石。更重要的是，随后他的高徒巴菲特也靠这两条驰骋投资江湖，进入了世界财富排名榜，而他的另一位高徒沃尔特·施洛斯在近50年的投资生涯中，为所有股东赢得了近20%的年复合回报率。在1955年至2002年期间，施洛斯管理的基金在扣除费用后的年复合回报率达到15.3%，远高于标普500指数10%的表现。期间累计回报率更高达 698.47 倍，大幅跑赢同期标普 500 指数 80 倍的回报率水平。

可见，这两条保守投资理念极为重要，保守即为："保护本金，守住复利！"它来自格雷厄姆的《证券分析》一书对投资的注解，此书对"投资"进行了明确的定义："投资是通过透彻的分析，在保障本金安全的基础上获得令人满意的回报率的行为。"通过仔细分析，我才恍然大悟：原来保守投资就是投资的根本要义啊！

那么如何能做到保障本金安全呢？让我们再来细品巴菲特的战友查理·芒格的两句话：

（1）芒格总是强调，研究事业与人生各方面的失败要比研究成功要重要得多，这样的精神正如有人所说："我总是想要知道以后我会怎么死，然后尽量去避免这件事发生。"

（2）芒格说："要坚持给假定的风险提供适当补偿。"

巴菲特讲过："时间是好生意的朋友，烂生意的敌人。如果长期持有一个烂生意，就算买得再便宜，最后也只能获得很烂的收益。如果长期持有好生意，就算买得贵了一些，还是会获得出色的收益。"

可见，保本投资的最重要手段就是管控风险，其包含两方面：一是避开可预知风险，二是给假定的未知风险提供适当的补偿。我们将投资中有可能遭遇到的风险按照性质分为四类：时间风险、价格风险、基本面风险、人的风险。每一类中都包含着可预知和不可预知两种，对其中可以预知的风险我们采取坚决回避的态度，同时需要给假定的难以预知的风险以充分补偿。

综上，保守投资最重要的事情是：

（1）找好公司，等好价格。

（2）管控风险，管控人。

二、对未知风险的管理手段和风险补偿

在这里主要谈谈如何补偿未来难以预知的风险的问题。我们使用的"深度价值投资"一词等同于"保守投资"，只是前者注重价值深度的表达，而后者注重整体投资过程的态度。

不管怎么表述，风险补偿都是在事前进行的，我们必须制定比较系统化的投资策略，用来避免过度集中的危险、糟糕的投资标的、小概率发生的严重性损害、平庸的价值判断和过于漫长的熊市加大时间成本等打击。我们给很多不可预知的风险做一些提前的补偿是非常有必要的，但有一种任何人都面临而且"杀伤力"很大的风险，那就是人的风险，主要是人的情绪带来的破坏性。所以，作为保守投资者，最重视的应该是如何控制情绪。以下五个方面需要我们重视。

（1）风险补偿最为重要的是在投资的整个过程中决策者自身的情绪管理。

塞思·卡拉曼认为："成功的投资者总能避免情绪化，并能利用其他人的贪婪和恐惧为自己服务。由于他们对自己的分析和判断充满信心，因此对市场力量的反应不是盲目的冲动，而是适

当的理智。投资者看待市场和价格波动的方式是决定他们最终投资成败的关键因素。"因此再多的其他补偿手段,也抵不上投资者的性格培养,以及情绪的管控。这么看来,整个投资过程中的不断学习,将好的投资法则培养成投资者的习惯秉性,就显得太有必要了。

(2)坚持选择常年高分红的、有优秀经营历史的龙头企业作为投资标的。

常年高分红包含了企业经营历史绩效和企业对待股东回报、诚信度等多方面的因素,但最主要的是我们无法预知市场的低迷时期会有多么漫长,时间成本的耗损难以确定。而且随着时间拉长,需要你的投资标的有坚挺的经营业绩,这样才不至于陷入价值陷阱中去。一旦数年都无法从市场价格上涨中获取收益,我们至少还可以从组合的高分红回报中得到些可贵的现金流,这不仅仅构成了心理上些许的慰藉,对于埋伏更深的安全边际也大有益处。比如你以5%的股息率买入有分红习惯、能够稳定分红的企业,即使五年内无法获得市场价格上涨的差价收益,但你至少获得了投入金额25%左右的现金分红,可以笑看未来可能的更低廉价格。

(3)必须重视组合投资。

历史经营优秀的龙头企业,大概率会继续优秀下去,如果将所有优秀企业做成有"容错机制"的组合,我们可以大概率获得比较高的组合股息回报,也可以消减由于个体失误造成的损失。而且二级市场的涨跌难以预测,很多情况下都以行业或整体板块的规模起落,如果投资者适度布局若干行业,每个行业不进行特殊照顾,就可以"东边不亮西边亮",缓冲由于过度集中投资某个低估行业时,因遇到长期缺乏市场推动力而损失时间成本过多的现象。也可以减少对某个板块或行业的错判、错误估值导致的长期无法获利的可能。

(4)保留充裕现金,只在大概率获胜的地方精准下注,不出手不会有损失。

投资与赌博的区别就是能收回本金或获得利润的概率大小。赌博是小概率获胜,赌博者在"有可能"的时候就可以下注,往往赌赢的概率大于0小于50%。而高明的人们会寻找大概率获胜的事件。我们看看价值投资,根据以上格雷厄姆所讲,判断是否能保证本金是基础,在此基础上大概率获利的才是投资。

(5)不给成长以过分乐观的估值加分,避免购买过高估值的标的。

GMO资产管理公司的著名投资人詹姆斯·蒙蒂尔说:"尽管成长股的女妖故事可以吸引越来越多的投资者,但最有可能的结果依旧是失望。成长型投资是让投资者捶胸顿足的必经之路。"他对成长股投资的评论是够狠的,想必也是自己在此吃过大亏或经常听到很多血淋淋的成长投资故事。我认为,当然可以选择未来有不错成长空间的优秀企业,但绝不能给成长以过高估值加分。

这五点就是保守投资者必须具备的投资视角,是对未知风险的管理手段和风险补偿的主要内容。我们可以领悟到风险补偿的根本出发点就是：想要获得，你先要懂得如何才不至于失去。

三、保守投资者的三种素质

能沉下心来做保守投资不易，不仅需要投资者有好的品德，不投机取巧，还要有前瞻性，能未雨绸缪，精心做好接下来每一次投资的准备；同时，还要有忍耐寂寞、特立独行的果敢品质。

第一种素质：厚德载物

"厚德载物"过去指道德高尚者能承担重大任务，君子的品德应如大地般厚实，可以载养万物。我始终相信，财富的掌管规模必须与德行的宽厚度相匹配。

第二种素质：未雨绸缪

投资者每天面对的都是不断变化的市场环境和最新的新闻资讯，所以我们根本不可能做一个随机应变的市场跟风者，疲于应付一定会使你精力耗尽，无法完成最简单的投资工作。因此，深度价值投资者的主要策略是：

（1）以不变的价值规律策略来应对万变。

（2）未雨绸缪，将各种变化的应对策略都通过"保守深度"的策略演练妥当。

（3）为了"不变"而严格选择股票和交易策略。

（4）只能在大方向不变的情况下，做完善和微调。

（5）将核心策略一以贯之地执行到底。

比如，面对未来可能发生的市场波动极端情况，保守的深度价值策略是用一个对策来同时应对多种状况的，极端状况主要有三类：

（1）明天开始，系统性风险来临，未来一年内指数下跌50%。

（2）明天开始，大牛市来临，未来一年内指数上涨1～2倍。

（3）指数近一两年涨幅接近零。

我们会根据以往整个市场指数所处的估值位置，衡量指数系统性风险或机会的大小，对有可能的变动做好保守应对。保守应对就四招：

（1）**企业成长**。从成长的确定性上抵御市场的可能波动或长期无表现。

（2）**企业估值判断**。对组合内的企业进行估值确定性判断，排除估值偏高业绩不确定的和行业内重复布局的二三线的品种，使整个组合具有更强的抗击打能力。

（3）**用分红判断**，只选择具有高分红素质的企业，在市场价格并无表现时定期获得一定现金流储备。

（4）**合理安排仓位与适度分散布局**。在避免系统性风险无情打击的前提下，也要避免因个体的黑天鹅使得整体组合收益受大的损失。

所以，我们要根据价值核心策略，对准目标，制订一系列具有实效的计划：不仅要有前瞻性的眼光，还要能保证收益，既要有风险应对措施，又要对实现收益的具体策略进行细致研究安排。

总之，深度价值投资者的所有工作都是为了"确定性"而战，投机者们盲目入市炒作，获得"短暂的兴奋、幸福；永久的失落、伤感"且寻求刺激的事情是与我们格格不入的！

第三种素质：特立独行

从历史来看，周围的股票投资者大多损失惨重时候，是最佳的入市时机，最有深度价值挖掘机会，这就是大方向。所以，必须学会孤独地思考，与大众做不一样的事情，你才有可能做对。另外，每个人都不可复制，榜样也存在着幸存者偏差的可能。投资的关键是特立独行，眼光长远而犀利，若与大众为伍，就别想取得超出大众的收益。

四、保守投资的理念基础

保守型价值投资就是按照价值规律，投资于市场价格大幅低于内在价值的标的，即需要掌握投资标的安全边际，以期待在保住本金的基础上，获得市场价格修复后的投资收益。

很少有人进入股市不是为了快速致富，"少即是多，慢即是快"的道理不符合人性中的贪婪，这就是保守投资难以被大范围接受的原因。盼望每天抓一个涨停的人，肯定会对每年只有大约两个涨停板左右的收益嗤之以鼻。其实仔细想想：巴菲特不就是保持了大约每年两个涨停板（20%）的复利速度，持之以恒地前行几十年，最终成了世界上屈指可数的大富豪吗？做保守投资难，其实就难在：大家都要求自己做得不能比巴菲特差。

进入投资市场,如果对快收益和高收益热烈期盼,很容易因为屡屡挫败而情绪失控。做股票投资的人都深有体会,多数人是"虽然都有一颗十倍股的心,却连持股十分钟的耐心都没有"。

可见,长期投资的成功,蕴含两点至关重要的条件:

(1) **只需适中收益即可——降低收益预期。**

(2) **只需保证具有长期的可持续性——有毅力坚持大规律。**

以上两条是保守的深度价值投资基础理念。

其实,如果在投资决策时,投资者"保住本金"的思想能够成为核心,稳稳地抵制"取得更高收益"的欲望的话,那么你反而能获得更高的长期收益。真正的价值投资,是放低短期收益预期,坚持大规律策略,以小风险赢取未来长期累积的较大收益。绝大多数顶尖投资者都具有深刻的保守气质和风险意识。在国内,市场越不成熟,价值投资者的机会越多,越适合真正的价值投资者生存。我们应该庆幸自己生在了这样的市场里,赶上了大好时光。

五、 几个很有思考价值的问答

1. 保守的仓位控制是不是一种投机?

张延昆:投资是寻找大概率获胜的把握,但这个概率是人为经验衡量的结果,因此要用保守控制仓位的手法来防止概率误判或小概率事件发生造成的巨大损失。仓位控制不算投资本质理念,谈不上投资与投机,它是投资投机都可用的控制方法,是一种通用的风险控制的手段。只不过投资者的仓位管理很大一部分依赖基本面的确定性因素,比如估值和业绩的确定性分析。而投机者是根据趋势、某些技术信号或消息做自己的仓位管理。

2. 如果您认为"买股票就是买企业股权",如果遇到值得投资的股权,何必要控制仓位呢?

张延昆:无论用什么方法去投资,检验我们成绩的是常年的复利水平的满意程度。虽然我认为股权有价值,值得投资,当前的价格也具有很大吸引力,但这是主观的认定。未来发展中,股价可能很多年体现不出内在价值,况且可能还会遭遇一些黑天鹅或价值陷阱,所以我们控制仓位、分散投资,保留部分现金,是给自己的组合留出后路,将一些小概率但能造成毁灭性损失的风险控制在一个较小范围内。所以,即便自己认定并投资了具备价值深度的标的,也并不代表就一定能实现艰巨的常年满意复利。留有后路,不管涨跌都有惊喜;断了后路,总会悔之晚矣。

3. 什么时候值得满仓买入?

张延昆:值和不值有个程度,没有一文不值的东西。不值的我肯定不会买,值的也要看到什么程度。但这些都属于主观判断,作为理性投资者,应该要求自己从"必须高收益"的怪圈里跳出来，放低收益预期，面对市场众多诱惑，应作为一个旁观者来冷静制定策略，并在交易"买和卖"后面加上"量"的注解，即买多少？卖多少？分批买卖，可以按市值比例不断加仓，任何时候都不满仓，肯定会提升你的长期收益，经过长期实践你就会理解其中奥妙。

4. 保守投资，等待时机不是择时吗？

张延昆：这里的时机，是指等待股价具有深度价值时候。因为所有买入总是会在某一时间进行的，但是大家只关注了买入的时间，而没有去研究价值投资买入的理由，才误以为买入的择时很重要。但事实是，选择估值很低的时候，重点是便宜，即为买入价具有很充足的安全边际。

5. 何必选这种高难度的、条条框框这么多的保守投资呢？

张延昆：深度价值投资的难度不在于理解概念，而在于执行。其实，不光是投资领域，其他的领域也是如此，能大获成功的人都是少数人。如果我们不谨慎地为自己的行为加上"条条框框"的束缚，就会和大众一样只能有平庸的收益甚至遭受惨败，这肯定是我们不愿意看到的结果。

6. 大盘暴跌任谁也避免不了，独立于大势，有几个平凡人能做到？

张延昆：如果能打开行情软件，看看那些超级品牌股票的十年月线走势,你就会感叹,独立于长期大势原来是这么简单。长期独立于大势,只有两种人能做到:最精明的人和最愚钝保守的人。如果觉得自己不是绝顶的精明,那可以选择愚钝一些、保守一些。所谓大势,无非是有关于涨跌的趋势,涨就能推动估值升高,跌就可以消减过高估值,而保守的深度价值投资就可以做到逐步平抑风险,抓住机遇。

7. 如果你人在美国,股市牛长熊短,如果长牛数年不断上涨,你这种策略弊端非常明显,你怎么知道以后国内不会这样呢?

张延昆:首先要对保守投资有深刻的理解,保守投资的所有策略的目的都是获得长期稳健复利,主张严格选股、控制仓位、抵御风险。但其实过分空仓也是一种冒险,所以保守投资并不主张大多数时候绝对空仓。正如美国很多价值投资大师也历经过几十年间的几次大牛市,他们都主张保守投资,从绩效上看不会因为牛市漫长而手握大量资金无计可施,业绩也不会停滞不前。况且指数不断上行,个股和估值却是此起彼伏,美股指数是慢牛,但个股不见得都是慢牛,企业的业绩成长也不见得都是慢牛。虽然美股牛长熊短,但投资者能抵御突然到来的少数几次大熊市就很不错了,毕竟熊市极具杀伤力。所以,无论怎样千万不可畅想永久的牛市,拿好价值尺做好自己的价值选择,这才是我们该遵循的投资正道。

六、 保守投资下的牛熊观

根据笔者自己多年的投资经验，投资大忌之一就是牛市里的业绩攀比。很多人认为，如果牛市来了，还有保守的思想，业绩比不过指数或是对手，那多吃亏啊。抱着"牛市不大干快上会吃亏"的想法，就有可能去赌牛市的始末与进程，从而极有可能失去原本简单有效的大规律大原则，在牛市氛围的熏陶下，失去了投资分寸。

保守投资面对牛熊的基本观念就是："牛市就是变现的大好时机，牛市时不要贪婪地想赚尽每一分钱，少赚一些并不可耻。熊市就是埋伏深度价值的好时机，是不断发现惊人'错杀'的捡金条的机会，必须有足够量的现金储备。"简单来说就是：牛市赚银子，熊市赚股数。

牛市里其实比的不是赚钱速度，如果股指有泡沫，很多高速赚来的钱，有可能都是纸上富贵。所以，保守投资不用担心一旦牛市来了怎么办，仓位即便稍稍低一些，牛市里也会有满意的收益。复利赚钱不易，怕的不是牛市赚得少了些，怕的是熊市全部倒吐回去，推倒了重来。

从 2015 年杠杆牛市的产生以及覆灭中可以看出，保守投资并不吃亏，反而会留住大部分利润而规避惨烈的熊市打击。如果头脑里总装着"牛市一定要跑得比别人快"的想法，可能满仓都不足以让你快乐，还要加上杠杆，一倍、两倍不嫌多，甚至加上五倍、十倍的杠杆，最后几根大阴线，就会轻而易举吞噬掉你十几年的股市利润累积。投资是一种收与放、舍与得的游戏。大约90%在熊市里买入的股票会在未来牛市的上涨中得到厚报,之所以一个价值周期中许多人不赚甚至还亏损,是因为他们在本该坚持之时放弃了,在该放弃之时却又在坚持。其实坚持与放弃的标准不难发现,难的是你如何把心态放平,去适应这个规律,去适应这其中必然的煎熬和曲折。

股价在熊市可能会跌到十分惊人的"错杀"地步,在牛市也可以涨得令所有人无法预料。不管市场如何,我们坚定拿好价值尺,适度保守应对,坚决不去预测市场走势与行情演变。因为我们坚信,财富会从激情四射的人手里慢慢"分配"到理性保守的人手中,靠运气赌博的人是不会走得太远的。

七、 避免投资业绩大起大落

通过研究国外著名价值投资大师,我一直在思考,优秀的深度价值投资者的业绩效果曲线图应该是什么样的呢?我想应该是长期小回大涨,稳健波浪式攀升的净值曲线。大家可以翻看沃尔特·施洛斯与巴菲特的业绩,他们秉承格雷厄姆的保证本金不受损的基本原则,长期净值曲线非常完美。

如图4-1所示,我们来看看两位大师的业绩和指数的对比:

沃尔特·施洛斯的最大年份回撤不超过11%,他曾说芒格在1973—1974年间的业绩大幅回撤是他难以接受的,那两年芒格每年都回撤了30%以上。大幅回撤确实令投资人或管理人都

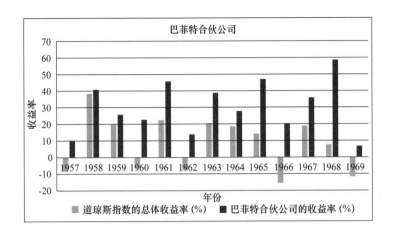

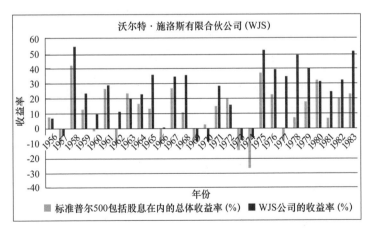

图 4-1 两位大师的业绩和指数的对比

非常难受,除非是有超强毅力的"铁人",不然情绪和身心都会大受影响,重要的是基金管理人很难要求自己的投资人也这样承受煎熬。芒格挺过来了,与巴菲特合作之后,他们互融互助,协同作战,从此再也没见过那么大的回撤了。由于中国股市的高波动性,当我开始职业投资以来,就暗暗要求自己控制最大回撤不超过15%,即便是在最极端的情况下,也尽可能控制仓位保留部分现金。

对我们普通人来说,不管资金是自己的还是他人的,不管之前曾有过多么辉煌的战绩,一定要记住:永远不要以价值投资的名义,将自己的投资业绩回撤至濒临崩溃的境地!

好多人持有好股票却坚持不下来,从"下过激"到"上过激",主要原因不是不懂道理,而是因为阶段回撤幅度太大,周边压力陡增。他们或是自己情绪出了问题,或是被迫去进行方向交易,导致与之后的数倍涨幅无缘。

深度价值投资看似保守的投资策略、严格控制回撤的手段,没耽误那些顶级价值投资大师取得长期令人赞叹的成绩。那么,我们为什么非要在大起大落的小概率中寻找刺激呢?这也许就是芒格与巴菲特合作的原因了,不然以芒格的性格也许会独自战斗到底。事实证明,芒格的眼光和巴菲特的保守控制,让他们珠联璧合,这才是伯克希尔·哈撒韦的真正闪光点。

从公布的历史业绩可见,巴菲特的业绩更加好看。这主要是因为他有很大一部分投资脱离了二级市场涨跌,这其中包括稳健的优质企业股权控制、收购套利和保险浮存金免息投资、优先股股息和低风险投资等一系列投资,对冲了二级市场的大幅震荡波动,维持了惊人的稳定业绩,并长期维持了复利累积。

为此,我们从价值投资者的业绩绩效上看:"保守投资,深度价值"是持续复利之源。

如果投资业绩呈现大起大落,首先不利于管理人的心态控制;其次,也证明了投资策略中采取了过度集中或其他冒险的赌博策略;最后,如果是资产受托管理的话,这样的业绩也给资产委托人带来了无形的压力,导致对管理人的投资能力判断困难。

八、年度业绩波动范围

深度价值投资主张投资者应当清楚自己的年度业绩波动范围,这样才能高瞻远瞩地进行合理的资产配置。假设投资者的长期收益目标是年复利20%,基本和巴菲特一个水平。首先我们设定最大回撤为向下10%左右,与沃尔特·施洛斯的回撤幅度几乎一样,假设最高收益和最低收益的出现概率一样,其余都是均值收益,那么要取得均值20%的收益,最高收益应该在50%左右,即(-10%+50%)/2=20%。看看巴菲特和沃尔特·施洛斯的年度最高收益,基本上也就在这个范围内,那么我们大致确定出保守的深度价值投资者年度收益范围为-10%~50%。上面一节说过中国股市上下起伏震荡比较大,我们可以稍微放宽限制,粗略设定深度价值投资者年度业绩范围在-20%~50%之间。

在-20%~50%之间就意味着:即使指数没有任何涨幅甚至遭遇大熊市,也仅仅出现较小的回撤。极端情况下,比如全年呈现单边下跌的熊市里,年度回撤也不能大于20%,很多时候在熊市中甚至能取得正收益。而在那些指数有涨幅的年头里，因为最疯狂时候指数一年可以翻倍，我们要求却很宽松，只要求取得指数涨幅一半多的收益就可以了。

根据以上想法，深度价值投资者的业绩目标可以简化为"熊市如债，牛市取半"，因为从历史的指数走势图上可以看到，每次深跌的大熊市都是过去指数透支涨幅留下的"后遗症"。所以，在价格被高估的时候我们分批减仓，然后休息等待机会，在大熊市经过恐慌大跌后，我们尽可能做比较精准的深度价值分批买入，并利用现金获得低风险收益，尽可能努力在最坏的一年或几个年头里获取如债券一般的年化收益；而牛市中，因为在后期高估疯狂阶段不断分批减仓，有可能牺牲最后的收益代之以休息，所以获得指数上涨一半的收益就可以了。

说实话，这个目标的实现其实是相当有难度的。因为这里讲的牛熊，事前事中是很难判断性质和级别的，只是年度结束后对指数涨跌的简称而已，业绩目标是在回溯中自我检验的结果。所以就需要我们对自己的持仓有高超的掌控能力：要买得既精准又有节制。

我们可以多思考一下这个问题：投资中的一些理念、策略、手段、研究等，这些是为谁服务的，要实现什么效果？

答案只有一个：满意的长期复利。

因此讨论价值投资、减小回撤、资金管理，包括其他类型的投资者讨论的趋势、风口、波段投机、定投基金、资产配置等，所有这一切都是以获取长期满意复利为最终目标的。没有收益的持续性和满意度，再高大上的投资也是"无用"的投资，所以，每个投资者对自己未来的业绩都应该大体上心中有数。

除了价值投资之外，肯定有很多的投资者依靠其他类型的投资手段不断累积财富获得成功。但集中的表现就两条：

第一，有自己的原则，特立独行坚持走下去。

第二，有常年的复利收益，而且脚踏实地，没有无可挽回的巨大回撤（负复利）。

九、保守投资的更深度认识

1. 保守投资是"慢"而"精"的哲学

坚持考验耐性是一种积极的生活态度。人们以为急切地做事便是提高效率，但很多事情在回头看时，会得出结论：急于求成，还不如慢条斯理地坚持那些看似最笨的方法效率高。急功近利者，往往会事与愿违地慢慢步入险境，因此，不要等遭遇覆水难收的境地，才知道保守稳健的可贵。

保守的深度价值投资犹如细雨滋润心田，"保住本金，守护复利"需要我们把每一步都做到精细，因此必须摒弃急于求成的心态。

2. 快乐投资，不要做"欠债"的投资

很多人实现短期超高收益使用了三个"欠债"手段：

(1) 高仓位或高杠杆的赌博——欠了风险的"债"。

（2）靠运气赌一把赢了——好运不会大概率在你这边，欠了概率的"债"。

（3）踩着法律或道德的红线——欠了合规的"债"。

长期来看，这三种"欠债"手段其实都具有不小的风险，都是不可持续的、本末倒置的手段。有些人拿过去的案例来说明其可行性，但过去可行，不代表未来可行。"常在河边走哪有不湿鞋"，很有可能未来进入"还债期"，早晚要还合规、道德、赌性、运气等各种风险债。

当你觉得投资枯燥、不够刺激的时候，当你觉得别人很傻的时候，先想想自己：未来可能会在何处丑态百出？价值投资者预防为主的思路，会使一路上的投资充满了幸运和惊喜。

3. 模糊的正确，精准地控制，简单地重复

如果用一句话概括保守投资的选股交易策略、资金风险管理和复利产生机制，那就是"模糊的正确，精准地控制，简单地重复"。因为价值深度和过激高估本身不是一个具体的点，只是一个大致区域，而保守投资特别注重逆向思维，这种策略是依据市场价格击穿安全边际区域的幅度来做逆向决策的，只要模糊保证交易方向的大致正确就行了，无须非常精准地计算企业"内在价值"。但具体到执行上，要将模糊的正确尽可能落实到一些量化细节上，这样控制起来就有章可循了。因为投资策略计划必须细致具体，不然无法执行，所以在模糊正确的基础上要做精准的控制计划。最后根据所制订的计划简单执行。所有保守理念就在这

一条条、一项项的具体计划中得以贯彻、执行和落实。正如巴菲特在投资计划末尾幽默地写道："若核战爆发,以上投资计划取消。"

十、保守是价值投资获胜的信心之源

想在投资领域有所成就,必须重复实践"低买高卖"的赚钱铁律。回看过去的指数走势,有很多明显的股价被"错杀"的"黄金坑",但这些机会一定是留给那些随时都留有充足现金的保守投资者的。保守者也许并不是最聪明、最有灵性、最具智谋的人,但就是因为他们的保守习性,能够给自己的预判留有余地,然后冷静、安心地把自己放在旁观者的位置上,才能最舒服、自然地捡拾起地上的金条,获得最佳的"低买"机会。

保守投资收益来自于精选企业、等待"错杀"。在经济不振、业绩下行的状况下,市场估值过低是常事。在系统性风险爆发的时候,那些平时一直还算温和稳重的行业也会变成张开血盆大口的恶狮,它们会残忍地吞噬你的资产市值。即便是以往曾带给你数倍增长的所谓"成长股"股价也一泻千里。这时候你才会知道巴菲特精选最优质股的教诲真是语重心长,每次市场暴跌以后,人们才会领悟到等待安全边际的重要性,才会理解保守地留存大量现金的益处。

如果您是有心人,就会制订一份最好的"系统性风险集中爆发后买入"计划书,下定决心一定要耐心等待"遍地金条"的时候来实施。好策略会不断从市场上获得积极的反馈，不断地鼓舞决策者的投资信心，更让投资者对保守策略进一步笃定，这样良性循环的复利收益会周而复始地产生丰厚利润。

我们的优势就是：尺度。即：价值之尺和保守有度。只有保守一些，才会在最需要资金的时候，把钱用在刀刃上。虽然底部难以预测，但精确的底其实并不重要，重要的是能够找到心仪的深度价值，分散、谨慎、耐心布局同时留存大量现金，这样每一步都走得踏实。大涨我有股票，大跌我有现金。

于是，无论市场如何跌宕起伏，各种情形下保守投资者都满心欢喜。做快乐的投资才是保守投资最可贵之处。面对大跌，保守投资者的乐观在于，手里充足的现金越来越有价值了，在深度价值处轻轻一击，远胜于在估值过高位置的满仓囫囵吞枣般吃下。不光是利润多少的问题，关键是保守投资"赚到"了清爽惬意的好心态，这比什么都重要，因为人保持身体和情绪的健康才是持续赚钱的前提。

保守投资的主题思想是"做好大概率事件，防好小概率事件"，这是一个切实可行的、稳固的复利累积手段。如果你把投资简化为"只去追求大概率保住本金的投资手段"，那么你的投资之路会变得豁然开朗，很多选股、配置、仓位方面的难题就迎刃而解。因此，我们每个保守投资者一定要有坚定的信心：只要坚持保守投资思想，一定会让自己的投资漂亮、出彩！

第五章　估值：估值到底起什么作用？

一、关于估值必须彻悟的三条

第一条：估值不会直接给你带来利润，寻找估值底线只是为了给你带来投资的安全。

投资利润实现的直接原因一定是买卖差价。间接原因可能是企业的成长、人们的高预期、行业周期波动等。分红从短期来看，带不来直接利润，还需除权后的填权价格回升。我们之所以要对股票进行估值，主要是评估自己在交易的时候是否占据着一定的优势，估值线在某一阶段是恒定的静态线，它可以作为一把尺子帮助交易双方找到自己想要的交易价格。

因此，估值是对交易安全的衡量。买入者在买到被严重"错杀"的股票后，用价值衡量能感受到企业估值的安全性；同样，持股者手中的股票如果被严重追捧，用估值衡量能体会到企业被高估的风险程度。

估值用在对整个市场的评估上也是有积极作用的：估值提醒投资者在投资标的被过度低估时要积极关注，被高估时则要更加警惕。这与巴菲特的"大众贪婪的时候我恐慌，大众恐慌的时候我贪婪"是一个意思。

估值是投资的清醒剂。如果没有估值作为衡量交易的标尺，仅仅依靠热情冲动或是仅凭感觉实施买入，这与赌博并无两样，长期胜率很低。而凭借基本面研究选股、估值买入，据我们无数次实践统计表明，长期胜率可达90%以上。如果在估值基础上加上一些保守的仓位管理、定性选股的安全性检验，这样下来，守住长期复利就不是太难的事情了。

没有经历过股市风雨的人，是不会体会到估值体系对价值投资有多么重要的。多数投资者总在大跌之后，才开始相信估值和优秀企业的重要；然而随着价格上涨、大市反弹，又忽略了它，去寻找风口和热点，结果造成在投资市场上无法挽回的恶性循环。其实，一开始的草率和鲁莽就已注定了最终的败局。

第二条：估值只须模糊标记过激两端即可。

前面我们讲过，以净资产收益率为核心的分类估值法，分别侧重收益、资产或者二者的综合估值，目的是寻找企业的内在价值线，并以此作为一个衡量股价高低的标尺。所以，估值要参考企业历史大熊市低点的估值情况，因为市场的极度低迷和兴奋都会使股价最大限度地偏离其内在价值，这种偏离度在各个历史时期都比较接近。

我们得出的企业内在价值是一个模糊的区间，而且也是一个变化较大的动态区间，因此不必拘泥于寻找精准的估值线，只标记股价向下或向上过激偏离的两端区域就行。估值作为投资学问，是一门科学，也是一门艺术。价值投资者可以不知道精确的合理估值线，但只要是市场价格出现惊人的"错杀"或是"错捧"，有经验的价值投资者就会根据估值水平和市场气氛清晰地感受到，得到这样的估值信息就足够了。估值力求简洁清楚，在此期间并不需要努力研究和预测价格变化的趋势，只要把握好这两个极端区域就很好了。我常常把市场价格发生"错杀"或"错捧"的两个扭曲区间叫作"过激区间"，简称"过激"。

"买股票就是买企业"，这是分析企业的基本理念。这理念没错，但因为市场价格的情绪化特征，我们还要有对"价格过激"的警惕性。尤其在不是十分成熟的细分市场上，一旦出现了市场价格大幅高于企业内在价值的情况，就应适时把握动态仓位，做好分批撤出观望的准备。我的口诀就是："持股守息，等待过激。"

第三条：不在估值尴尬时下尴尬的交易单。

投资市场自有其运行规律，这和资金、预期、政策、经济运行状况都紧密相关，这个市场大多时候在人们情绪的鼓噪下不断起伏波动，但无论怎样，价格波动总会围绕一个核心上下起伏，这个核心就是价值。价值有其强大的上下牵引力，它会让奋勇追逐市场泡沫的人们在"潮水退去"后自惭形秽，让企业价值水落石出；它会让投资者不得不十分在意手里股票的分量，给长期无视企业基本面优劣而随意交易者以惩罚。为此，越是经验老到的投资者越会谨慎小心。因为他们已经非常习惯利用估值来判断个股和整体市场的风险，以保证不会在估值尴尬的时候下尴尬的交易单。

二、估值应该注意什么？

不管用什么财务指标对企业进行估值，一定要注意估值这三个特性：时效性、主观性、差异性。

1. 时效性

估值一定是附着在某家企业上的，但企业的经营发展是动态的，所以估值会有一定的时效性。如图5-1所示，以贵州茅台十多年的成长为例，2007年2000多亿元的市值对应76.68倍市盈率，当时看肯定会有高估的嫌疑，毕竟到了2017年8700多亿元

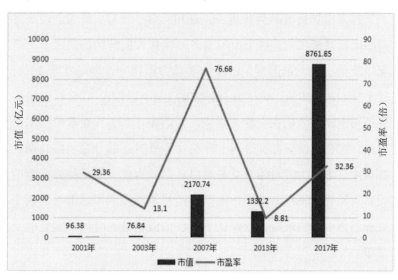

图5-1 贵州茅台市值、市盈率高低点图

的市值才对应32.36倍市盈率，明显的业绩成长限制了市盈率过于迅猛的攀升。从价值周期的角度来看，2007年过激后抛出是个不错的选择，因为股价下次有效创新高是在漫长的七年之后，在这七年里完全有机会以比高点低很多的价格再次买入，虽然这是事后看到的结果，但是"过激抛出"仍有大概率的长期胜算。

显而易见，对于消费成长类的超级明星股来说，估值具有时效性。但这并不是说长期成长股按照估值做投资决策会落伍。在2007年股价高企的贵州茅台市值其实在七年后才彻底被超越。如果在这段时间一直持有这只股票，七年将造成多少时间成本？若按照巴菲特每年20%的标准，算是损失了七年的复利，今后要用怎样的速度追回？况且没人知道长期成长股是否能均速持续地成长下去，在股价被过分高估之后，根据以往经验，大概率会经历一个较为漫长的修正阶段。

对于像贵州茅台这样的成长股而言，估值确实变化很快，其实市场上大多数企业的估值都是不断变化的：有的估值逐年提升，有的不断下降，大部分是缓慢增长。但是无论如何，利用估值这把尺子，还是能够衡量出大致几年内的相对价值高低点的，通过估值来制定相应策略，获胜的机会便很大。

因为估值具有很强的时效性，我们首先要给企业做一个定性分析，淘汰那些非行业龙头和无法定性的企业，以防止企业的较大变化让你猝不及防。选股之后要不断跟踪企业日常的公开信息，对于影响到企业经营的大事件要做一下简单评估，是否影响长期估值？尤其是中报和年报的分析。最后还要时常关注企业竞争地位的稳固性，不断跟踪影响企业持续发展和维持成长的各方面要素。

2. 主观性

尽管价值投资者可以依照经验或是历史规律，尽可能准确计算企业内在价值得出估值，但由于人为判断误差、个人喜好和看问题角度的不同，结果难免带有一定的主观性。投资者需要研究的很多数据到位需要时间，而企业经营如流水一样不断持续向前，所以也很难及时掌握最真实客观的经营数据。虽然如此，投资者并不是非要精确了解一切经营信息才能定夺，完全可以追求定性分析，求得估值上的模糊正确。即首先用定性分析对企业进行大框架研究，然后保证自己估值的模糊正确，在比较确定的价值深度位置分批买入就足够了。卖出也一样，综合利用企业和市场信息来确定模糊的高估区间，分批卖出即可。

估值是科学，但不仅仅是科学，也是一门精妙的艺术，它有艺术的灵感也有艺术的细腻。因为这里面掺杂着很多主观因素和经验，比如上面的贵州茅台十多年来市值的变化，虽然事后看上去很简单，但由于各人理解不同，操作策略就不尽相同，显然也很难达成共识。但价值投资老到的人会感知到市场的恐慌抛售和企业市场价格之间微妙关系。

3. 估值的差异性

根据以往各行业的历史估值区间，以净资产收益率为核心，价值投资者完全可以针对具体行业标的采用估值差异化策略，尽可能制定最客观最有效的价值交易策略。比如强周期股很难用市盈率来估值，因为盈利正旺的时候企业很有可能处在经营上升周期末端；而盈利较低的时候，企业市盈率高启，但很有可能是行业低谷开始转折的关键时期。所以我们在使用各项财务指标估值的时候，应尽可能研究每个时间段的财务指标形成原因和规律，去寻找当前市场价格背后的真正原因，从而选取适当的财务指标，利用最有效的手段衡量企业价值。

三、谈谈过激高估的十大标志

如何确定个股被高估？这个很难确凿地下结论。本着实事求是的态度来研究，我们只能确认至少在两年内它没有被低估。要客观评价企业的估值，可将估值分为几个等级：

第一级，确定被"错杀"，被严重低估，具有明显深度价值。

第二级，未被低估，基本合理的价格。

第三级，有被高估嫌疑，但不十分厉害。

第四级，明显被高估得厉害。

深度价值投资者从深度价值布局完成开始，就要常念叨"持股守息，等待过激"的投资经，以此来坚决稳住自己起伏的情绪，管住喜欢频繁交易的手。但到底这个"过激"是个什么样的情形呢？有经验的价值投资者对于个股的高估比较敏感，但是有时候可能对整体市场的过激不够重视，对系统性风险防范不足。在整体市场环境被过分高估的时候，损害长期复利收益的大系统风险可能随时降临。在这里我就根据以往经验简单描述一下，无非是以下 10 种情形。

1. 大象"死股"翻倍

大家可以关注超大盘指数，或是选取几只平时业绩成长性很一般的超级大盘股，作为跟踪对象。比如中国石油、农业银行或一些公用事业股等，如果它们集体翻了 2～3 倍，可以想象那时候整个社会"游动的增量资金"涌入股市的程度是多么凶猛。但增量资金也是有限度的，股价翻几倍，市值规模大为扩张，理性投资者要考虑是否有资金后继无力的可能。

2. 基金募集陶醉

在牛市的一个相对高点，价格越涨大家胆子越大，最后亢奋到血脉贲张的程度。众多场外"盲众"逼迫着基金募集开进社区开展服务，寻找平时提起股市就心惊胆战的大爷大妈们开户买基金。将战场扩张到大爷大妈们的身边甚至家中，那种挖钱的劲头恨不得掘地三尺，结果几乎所有基金募集都是提前结束。

"韭菜"的鲜明特点就是按捺不住一夜致富的心理，别人赚过大钱的地方是最令"韭菜"心驰神往的地方。但是，当最后一波"韭菜"被割完后，这个曾"牛气"的市场也许就要"凉凉"了。

3. 营业部盒饭贵

人头攒动的地方消费流通也最快，当面临资源紧缺的时候，涨价就成了出口，20 年前个人电脑还不普及的时候，当营业部大厅的大爷大妈们不肯从营业部回家吃饭的时候，当盒饭不断涨价的时候，股市危矣。现在随着社会的发展，营业部虽然不是广大散户的主战场了，但在很多网络社区和股民集聚的论坛里，那种人人都是股神的劲头还是能够轻易觉察出来的。当大家自我感觉投资股票寸秒寸金、急不可耐，每天都抓涨停板的时候，股市的风险其实早已悄然而至！

4. 看门大爷嘴碎

大熊市的时候朋友之间都懂得"不问股票"的规矩，怕问了股票恶心到对方。当牛市来了，天下没人不知股市"掉银子"的时候，连没股票的看门大爷都会跟你套近乎。仿佛大家瞬间都会赚钱了，很多自认为聪明的"门外汉"都会积极参与一下这个话题。那些手头有股票或基金的看门大爷，更是掩饰不住内心的喜悦，截住你非要和你絮叨不可！

5. 银行买基金排队

我多次见过银行卖股票基金的盛况，基本都是在市场指数位于高不可攀的位置时，在银行的人们高谈阔论，讲述着自己几近翻倍的历史，大家心情急迫地认购新发基金。我见过 6000 点指数时大爷大妈们强买基金，之后他们的讲述却是另一番景象，"羊群效应"给许多家庭，尤其是给那些经不起市场波动折磨的老人家带来了无数个不眠之夜。

6. 荐股短信成堆

平常电话、短信骚扰不算多，一到牛市，形形色色的荐股人马会全部出动，使出浑身解数来趁机捞一把。其中大部分都是骗局，但是牛市里昏头昏脑的新手多，所以上当的人也多，只要万中有一，骗子们就会锲而不舍。

7. 越卖越涨越后悔

很多过分理性的价值投资者容易早早退场，但禁不住牛市的大涨趋势，其中多数人反而会在更高的位置又回来。而一些频繁操作者在牛市一卖就暴涨，经过反复多次，新手总会被越卖越涨的经历刺激着开始重新确定投资逻辑："死了都不卖！"结果真被"温水煮青蛙"搞得"割肉断臂求生"的比比皆是。如果你周围有不少炒股的朋友，当你不断接收到"越卖越涨越后悔"的消息时，如果你是理性的，就应该慢慢撤出市场了。

8. 看着估值反胃

历史统计，上证指数的最高平均市盈率在 40~60 倍。到了这个阶段，多数"群众"不明真相，还在"搏杀"，但理性的价值投资者就应该认真审视自己的持股了，他们看着这种估值水平会开始"反胃",敏感地意识到这种高估值泡沫的风险巨大,总有种大厦将倾的感觉。

9. 彻夜谈股不累

兴奋的市场充斥着兴奋的人群:社区、股吧、论坛、QQ 群、微博、微信极度活跃,往往通宵达旦谈股。

10. 风险警告白费

政府、监管者开始不断警示市场风险,但市场最多意思意思,走一根阴线,短的调整之后,紧接着还是疯狂上行!其实大家都明白,但是侥幸心理在作怪,都在等"压死骆驼的最后一根稻草"出现,将每一次下跌当成一次短期正常波动,谁也不相信这场"击鼓传花"的游戏会在轮到自己手中时停锣。

对过激高估的判断其实很简单,难的是:大众都认为自己聪明,谁都认为自己能在暴跌之前逃离!都想参与这最后的晚餐,只有极少数人,拿着估值的尺子,面对发酵的泡沫,表现出毅然决然的远离态度,在大家觥筹交错、举杯庆功的最热闹时刻,悄然离场,拒绝最后"埋单"。

四、 深度价值投资帮你躲开价值陷阱

落入价值陷阱是价值投资者所遭遇的最为常见的投资风险。价值陷阱主要有两大类,对照正常的短期估算出的企业内在价值

线，第一类陷阱是股价看似很低，但实际上却很高；第二类陷阱是股价确实很低，但由于市场价格长时间得不到资金响应，未来市场价格可能还会继续维持这种状况，直至企业开始衰退。以下是对这两类价值陷阱的具体分析。

第一类：股价看似很低实际上很高

投资者买入低价资产或买入较低市盈率的企业股票后，却发现该资产的价格和市盈率长期持平甚至下降。在投资中，这类价值陷阱是表面上价格很低但实际上很昂贵的股票，这种偏差是由基本面的微妙转变导致的，引起偏差的原因主要有周期性业绩高点滑落、短期爆发过后的业绩停滞式负增长、盲目扩张后的急速萎缩等。例如钢铁股在牛市沸腾时往往市盈率都不高，而且各项指标看似都很健康，但周期性决定了市盈率低点有可能是市场价格的最高点。还有一些成长股追逐者，往往在其成长鼎盛、估值较低的时期误以为其成长会永续，从而落入了价值陷阱。

第二类：估值确实很低但长期无法恢复

作为巴菲特价值投资的"信徒"，得克萨斯州达拉斯市对冲基金圣特尔资本的阿什顿解释过这种类型的价值陷阱："由于没有足够大的购买群，这样的公司就有可能永远被低估，直到它的增长率为负为止，那时候它们将更加被低估。"这种被不断低估的股票也是一种"价值陷阱"，我们有可能长期陷入这种价值陷阱中，一旦重仓遭遇这样的困境，便有若干年的投资业绩受损的可能！

现在我们已经基本了解了价值陷阱的两种形式，那么利用我们已知的深度价值理论，如何规避价值陷阱呢？

1. 减少对估值的完全的、过分的依赖

投资者可以自行设定50%的涨幅来锁定一小部分利润，这部分减仓只以自己较为满意的收益为目标，而不考虑估值因素。这是为了规避未来的价值陷阱而提前部分性地"落袋为安"。因为估值具有主观性，所以为了防止交易策略对其的完全依赖，有必要采取这种防范措施。同样，在买入时适度分散，严控股票仓位，也是对我们可能的"估值失误"的一种缓冲。

2. 谨慎选股避开热门

选股尽可能避开高速成长过后的热门明星股，应该重点关注那些成长速度并不是那么快，或者估值没有被追捧得太高的成长股。因为这样的股票虚夸的部分往往更少，可以给价值投资者充裕的时间安静地研究追踪其真实的内在价值。而大多数热门明星成长股看似很诱人，但正因为追逐的人过多，其常人无法察觉的"价值污点"和"估值盲区"很有可能被虚荣掩盖，以致无法发现其"成长隐患"，这就是巴菲特所言的"不熟不投"。

3. 严苛的安全性综合考量

首先要求估值要有深度，其次要综合各种因素考察企业经营的稳定性和安全性。因为针对盈利的估值有很大的欺骗性，资产属性的估值虽可显示其价格错位，但无法得到关于收入或者回报的一些信息。如果综合考量行业企业的历史业绩发展和股东回报情况，就可以全面了解企业被低估的程度，降低估值的主观性带来的投资风险。

4. 组合交错配置、仓位灵活控制

组合配置的要点是分散交错配置，虽然组合形成是自下而上的结果，但我们必须克制买入的冲动，即不在同一属性的行业中配置过高比例，最好适当选择那些略有对冲性质的行业。并且限定整体股票和单个行业、股票的最大持有仓位。

5. 注重股息分红的变现功能

如果想摆脱单纯依赖二级市场的差价实现利润变现，那么投资人一定要选择持续高分红的企业，来实现不依赖股票交易的利润变现回收。价值投资者买股票要像生意人买企业股权一样，这就要求我们摆脱二级市场的习惯性看法，保持独特的眼光，即利用实业企业经营的常识性眼光去选择或购买企业股权，并积极重视持久性的高股息回报。只有实现二级市场外的不断收益，才有可能摆脱二级市场内众多不利估值因素的束缚。

综上，我们可以看出，深度价值投资规避价值陷阱的方法归根结底就是将保守思想贯穿始终，渗透在投资过程各个环节。

五、以贵州茅台为例，看看 30 多倍市盈率意味着什么

这篇文章写于 2018 年 1 月 23 日，这个时点贵州茅台的股价

接近每股800元，市盈率达到35倍以上。笔者做投资20多年，对估值的理解也是个由浅入深的过程，其实估值是个很玄妙又很实在的投资标尺，既有严谨的科学性，又有考验眼光和气质的艺术特性。历史上贵州茅台有过10倍市盈率的时候，随着市场不断扩大，未来成为超级大蓝筹成长趋缓后，会不会还有回到10倍市盈率之时呢？虽然这很难被预测，但是不管五年八年，长期来看应该说这应该是大概率事件。

我们现在就以贵州茅台为例，看看如今的30多倍市盈率在未来某天回归到10倍水平的情况。2018年1月23日，茅台股价为777元，动态市盈率为36倍。

我们假设几个条件：

条件一，假设未来茅台还会回到10倍市盈率。

条件二，假设未来茅台股价和业绩始终同步涨跌。

条件三，假设路径是先增长之后再出现乏力，由成长股变成了纯价值股，而造成了估值回归。

然后，我们再根据以上三个条件，假设出现以下几种业绩变化状况：

（1）先增长50%，之后增长乏力，由于种种原因回到10倍市盈率，那么股价变化结果：

$$777 \times 1.5 \times (10 \div 36) = 323.75 （元）$$

（2）先增长100%，再回到10倍市盈率，那么股价变化结果：

$$777 \times 2 \times (10 \div 36) = 431.67 （元）$$

(3) 先增长 200%，再回到 10 倍市盈率，那么股价变化结果：

$$777 \times 3 \times (10 \div 36) = 647.50 \text{（元）}$$

我们发现，只要未来贵州茅台成为超级大蓝筹的价值股，只要未来有可能成长停滞，只要未来有 10 倍市盈率的可能，那么结果就是：不管经过多少年，即便是期间最高成长到目前 3 倍业绩水平，只要当前 36 倍市盈率的贵州茅台回到 10 倍市盈率，都有可能让你产生浮动亏损，所花费时间越长，那么长期复利折损得就越多。

分析以上案例，我们主要思考以下的问题：

(1) 没有深度的买入是否很危险？

"好股票可以长期持有吗？"这是一个价值投资者最常问的问题。我倒认为，我们大可不必纠结于持有多长时间，重点应该是回归价值评估来看问题。比如上面贵州茅台的案例，即便是经历了几倍的成长，一旦在数年间成长停滞或股价回归依然会造成浮亏。这样，我们就知道了这样一条客观事实：买入过高市盈率的优质股，若想通过长期持有来实现 20% 的复利会非常困难。因为时间不等人，错过了确凿的价值深度，指望靠哪家企业加速成长来夺回过去的损失真是难上加难。经过以上思考，可以确定地说："没有深度的买入的确很危险！"

(2) 确定性在哪里？

我们投资是为了获得较高的长期复利，那么基于此目的，是长期持续的辉煌成长更具确定性，还是持续的深度价值挖掘更具确定性呢？

投资者的复利累积到底要靠什么完成？

确定性的收益受多少因素的影响呢？

我们常说时间酝酿财富，如何酝酿？是在单调的价值规律的遵循中，还是在期盼企业长期成长上？关于成长与价值的博弈，其实没有谁对谁错的定论，关键还是在确定性上，最好是价值深度和未来成长性都具备。我的建议是看问题和运用策略不绝对化，打开大门欢迎各种手段，去寻找多重要素的确定性来保护复利的累积。在挖掘价值深度的时候，不拒绝企业成长性研究；在研究企业成长前途的时候，不忘等待深度价值的来临。因为较高的投资胜算，的确是来自基本面、市场面、经济政策面等多重因素的影响，"得道多助，失道寡助"这句话也可以用在这里，多一份确定性研究就多一份保障。

（3）满足自我的精彩还是枯燥地执行？

以价值为本的单调枯燥的低买高卖，要比成长投资显得更索然无味，很不精彩，也不太可能以某只股票数十倍、上百倍的上涨来扬名立万。但我们需要静下来思考，投资的本质是什么？为什么不能以确定性的复利累积创造财富呢？

其实，不管是追求成长股，还是挖掘价值深度，都需要较长时间的沉淀和积累。来到投资市场，我们都要有心理准备，任何手段和策略下的长期成功都不是件容易的事，没有巨大的承受力，即便是想得到、看得准也不见得能真真切切抓得住长期的丰厚利润。

我经常思考推演像以上贵州茅台案例这样的假设，并且根据推演不断做自问自答，这也是为进一步获取最接近价值本质的投资策略而做的不懈探索和努力。最后，我经常会得出同样的结论：价值投资要抓住本质，同时围绕本质寻找保护价值的各方面要素。除非有很确定的高成长，否则买入高市盈率股会有不确定的未来，在没有价值深度的前提下贸然长期持有，很容易连续数年遭受难以弥补的复利损失。

第六章　选股：站在巨人肩膀上起飞

一、选股要点：显而易见的好生意、好股息

证券市场上，看未来总是充满诸多未知，因为有很多成长股有过几十倍甚至上百倍的涨幅，它们无可争议地成了投资大众纷纷追逐的"明星"榜样股，于是那些似是而非的"成长股"引诱着人们蜂拥买入效仿，掀起一波波寻找翻倍股的"淘金"热潮。虽然未来的高速成长最诱人，但普通企业在拿出优秀成绩单之前，我们还要谨慎对待。

虽然发展时快时慢，好企业大多有继续向好的"惯性"，因为优秀者已经具备了优秀的"基因"，这是我们选股的基础理念。所以，深度价值投资者非常乐意选择跟踪过去十年有优秀表现的企业，我们只愿意与这样的企业为伴：

（1）一项显而易见的、简单的好生意。

（2）习惯于回报股东，有显而易见的常年好股息。

依照这个标准做一个股票组合，其中大体分三类：常年高分红的隐形冠军企业、常年高分红的超级品牌股、常年高分红的强周期困境龙头。

将常年高分红隐形冠军列在其中，是因为这些企业的一些产品往往不与消费者直接接触，行业不热闹，很容易形成有价值深度的冷门股。这类企业市值往往不太高，但其产品有的在社会生产生活中不可或缺，有的是构成成熟产品的一个组成部分。市场不好的时候这些企业容易被大众无情抛弃，股价不断遭受打压。它们属于细分龙头，市值不太高，存在并购重组机会，研究起来稍微需要一定的特殊细分领域专业知识。这类企业包括一些行业的辅料、配件、原料、包装等企业，以表6-1为例。

表6-1 伟星股份的分红与融资总额对照

截至2018年8月：
行业属性：纺织辅料行业
主要产品：拉链、纽扣等
合计融资：11.34亿元

上市实际募资：1.55亿元	累计增发融资：6.13亿元
累计配股融资：3.66亿元	累计分红金额：18.43亿元
上市市值：13.54亿元	当前市值：56.67亿元

总结：伟星股份累计分红已经大幅覆盖了总的融资额，而且总市值扩张到了四倍多。

类似隐形冠军如：鲁泰a、奥瑞金、裕同科技、精锻科技、生益科技、金达威、法拉电子等。

常年高分红的超级品牌股，完全可以看成债券，在股息率高到一定位置，PB、PE又基本处于历史低位时候，作为无法找到第一类企业时的第二选择，或者留作底仓。我们可以在近五年内净资产收益率大于20%的股票里寻找超级品牌，利用行情软件里的智能搜索或是智能选股爱问功能可以轻松找到目标，然后从目标群里再定性筛选具备极高品牌效应的行业龙头。

表6-2 一些近五年净资产收益率大于20%的高息超级品牌

000651	格力电器	002415	海康威视	000895	双汇发展
603288	海天味业	000848	承德露露	002294	信立泰
000333	美的集团	600887	伊利股份	603899	晨光文具
600612	老凤祥	002304	洋河股份	600276	恒瑞医药
000963	华东医药	600066	宇通客车		

对于高分红的困境行业龙头，必须以"预估业绩打八折和股价跌破净资产"这种更加保守的标准去估值，严格筛选行业困境中能继续维持较好股息的行业龙头。比如能源、矿产等强周期行业中的一些规模优势龙头，江西铜业、中国神华、上汽集团、海螺水泥、晨鸣纸业等。待经济低迷、产品价格降到上次熊市价格位置附近，就可以慢慢买入。

另外还有一些分红较少，但明显属于超级品牌的顶级成长股。关于成长股的判断，倒不必纠结，如果包含在以上三类里面最好，不在以上三类的可以不予考虑或以极小仓位配置使用，比如港股的腾讯控股、小米集团、申洲国际等。

选股根据一些简单常识就够了，但如何选股和如何买入是两回事。先依据常识定性分析选择企业，然后需要根据基本面估值的一些具体量化指标确定其深度价值位置，最后的任务是等待其深度价值的出现。买，**就考量两个功夫，一是选，二是等：选就要选择显而易见的好企业；等就要耐心等待恐慌性下跌之时。**

二、 苛刻要求，选择第一或唯一的必需品生产企业

为什么我们多次强调选股理念呢？因为选股理念不同，即便是持有同样的股票，最后的结局也可能完全不同。塞思·卡拉曼就说过："投资者和投机者持有的标的，有时也是一样的，但含义却完全不同：投资者持有的投资品可以为投资者带来现金流，而投机者却只能依赖变化无常的市场。"上文中我们提到选股要找显而易见的好企业，如果更进一步要求的话，所谓"好"指的就是以下两点：

（1）**第一或唯一**。

（2）**必需品生产企业**。

投机者很少关心企业的内在价值，对市场短期的风吹草动肯定承受不起，那么我们为什么要选择行业地位突出的股票做价值跟踪呢？前面讲过在计算企业内在价值时的估值具有时效性，如果未来企业的内在价值估值线因为行业地位稳固而能够保证稳定或不断攀升，那么之前根据估值买入交易就是有安全边际的。但是如果企业在竞争中不处于优势地位，则造成过去的估值随着企业竞争力的削弱而失去安全边际。

下面摘取四家A股上市白酒公司的九年市值增长情况（见表6-3）。

表6-3　A股四家上市白酒公司九年市值增长表

股票名称	2009年8月初市值	2018年8月初市值	市值增长率
贵州茅台	1558.2608亿元	8411.1808亿元	439.78%
五粮液	940.6488亿元	2497.6788亿元	165.53%
泸州老窖	472.5660亿元	708.1810亿元	49.86%
金种子	22.3677亿元	31.8032亿元	42.18%

从表中看出，贵州茅台九年的市值增长绝对占优，如果当年准备投资白酒股，理应选择一线白酒企业中的最优企业，不然十年来复利水平会大受影响，通过下图就能一目了然（见图6-1）。

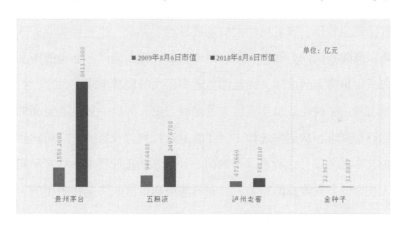

图6-1　白酒行业市值对比

同样，我们来看看传统的汽车行业，一线企业的市值增长还是很明显的，但如果在此行业内选错股票，复利受损更为严重。另外上汽和宇通的历史分红也是优秀的，即便是普通投资者也可以用长年分红来判断企业的地位优劣（见表6-4）。

表6-4 A股四家上市汽车公司十年市值增长表

股票名称	2008年8月初市值	2018年8月初市值	市值增长率
上汽集团	521.5亿元	3429.0亿元	557.53%
宇通客车	68.6亿元	343.2亿元	400.29%
长安汽车	89.21亿元	362.6亿元	306.46%
一汽轿车	136.2亿元	112.1亿元	-17.69%

我们来认真梳理一下，为什么这些分红最好、规模最大的企业市值成长性如此突出呢？首先，企业品牌溢价最高，成长机会多，所以"大而美"。其次，企业规模大，治理结构比较完善，责任感比较强，容易抓住大的发展机遇。再次，企业要么业务成熟，风险抵抗能力强，客户忠诚度极高，要么能以多品类的产品来抵御价格上的波动，满足消费者多层次的消费需求。总之，行业名列前茅的企业总会有优秀的经营习惯，有比一般企业更高的起点和要求，从诸多统计中，我越发认识到"投资要跟定最优秀企业"的重要性。没有等待的耐心和苛刻的选股要求，很容易陷入长期低复利收益的窘境，更有可能遭遇价值陷阱，让多年的努力落得颗粒无收的下场。

三、股息的重要性

本书一再提及股息或定期分红的重要性，这并不为过。对此，我们有必要进行反复深刻的认识与研究，虽然是来自企业的看似不起眼的现金流，但这是唯一不通过市场差价可以获得利润累积的手段，也是评价企业经营效果的最佳财务指标。沃尔特·施洛斯说："我会从公司是否愿意分红，来判断管理层是否为股东利益着想。"可见，"拿出钱来给股东，并且是长期不断地拿出钱来"，这是他坐在家里来判断企业管理层优劣的重要线索，也是选股至关重要的线索。

另外，施洛斯认为，价格与账面价值的比值是股票估值的重要组成部分。以账面价值的折扣进行交易提供了一个安全边际，因为大多数公司至少应该等值于其资产与负债之差。如果耐心的投资者系统地购买一些这样的股票，他们终将获利。如果一家公司能不断地支付股息，并且有着低市盈率，投资者甚至可以将自己的买入价格调整到账面价值以上，虽然投资者不太看重收入，但他看重公司的股息，可见他的估值体系基本上是账面价值加股息分配。我的深度价值投资系统和施洛斯的不完全一样，我升华了股息的作用，用常年高股息的线索来寻找行业地位突出或具有超级品牌效应的最佳企业。因此我们的保守，除了仓位管理，就体现在严格选股方面。

为什么股息对于选股来说这么重要？常年高股息证明了企业管理层的一个态度，就像一个人的脾气可能时好时坏，但长期以来都默不作声地尽全力奉献社会，我们可以根据其长期的习惯行为，而不是他的情绪或长相来判断他是不是个大概率可以信赖的人。这一点对财务知识缺乏、市场经验不足的股市新手尤为重要。

格雷厄姆一直坚持的一个观点是："公司管理层不仅有义务确保其股价不被低估，而且要确保其股价从来都不被高估。"

《证券分析》中说道:"为了股东的利益,公司管理层有责任(在力所能及的情况下)防止自己的证券价格被荒谬地高估或过分地低估。"这点我读来觉得很新奇,高管居然还要有能力压制公司的股价被过分高估,的确如此吗?

我慢慢回顾自己这么多年的投资历史,还真是如此:比如在1999年的互联网浪潮中,如果那些互联网公司能稍稍诚信些、实在些、眼光长远些,也就不会酿成后来的惨剧,不会造成那么多臭名昭著的欺诈事件了。老股民们是否还记得,当时几乎是家公司就与网络沾边,是家公司就"挂上科技连上网"(目前看来多数也就是花个万把元建个网站而已),这么一来股票就能涨停,炒作者和公司沆瀣一气、狼狈为奸,致使许多不明真相的股民备受蹂躏。当时有哪些高管们会在自己的股票被过分高估时候压制一下,不去高比例送股转增,而是用不断的高现金分红和派发大比例股息来逐步削减过高的股价?有了持续分红,长期投资者就不会过度依赖市场差价来获利,这样可以冷静市场情绪,让市场不致过度波动。但那时候,很多企业管理层还在忙不迭地传出虚假利好,引诱大众飞蛾扑火,其背后的阴谋早已昭然若揭。所以,新手进入市场应老老实实地观察近十年的企业股息分红,这才是有效避雷脱险的最简单手段。

上市企业如何使自己的证券价格平稳?最好的办法是不断派发股息!利率如果不是停驻在相当的高位,企业留存巨量的现金只能带来可怜的一点点回报。并且长期投资者会因为企业管理层手握过多闲置现金而惴惴不安,若不派发让股东变现,会迫使很多优秀的长期投资者过分关注所持股市场价格的波动,而不断卖出股票变现,出现劣币驱逐良币的恶性循环,不利于企业健康发展。同样,管理层经常手握重金,便被动增强了他们再投资的欲望,很难预防出现低回报或无回报的愚蠢投资。

正如格雷厄姆所言:"只要公司中有闲置资金,外部股东就不可能从中受益。"年景好的时候大比例派现,年景一般的时候正常派现,这样能使投资者保持比较好的流动性和投资安全性,以避免企业遭受突然打击或成长预期出现较大拐点后,以往本该变现给股东的经营红利或成长红利一次性被股价崩盘折损耗尽。

四、对股息的进一步理解

从企业经营者的角度来看,成熟企业实实在在地给股息(或分红)能体现出企业管理层在经济热浪中的谨慎和冷静,也能够在市场寒冬中释放对企业未来和股东们的信心和热情,这样会有更多、更坚定的长期投资者成为股东,坚定与企业走在一起,使企业内外形成发展合力。

保守型投资者认为,企业管理层支配太多的闲余现金,时间长了是件可怕的事,除非企业管理层是具有一定投资能力的投资家,否则企业运营溢出的现金最好回到股东腰包里。那种认为"现金分红过多不利于企业成长"的看法,仅仅对极少数企业管用,比如尖端的生物制药和科技型公司,它们需要大量的研发费用。在企业竞争白热化的今天,选择投资项目难上加难,以成长或企业再投资为托辞来聚敛资金的也不在少数，对此，投资者判断起来相当有难度。保守起见，我们最好与习惯给予股东厚报的企业为伍。分红有助于像我们这样追求简单、态度保守的投资者快速了解企业经营稳定性，并且是对企业资金运营水平、对待股东态度、企业行业地位等进行最直接、最简单、最迅速的了解的最好办法，尤其适合不很懂财务的业余投资者。

国外企业有很多高分红的优秀例子。比如微软，2002年年底，微软的现金余额猛增到434亿美元，这说明它的正常经营是非常有效的，但它的确找不到更好的投资途径了，为了在一定程度上解决这个问题，2003年年初，微软决定开始按季度定期支付股息。这样稳定的支付一来避免了现金闲置，二来避免了市场价格的过分波动，三来可以稳定长期投资者的情绪。对成熟和稳定的企业来说，把资本返还给投资者的最简单办法就是股息分红，微软绝对具备了这样的条件。

普通投资者对股息分红的认识不够深刻，他们经常会琢磨：即便是今天得到股息，在资产净值上也没有提升，反而可能被收股息税，而造成短期资产净值下降。其实这是"消极"的短视思想，是一种错觉：一只产蛋能力超强的母鸡，绝不会因为它产的蛋多而持久使身价不断下降。

事实上，不断派发高股息分红，这样的事情几乎总能促使股价长期不断上涨。因为长期高分红的公司中几乎不存在绝对不成长的例子，长期能派发不错股息、分红的公司，在长期大通胀背景下，企业实质上是呈不断成长态势的。即便是有些企业成长很缓慢，但它们确实很善于经营现金流。另外长期分红除权，可以使企业股价大部分时间里保持不变，处于一个不被十分高估的合理或偏低的位置，这样有利于不断吸引大型长线价值类买家介入，使得良币逐劣币成为可能。正所谓"得道多助，失道寡助"！

要维护公司股价，发放股息比回购更稳健，回购股票会使股价波动加剧，因为有激励在手的管理层更乐于看到每股价格因为回购而大幅攀升，但如果股价波动幅度变大，很容易使股价过分上涨而被高估，一些短线客的涌入会使得长线资金忐忑离场，不利于企业拥有长期稳定的股东。这就是说，即便是回购，股东最终也要靠股价的上涨来赚取差价获利，因此也逃不开市场环境的配合，逃不开靠卖出股份来变现。但在很低迷的市场情况下，经常出现股价大幅低于回购价的情况，即便是不断回购也不见得能使长线投资者获利。基于此，长期来看，股息发放是股价沸腾时的冷却剂，是股价低迷时的稳定剂，是真正不依赖于赚市场差价的最好的长期变现方式。

五、 依照股息选股的几个问题

问题一：如何看待伯克希尔·哈撒韦的不分红？

虽然巴菲特买起股票"斤斤计较"，非常喜欢分红好的企业，但他自己不分红的伯克希尔·哈撒韦公司却是个例外。伯克希尔·哈撒韦的金融投资属性和巴菲特自身的顶级投资家身份，决定了他们总会有超级好的投资点子。与其把现金分到各位投资能力平庸的股东们手里，不如保留在公司，由自己看管保险一些。但事实上能效仿神话般的伯克希尔·哈撒韦的企业极其稀少，没有其持之以恒的高水平投资能力，又占用太多股东应得的现金，出现投资失败也有很高的概率。所以，我喜欢那些习惯"将太多的闲余资金一股脑儿地都分给投资者"的企业，如果真遇到极佳的投资机会，它们也可以利用再融资渠道进行筹资。这样可以预防因不分红而高高筑起的股价某一天因投资失败或成长结束而像摩天大楼般坍塌，折损本应由长期投资者收获的巨量阶段性企业经营红利。

如果企业终有寿命，大多数长期不分红的企业最后的归宿就是股价大幅折损后，将长期累积红利一次性消耗殆尽。我们并不确定这一天何时到来，但我知道没有树会长到天上去，早晚有一天，那些最好的企业也会出现成长停滞，进而股价不断下跌。所以价值投资者更希望企业在不断辉煌发展的成熟期，能不断给投资者现金回报，这样也会大大减轻长期持股者的资金成本压力。

问题二：分红是大股东急于变现吗？

有人说分红高可能是大股东急于将资金揣入腰包的表现，首先，企业经营的终极目的确实是为股东谋福利，不断分红回报给股东这本无可非议。其实，分红所用资金为企业获得的利润，如果没有更好的投资，利润不分红留给管理层做什么？

这时候，我们应该仔细研究企业要持续长期分红所必须具备的一些经营特质，少搞些阴谋论。如果真是企业长期经营优秀，而且不是非常需要大量现金流去维持经营，作为股东分得一杯羹理所应当，这种能够长期坚持回馈股东的变现是一种最安稳的投资收益保障。

以鲁泰a（000726）为例，我们看企业的长期发展历史，管理层有能力，股权结构合理，大股东与二股东有长期稳定的合作关系，所获收益就是长期股息分红，证明企业管理层是值得信赖的，企业既然交出了一份长期满意的答卷，就应该以分红或股息的形式不断回报、奖励并肩作战的长期股东们。

长期分红只证明了企业的稳定程度，我们选股并非仅仅为了每年的分红股息，主要是希望通过"长期分红"这一事实，来证明企业的经营理念和态度。比如长期分红表明了管理层对投资者权益的看重程度，也展露了企业的一些稳健经营特质和诚信度。据此，我们可以保证自己做出的企业内在价值分析不仅可靠，而且收益还能不断提升，这样买入的安全边际就更高了，价值投资就不会被时间变成价值陷阱了。

那么企业高分红是不是大股东在变现呢？答案很简单，从三个角度来看就行了：

（1）简单的生意。

（2）持续的高分红。

（3）长期优秀的经营业绩。

有了这三点，我们就不用怀疑到手的高分红有什么不可告人的目的，也不用怀揣阴谋论，戴着有色眼镜看优质企业了。

六、寻找优秀的冷门股

投资历史表明,完美的高速成长股的确难以发现,即便当初有人振臂高呼某企业成长性极佳而且以后果然被验证,但大多数人不可能在看到巨大涨幅之前能和"神人"有同一认知水平。况且坚信者自己能坚持到最后的概率也很小,因为成长不会是一蹴而就的,期间充满了艰辛和未知的羁绊。

比如当你用现金流折现法来推导企业成长率的时候,就犹如用天文望远镜看太空,镜头向前推进一点点或向回退缩一毫米看到的也许就是完全不同的世界。于是,这种相差悬殊的"任性"主观预测,会造成情绪上乐观或悲观的天壤之别,因此以成长来交易,很容易造成巨大偏差和永久性投资损失。

其实,我们冷静下来,多研究那些翻了数倍的股票,会发现它们几乎都是由过去无人问津的低落股价起步的。一些"烟蒂股""沙漠之花""隐形冠军"很容易在一定时期内变成冷门股,股价被打击得七零八落。研究发现,很多十倍股确实会在股价只剩下零头的无人问津冷门股中产生,因为市场情绪悲观,很多本身不与消费者直接相关的细分行业,就更缺少资金的关注。

这些股票中就有彼得·林奇提出的"沙漠之花",很多低迷的行业如沙漠一样人迹罕至,但总有一两朵令人惊喜的"花儿"静悄悄地开放,而且长年不畏环境的恶劣。

我们观察一个"令人生厌"的传统行业——纺织行业,鲁泰 a 是这个行业里的一只老牌绩优股，虽经常受到市场环境因素的强烈打压，但在十多年里，企业净资产却在不断上升，企业年度分红不断提升，股本以五倍规模扩张。当市场环境不佳、股价低迷的时候，很多投资者认为它是价值型企业的烟蒂股，而经济恢复后又算是可以看好的稳健成长股，从长期复权走势上看，熊市底部总会以成倍的幅度被不断巨幅抬高。其实，在熊市里发现冷门股的巨大价值，要比预估优秀企业成长简单得多、实际得多。

由于人们无暇顾及那些冷门行业的冷门股，悲观情绪导致"只出不进"，缺少接盘的对手方，所以股价容易被打压得极低。因为面对股价的不断下跌，大家会对企业短期的业绩产生巨大恐慌，失去理性的持有者忘却了对企业基本面的长期信心，造成不断割肉杀跌的局面。这时候，深度价值投资者一定要尽可能拨开迷雾，与被惊人"错杀"的冷门股为伴，人弃我取，默默潜伏，相信冷门股一定会比那些众星捧月般的偶像企业股带来更丰厚的收益。

做投资想要成为长期赢家，其精髓就是能超人一步进行交易。投资取胜的真正关键不是你知道了大家都知道的东西，而正相反：在大众不知巴菲特的时候你投资了巴菲特，在大众不看好茅台的时候你投资了茅台，在苹果"还在苹果园里泛青"的时候你投资了乔布斯，这才是大手笔！

虽然这的确很难，但也没办法，价值投资者就是善于逆向发现投资机会的一群"价值猎手"。如果习惯于从众投资，那么你的收益只能与众人一样平庸。因此，努力发现冷门股是我们普通投资者实现超额收益的重要途径。因此我们不能只盯着成功者所持有的标的，需要寻找稍微另类的手段，避开当下时髦热闹的被高估行业，寻找冷门优秀股。

价值投资的目标就是复利收益，而复利收益的关键是避免损失，所以我们一定要习惯于挖掘备受冷落的股票，哪怕是被大多数人抛售的价格掉得只剩下零头的股票。敏锐的价值投资者会看到企业基本面闪闪发光的部分。因此巴菲特提出，价值投资是一条"人迹罕至"的路：我们只要做与市场冷热相反的事情，大体上就走对方向了。

第七章 逆向：甜美的坏光景和糟糕的繁荣

一、"剑走偏锋"的选股思路

中国股市有个特点：牛短熊长，所以我们经常遇到市场很低迷的时段。其实，市场越是低迷越需要用心感悟和思索，冷静分析企业价值。当发现大量惊人的"错杀"，你就会醒悟："自己所身处的环境也许就是未来能够诞生投资奇迹的环境，之所以大多人没有体验投资辉煌，只是因为他们漫不经心、不以为然的态度，使得他们在应对未来状况时显得不知所措，没有认真准备好迎接辉煌，结果往往是平淡或悲伤。"每一个长期投资者都渴望创造投资奇迹，但是也往往有一颗"从众而安"的心，破坏了我们本该创造的奇迹。

投资选股，为了保证所选股票的长期安全性，我们必须定性地考虑企业基本面的一些特质。

第一步，经过筛选，我提出以下六点企业特征：

(1) 基本保证能长期存活的公司。

(2) 有一定壁垒的属于大消费类的公司。

(3) 产品简单，不主要靠科技创新来维持生存发展的公司。

(4) 能满足人们生活水平不断提高的公司，基本上是生活必需品，有着世界或国内第一的地位。

(5) 产品长期不可或缺、不可替代，有广阔的消费市场和消费群体。

（6）依稀可见未来不断扩大的市场。

第二步，我们来思考未来有可能的获利空间：

在以上企业特征基础上，我们必须找到未来能促使企业股票价格不断上行的巨大空间，但绝不是炒家们所谓的想象空间。若要大空间，必须是几层空间的叠加，以下就是基本的三层：

（1）企业股票价格与价值落差拉出价值恢复获利空间。

（2）随着持有时间拉长，企业长期成长创造更大获利空间。

（3）市场由冷变热，牛市追捧出来的从高估到泡沫的空间。

第三步，寻找"剑走偏锋"的机会：

要获得投资标的深度价值，标的必然是人人唾弃，股价大幅跌落，以至于最后回落到内在价值线以下。但市场人士也都是"聪明人"，没有巨大的负面信息和抛售压力，谁也不肯抛售，这样看来，大家就必须抛弃一些世俗的观念，抛弃一些大众的习惯性思维。为此我们必须"剑走偏锋"。

我们所讲这个"偏"，实际上是市场追捧热点的偏，而对于价值研究，则确实算不上偏。深度价值投资者以价值研究为正道。比如在本书创作同期的2018年第三季度，我们如何做到"剑走偏锋"呢？在主流超级消费品牌的股价都不断上行时，虽然这些标的没出现被高估的状态，但依然没有十分充足的价值深度。于是，我们开始积极关注市场打击的对象了。它们符合以下三个条件：

（1）行业龙头或细分行业龙头，老大或第二。

(2)近一年内受到过软伤害,但企业依旧很顺畅地运营。

(3)价格贴近52周新低,属于冷门,被人们抛弃。

举个例子,2018年第二和第三季度,我们将目标锁定在轻工包装行业的"奥瑞金"(见图7-1),因受"红牛事件"影响(这两年的商标续约风波让红牛处于风口浪尖之中),唱衰者多,质疑者众。但在股价不断走低的同时,公司在2018年2月12日又推出了回购计划。

图7-1 奥瑞金

对企业定性分析发现,该股基本符合以上选股思路的各个条件,随着公司对于"单一大客户依赖过重"有了切肤之痛,公司的经营开始向多点出发的布局转变。2018年一季度出现了业绩回升的信号,股价依旧在52周新低徘徊,价值开始逐步显现,这正是值得开始关注的时候。虽然未来难以预料,大家也可以加以关注,这种"剑走偏锋"的投资逻辑在实战中具有很强的有效性。

二、 优中选低, 还是低中选优?

在本书中,我一再阐述定性分析企业的重要性,从企业地位、产品市场、受众范围、企业规模和壁垒等方面研究企业未来的可持续发展力度。为此,投资者一定要多研究行业龙头或细分行业冠军,一定要多关注行业中地位突出的股息分红最好的企业。因为安全边际是价值投资的核心,估值是投资必须跨过的门槛,但估值往往有时效性,一旦时间被拉长,企业估值也会有很大变化。所以,能经得起时间考验的优秀企业才是我们首选的投资标的。

长期经营稳定的优秀企业具有一定的行业地位和业绩稳定的惯性,如果随意选择平庸企业,它们在较差的大环境下往往经不起风雨折腾。

很多朋友选股的手段是在大数据智能选股功能中选择若干指标进行排序,然后在指标显示最低估的股票中选择稍显优秀的标的,而我的方法是先选择若干个行业,再从行业中把最优秀的企业挑选出来,列进股票池中不断跟踪观察,耐心等待这些优质股的低估机会。

我主张"优中选低,要远胜过低中选优",这也是保守价值投资的一种体现。经过很多年的投资实践,我才领悟到保守的含义：

第一是保守地选股。

第二是保守的仓位。

在漫漫长线投资中，你有可能遇到无数的"坑"和"雷"，最佳的规避方法就是与最优秀的企业为伴，"找到上品企业，才能做出上品投资"，这是投资的秘诀。

价值投资注重企业长期的价值和成长性，我们不能假定自己在挖掘某些行业或企业的短期消息进行判断方面很拿手，所以我们就不能做短线的投机和短期消息上的博弈。我们的能力圈中最重要的两项其实就是价值评判和耐心守候，所使用的技能就是简单的常识和基础的财务指标分析。为了保证所选标的价值估值在一个较长时期内不会发生大幅向下滑落，价值投资者一定要苛刻地选择历史经营优异、行业地位突出的龙头企业。这样的企业股票价格长期走势比同行业二三线企业要坚挺，熊市底部的抬高也会更有力度。

验证起来很简单：打开软件上某一板块系列股票，查看前复权的年线图，逐一查看对比同一时期的走势表现就一目了然。比如钢铁板块，你会发现宝钢和一些细分特钢比较强势，也会发现白酒中贵州茅台十分突出。

一般来说，通过长达十年以上的 K 线图走势，观察其向上的斜率和不断上行的低点抬高幅度等，就可以找到行业中地位比较突出或有自己特色的企业。长期跟踪研究这样具有特立独行走势的企业，就会发现一些成功投资的秘密。如能在整个市场低迷的时候，不断买入这样"鹤立鸡群"的企业，肯定要比随手挑一个"行业落后分子"在收益保障上更具有优势。

很多朋友片面地理解价值投资，选股的时候缺少极其重要的第一个步骤——定性分析企业，对企业要求不严谨。尤其是在行业龙头涨势喜人的时候，认为龙头高高在上已经有所上涨，显得"贵"了，后面的"小弟"却没怎么涨，显得"便宜"，也会跟涨上来，于是在行业内的二三流企业中寻找"价值"。殊不知，投资获利不是短期内一蹴而就的事情，行业中游或下游往往成长力度不够，并且经营稳定性不好，不仅在大的上涨周期里极有可能因为业绩成长不佳而拖后腿，在下跌时候也会比业绩一流的龙头跌得快得多。

我们为什么优中选低，而不是低中选优？其目的就是"保住本金，守住复利"，我们称之为保守投资。所以要清楚保守策略制定的这三个步骤和关键：保障投资安全的第一个关键是选股，就是选择行业地位最优的企业，这点很重要，却往往被很多人忽略；第二个关键才是选择具有深度的价格，即深度价值区域；第三个关键是控制单股和所有权益类的仓位高限。

正如菲利普·费雪所说："真正出色的公司数量相当少，往往也难以以低廉价格买到。因此，在某些特殊的时期，当有利的价格出现时，应充分掌握时机，将资金集中在最有利的机会上，买入那些创业或小型公司（这里我愿意改成：稳健成长的好公司），必须小心地进行分散化投资。花费数年时间，慢慢集中投资在少数几家公司上。"

三、培养逆向思维，寻找错杀的巨大价值

我阅读了很多投资大师的文章，了解了他们的价值投资风格，知道既有集中投资的巴菲特，又有分散投资的林奇；既有喜欢选择成长的林奇，又有选择价值"烟蒂股"的施洛斯。这说明，价值投资风格其实多种多样，在市场上，我们遭遇的很多棘手问题几乎都是前所未有的，但可喜的是还有老调重弹不断循环往复的规律，那就是人性的悲喜反复造就价值周期的巨大机会。坚持价值，"条条大道通罗马"。因为对企业成长性的选择和对组合集中分散的选择都是辅助手段，而不是价值投资的要害。如果想一招击中价值投资的要害，只有这项道出了共性：逆向思维，寻找"错杀"的巨大价值！

逆向投资的"向"，指的不是指市场趋势方向或指数走势方向，这里的向主要指"羊群效应"大众喜好的方向。逆向思维最大的优势是在市场极度低迷时候能大概率寻找到真正的价值，因为在一片欢腾的"顺境"中很容易被情绪或环境所左右，从企业经营表述、目标到分析师洋溢着乐观情绪的分析报告，无处不在的浮夸和过分的喜悦，使得投资者不可能冷静保守地估算企业价值。而市场极度低落或经济低迷不振的时候，往往能暴露更多企业问题。这时候很容易发现熠熠闪光的企业，也很容易出现股价下跌到价值线以下因而具有深度价值的情况，更有些优秀标的到了跌无可跌的境地。

对于资金雄厚的专业投资者或机构，他们能安全地、充分地逆向交易。他们接恐慌者的盘，给狂热者抛出筹码，这是很容易的。资金量虽然很大，但正好做大众的对手盘，筹码收放自如。

对于散户来说，逆向操作的确很难，因为资金量少，总想赚快钱，喜欢从众而安，交易也相当随意和任性。所以手指一动就跟着市场满仓进出了，很容易追涨杀跌，进行从众交易。

能独立思考的散户很少，除非深谙价值投资真谛。

不管股票市场是牛是熊，总有一些优质企业孜孜不倦，为股东积极创造利润和分红，这些企业就是最令价值投资人安心的。逆向思维能拂去表面灰尘，接近真相，而从众很容易在需要冷静时候过度狂热或恐慌。牛市里从企业到投资者，从市场内到市场外都充溢着乐观情绪；熊市里正相反，抛开浮夸更能清楚看到真相。逆向投资不是为逆向而逆向，而是因为要花五毛钱去买值一元钱的东西，就必须等待市场大众的错误认知集中爆发，等待昏聩的市场给予我们最好的赠予。

如图 7-2 所示，2015 年下半年开始，受市场环境影响，具有长期持续成长逻辑的电器消费股美的集团的股价经过连续三个月接近 50% 的剧烈大跌后，市盈率低于 10 倍，股息率开始接近 5%，好股票出现好价格，价值凸显。这时候，正是价值投资者逆向思维发挥作用的时候，应着市场去杠杆的悲凉和熔断的恐慌，此时也是不断加仓买入最好的时机。

第一篇　知·深度价值投资的奥义

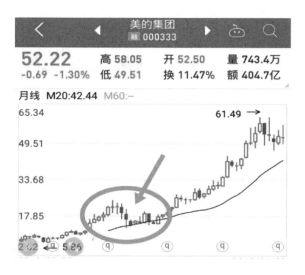

图 7-2　美的电器杠杆牛市后的错杀

四、买入，趁黑夜还是等待黎明？

巴菲特在谈到买入时机的时候表示：虽然无法预测股市短期走向，但有可能发生的是，市场将远在投资信心或经济好转之前开始上行，因此投资者应提早行动。

巴菲特在市场低落时候总会警告投资者，不要手持现金坐等好消息到来。这就充分体现了他的理论原则：在别人恐慌的时候下注，而不是在好消息来临、拐点到来、别人都看到希望时候跟着大众一起买入，那样太危险。2011年，就在两次暴跌中间的8月9日，巴菲特在奥马哈接受《财富》杂志电话采访时说："恐

149

惧与贪婪之间没有可比性。恐惧是瞬间产生的、普遍存在的、激烈的情绪。而贪婪则更加缓慢。恐惧是致命的。"恐惧竟然是致命的？我们需要好好思索一下它的致命之处。

虽然我是"长期好友"理论的支持者，但我也是长期复利的追求者。因此在市场向上过激，出现高估值泡沫之后，根据价值规律，市场价格总会停下来休息调整。所以我主张尽可能跟随高估值一起开始休息，保存更多的现金，才可能避免长期复利收益水平遭受破坏。

卖出也是同理：不要等待经济下行拐点明朗后再卖出股票，那也是很危险的事情。拐点的产生到明朗化是一个信息传递的过程，在这个过程里普通的投资者永远是弱者，几乎可以肯定，也是后知后觉者，连巴菲特都不敢明确经济拐点到底何时会来，我们怎么会自信地认为自己能成为"先知"？

真正能够有所成就的价值投资者并不是所谓的"聪明人"，但有一点很明确，他们肯定是与大众背道而驰的逆行者。如果等待那个众所周知的拐点明朗化，也许那时候距离真正的风险也不远了，甚至可能根本获得不了超越大众的超额收益。

对价值投资大师进行仔细研究，会发现他们不约而同地在市场极度冷落的"黑夜"里买入，而且还会在"黑夜"越来越"黑"的时候不断加码买入。因为黑夜是寻找被低估企业的最好的时候，趁着大家的恐慌分批布局，且并不需要预测黎明何时来临，需要的只是耐心，因为黑夜与白昼的交替是自然规律。纵然大多数黑夜很难熬，但你必须要具备很大的承载力，欣然接受煎熬。

只要循着自然规律大方向去做，就能简单制胜！

五、 走完所有下跌的逻辑，便只有上行

逆向投资不是随意投资，而是很具有逻辑性的。整个市场长期的涨涨跌跌，其实都贯穿着自己的逻辑。把这些复杂因素的涨跌逻辑归纳理顺，仔细跟踪观察：当一场大的长期下跌逻辑走完，未来多重因素汇集，便极有可能展开上行逻辑。因此我们认真研究市场的运行逻辑，就可以拿出最佳的投资策略。

我们先将影响股价涨跌的逻辑简化为五类，叫作"五重逻辑看涨跌"：

(1) **价值逻辑**。

(2) **成长逻辑**。

(3) **宏观逻辑**。

(4) **市场逻辑**。

(5) **事件逻辑**。

价值逻辑对于价值投资者来说不陌生，大体上是说股价会按照价值规律运行，当股价大幅偏离企业的内在价值，就会被牵引回归中值。因此买入的时候要评估一下市场价格是否存在十分被低估的情况，卖出的时候要评估一下价格被高估或存在泡沫的状况。

价值逻辑偏静态，有时候不能完全展现企业内在价值中孕育着的成长动力因素，因此我们还要仔细评判一下企业的成长逻辑。成长股之所以成长，无非是该企业最好地提供了人们生产生活中的所需产品或服务。所以在分析成长股成长逻辑的时候，我们最终要确定两个问题：

（1）产品或服务作为必需品或必需服务的属性。

（2）企业地位难以撼动。

宏观逻辑是由于政策、经济、国际形势等因素对投资市场的综合影响而导致的长期投资逻辑的变化。比如供给侧改革导致的去产能，对于高耗能产业的重新洗牌；长期汇率影响下的出口企业价值评估等。虽然我们是自下而上地选股，做深度价值投资，但一定要明白所选标的行业处境和整体的大环境背景，这样便于我们撕开表象，看清企业发展的内在驱动力，能够真正认识到企业内在价值。

市场逻辑指的是股票市场运行的固有规律，比如最简单的指数涨跌幅规律："涨多了跌得深，涨得少跌得浅"，很多指数一年内下跌50%的股票之前都经历过非常大的涨幅，如果指数涨幅有限一般下跌幅度也有限。再比如股票涨跌的季节因素："冬藏春收、夏种秋收"。这些都是凭着投资者经验不断累积出来的一些市场逻辑，但具体有多靠谱，还需要深刻了解其背后的核心机制。

事件逻辑就是有些大事件会对股价产生大的影响，甚至影响到对股票内在价值的估算。事件逻辑要分清大事件和小事件，对小事件一般不必理会，对大事件则要努力弄清楚其对企业本质性的影响。比如在2008年的"毒奶粉"事件中，我不断跟踪伊利股份，在事件后我们调查了若干超市，给出的判断是：

（1）这是一起行业性事件。

（2）这个行业不会被事件消灭，奶粉业是必需品行业。

（3）伊利不是行业漩涡中的企业，超市的伊利品牌产品并没有消失。

（4）这起事件对未来行业整肃规范有利。

（5）行业负面新闻会逐渐淡化，生产会恢复正常，伊利还将是此行业中的领先者。

通过以上五点分析，我们在2009年年初以每股8~9元不断买入伊利，果然到了2010年年底的时候，伊利股份摸高到40元以上的价格。这也成了我个人逆向思维和困境买股的一次经典案例。

通过价值、成长、宏观、市场、事件五个方面的逻辑分析，我们要在不断下跌中跟踪标的"下跌"逻辑展开情况。在下跌逻辑充分显现，而上涨逻辑不断累积的时候，就是我们交易的最佳时机。这不仅提高了资金的使用效率，还让我们对手中优质股的长线持有增添了十足的信心。

六、 甜美的坏光景和糟糕的繁荣

逆向思考者注定是孤独无助的。因为社会新闻报道和舆论喜欢渲染大众所最热衷的一面，很容易涨势说涨，跌势喊跌，只有站在大众的一面，才更有亲和力。

汉弗莱·B.尼尔是现代逆向思考理论的创始人，他的《逆向思考的艺术》是该理论的开山之作。在这部经典著作中，尼尔通过对群众心理、舆论宣传及人类行为的剖析，提出了与大众意见相反的行为准则。他指出当公众意见趋向一致之时，往往也是其错误形成之际，所谓逆向思考，就是从盛行的想法与意见出发，"对新闻、评论以及困扰着我们的无数预言从相反的角度进行观察与深思"，领先于大众感受到物极必反的变化，在大家一致追捧或抛弃时择机采取相反的行动。

孤独地思考，这有助于发现价值，更有助于逃离泡沫！也就是说在投资思考中，成功的投资者总是和大众有着不同的思想，在坏光景中思考着能捡到廉价标的，在满世界一片繁荣中感受到糟糕的估值状况和危险。

这种逆向思考存在于我们生活中的每个角落，不管你是否讨论股票市场或大宗商品流通市场，就算是日用品市场以及当地的水果蔬菜市场，所有的市场其实都在经历好时期和坏时期的周期循环。

并不是所有种类的逆向思维都能够印证自己特立独行的正确性。逆向而行凭的不是勇气，而是对大规律的清楚认识，并需要进行大量的实践总结研究和逻辑分析。而且这些都需要耐心等候时间的验证。但无论如何，希冀求得大众共识的投资是不可能成功的。一般市场人士与价值投资者的区别在于：前者喜欢什么热谈什么，什么当前涨得好说什么；而后者具备逆向思维，会观察那些被冷落、价格被打压到价值线以下的股票。所以真正的价值投资人都是潜伏者，不会迎合热点，显得另类而特立独行。

投资比的不是灵机一现，不是谁胆子大、玩得欢、闹得烈。投资比的是与大众思维决然对立的逆向独断能力，比的是在喧闹之中的超然宁静，在大众恐慌之中的身心安定。能把大众感觉到的坏光景变得甜美幸福，能把大众举杯欢庆的繁荣看成一种糟糕的、危险的境地，秉持着这样与众不同的思维，投资才可能获得与众不同的成功。

第八章 风控：防到最悲处，才能步步有惊喜

一、如何理解风险？

前文中笔者介绍，"投资交易的基本逻辑"为三个交换：权利交换、价值交换和风险交换，又阐述了股市涨跌的几大逻辑，综上，我认为投资风险大多由违反正常合理逻辑、毫无原则的随手交易所生成。

从表象上看，投资者为实现自己的投资目的，而承担未来投资活动可能造成的亏损或破产的一切危险就是投资风险。虽然产生投资风险的因素有很多，比如：政府政策的变化、管理措施的失误、形成产品成本的重要物资价格大幅度上涨或产品价格大幅度下跌、借款利率急剧上升等，但其大体可分为短期风险和长期风险两类。我们以下对股票投资"风险"进行全面认识：

1. 风险是一个概率问题，但重视程度却不能靠概率大小决定

风险是我们对未来的危险进行的评测，这些危险并不是100%确定发生的事件，但有害事件不管有多大概率发生，却都是需要注意提防的。比如，很多交通事故是由于忽略交通规则而酿成的，因此我们出行必须遵守交通规则。但有些人说全世界过马路闯红灯的人太多了，安然无恙的占绝大部分，出事的只是极小部分，所以认为闯红灯出事只是一个极小概率事情，我们可以

不认定具有很大风险。这是一种错误认识，因为我们对风险的重视程度还与有害事件一旦发生后果的严重程度有关，最怕的是忽视小概率事件造成的毁灭性打击。在 2015 年杠杆牛市后的毁灭中，很多投资者都有相当惨痛的教训。

一定要重视那些可能被自己忽视的因素的威力：关键是不利因素一旦发生你的损失有多大。人们永远爱听祝福的话，投资却与人性相反，应该时常听听最差的预估：如果忽视小概率，有害事件一旦出现便可能会造成无法挽回的局面。

2. 风险不能以短期收益来衡量

2015 年 5 月之前购买并交易乐视网股票的投资者几乎都有不菲的获利。在此时点之后，乐视股价开始由慢慢下滑到急速崩塌。但保守投资者认为只要不符合买入条件的股票，就不应购买或应该仅仅作为组合的一个小分子，因为风险不能以短期利润来衡量，不管你持有期间获利与否，风险等级都是一样的。随意操作可能带来几笔幸运的收益，但所有收益最终毁于一旦只需要一次经历就足够了。在风险面前如果你做得很随意，市场就有可能对你进行事后惩罚。

3. 多数风险来自于人的情绪和喜爱的倾向性

有句话说得好："道理几乎人人都懂，却依然有很多人过不好这一生。"除了运气，多是因为情绪和喜爱的倾向性，阻挠了人们在正确道路上前行的步伐，这包含了两点：一是理智被自己所处位置所蒙蔽；二是凡事都要寻求别人的心理安慰，才自觉安全和正确。查理·芒格说："喜爱倾向造成的一个非常具有现实意义的后果就是，它具有一种心理调节功能，促使人们忽略其喜爱对象的缺点，对其百依百顺；偏爱那些能够让自己联想起喜爱对象的人、物品和行动；为了爱而扭曲其他事实。"

4. 投资市场上的风险来自于众口一词

天下没有不散的筵席，当市场上大多数人一直向上看，疯狂到认为人人都会赚大钱的时候，你就应该琢磨提前与众人说声再见了，不然最后"埋单"的就有可能会是你。同样，在市场极度低落、深度价值遍地的时候，市场大众一片恐慌悲观，这时候做空的风险其实更大。这样看来，风险预防主要是事前防范，事中事后是辅助，事前做好各种风险防范计划，然后坚定地去执行，事中事后只须对计划执行的程度加以保证和完善。

二、 投资者的真正风险

"富贵险中求"这点看起来好像没错，就价值投资的买入行为而言，在外人尤其是趋势交易者看来，价值投资是在形势最凶险的时候出手，但换一个角度来衡量价值投资，其实也是在"富贵稳中求"，因为这样的"凶险"下隐藏着较为安全的资产估值、较为理想的买入价格和其实更小的交易风险。

所以，投资理念的角度不同，结论不尽相同。其实不同风格的投资者无法在同一个语境下进行交流，因此曲高和寡的价值投资才会备感寂寞冷落，因此，投资者会深切感受到价值投资之路的确是人迹罕至之路。

用招聘做个类比：喜好趋势投资和价值投资的两位老板同时招聘，看到某人30岁，根据趋势看，以往该人两年一提拔，一年一涨薪，不断升职，不断有所突破，履历堪称完美。趋势投资者看好上升路线，愿意"收购此人"。但价值投资老板用基本面分析，认为目前此人的市场价格（薪资要求）有些透支其内在价值，根据此人的专业特点判断，其实没有很大的发展余地，而且此人性格中有些不稳定因素，不够沉稳冷静，喜好各种概念的炫耀、喜欢奢侈消费、资产中负债比重过大，未来发展具有很大的不确定性。以合理的静态估值来看，此人"成本"非常高，成长因素还不牢靠，性价比不合适。趋势分析者可能在短期内获得一些利益，但虽然此人很热门，价值投资者却并没有将其列入参考的用人的"人才池"内。

因此，趋势投资者认定的风险多是表面的股价走势的危机，或图表技术分析出现的坏结果。他们认为这是最实际的东西，以当前的走势来推测未来的变化。而基本面分析者认定的风险是些企业长期发展中基本面存在的问题，另外股价严重高出企业内在价值也是重要的风险来源。

大多数投资者思考的是如何赚快钱，所以更注意短期信息和短期波动。但是大家同时都知道的短期消息有可能使股价一步到位，而过于短期的波动可能完全是人们情绪的宣泄，没有扎实的基本面为依托，且信息的快速变化往往使普通投资者猝不及防。因此，作为普通投资者，别思忖着自己能比别人聪明而提前一步交易，赶在短期消息之前布局是不可能的。市场短期是投票机，很难由你掌握，而长期是称重机。"称重"这事还是大概率有迹可循的，因此作为普通投资者，长线价值投资应该是最靠谱的投资方式。

总结一下，作为价值投资者必须关注四种真正的风险：

风险一，大众疯狂抢购，导致高价格产生，使得市场价格"失重"，严重脱离基本面价值。

风险二，将大概率能取胜的简单事件抛弃，去追逐小概率取胜事件，投机、博弈于短期消息。

风险三，受大众恐慌情绪感染，抛弃正确的投资价值观，情绪紊乱。

风险四，持股过度集中，一旦遭遇价值陷阱或黑天鹅事件，则难以走出长期亏损困境。

从上可以看出，风险出自于两方面：

（1）企业长期基本面质的变化。

（2）投资管理问题，主要是投资者情绪和性格的稳定性问题，或投资策略制定的偏激化。

所以从投资伊始我们就要理清正确的投资"姿势"，牢牢锁定企业和投资者的正确介入轨道，踏实做好投资规划，步步为营实施完成计划。如果这样坚持下来,投资成功并不是件难事:我们摒弃风险从选择投资企业开始,从合理而保守的估值开始,并一路保持正常的投资情绪,坚持原则不断累积复利收益。

三、由 "索科尔" 事件得到风险管理的教训

看一则 2011 年有关巴菲特的新闻:

腾讯财经讯 北京时间 5 月 1 日上午消息,巴菲特当地时间 30 日在年度股东大会上向与会的近 4000 位股东阐述了伯克希尔·哈撒韦公司在面对公司前高管涉嫌内幕交易丑闻等负面事件时是如何采取有效措施积极应对的。

伯克希尔·哈撒韦公司前高管大卫·索科尔近期被曝参与内幕交易并谋取巨额利益,而今年一季度财报显示由于在保险业务上遭受了惨重的损失,伯克希尔·哈撒韦公司当季的盈利骤降 58%。对此,巴菲特在面对股东们时强调,伯克希尔·哈撒韦公司完全有足够的能力应付上述负面事件给其发展带来的影响。

巴菲特表示他不能理解为什么索科尔在建议他收购路博润公司之前就买入它的股票,但巴菲特也指出索科尔的做法明显违背了职业道德和有关内幕交易的法律法规。他还承认在当时索科尔透露他已经持有路博润股票之后并没有对其展开更深入的调查,不过他认为在当时的情况下他并没有理由去怀疑索科尔是否做了

什么不该做的事情。

针对伯克希尔·哈撒韦公司的一季度表现，巴菲特认为公司当季最大规模的亏损缘起于发生在日本、澳大利亚以及新西兰的自然灾害，他预计公司净收益约为15亿美元，而上年同期该数字为36亿美元。

对于索科尔所犯下的错误，从事情的表面上看大家都难以理解。连巴菲特也很纳闷：为了区区300万美元的利润，一个手下爱将竟然犯下这么低级的错误。从此事件可以看出，事件风险的根本原因不在于此事件"诱惑力"的大小，想要做最好的风险管理，其实什么措施也不及培养优良的品行更重要。

看了很多这方面的重大教训，重新梳理一下深度价值成功的要素，可以说好理念、好性格、好企业、好价格，再加上一点点好运气才有可能真正获取投资成功。理念是行动基础，性格是行动的规范和轨道。但同时要记住投资是有运气成分的，因此绝不能过分留恋过去的辉煌，投资路上要有永不知足的学习精神。尤其是多分析那些投资大师和榜样的成功经验。他们的成功中有多少是你模仿不来的幸运成分？有多少是简单可以复制的方法理念？有多少是因为个人的品行道德修养？

在学习大师的敬业精神和做人品行的基础上，我们一边投资一边培养好的投资性格，这样才有可能在好的投资理念帮助下，更好地抓住一些市场上深度价值的好运气，才不会像"索科尔"一样因为道德缺失而痛失大好前途。

四、执着于"下跌防护"

巴菲特说过:"如果你无法承受50%的下跌,你就不应该去炒股。"如果你以为这是巴菲特在纵容你的资产整体业绩下跌50%,那就大错特错了。看看巴菲特和他的同门师兄沃尔特·施洛斯的业绩表吧,在《聪明的投资者》第四版附录里都有罗列,他们年度最大亏损超过11%的都极为少见。因此,能承受50%的下跌,多半指的是面对指数下跌50%阵脚不乱,或者是能够承载单只个股下跌50%,但就整体组合业绩来看,他们都积极做好仓位管理,以至于整体业绩始终维持较小回撤。他们具有大量现金储备,越跌越买,操盘者具有对资产组合的高控制力,寻找"下跌防护"是高明的资产管理者必须掌握的技能。

另一位投资大师塞思·卡拉曼在保持近30年惊人业绩纪录的同时,一直在进行积极的风险规避,如果了解到他是多么执着于"下跌防护"的话,就更能体会取得这样业绩是多么不可思议了。他对"下跌、回撤"的无比重视,使得自己的资产总是会在一个新高度上开始迈步向前。但更重要的是,在市场人心惶惶或险象环生的时候,投资高手仍能闲庭信步地捡拾掉落在地上的金条。

比如经历系列股灾后又重逢市场回暖的牛市,一般人的资产净值会在相当于亏损前70%或60%的水平起步,而深度价值投资者却能从90%以上或100%，甚至110%的水平起步，他们会更加从容地严控自己的仓位，不紧不慢地等待这个牛市的发酵，并且会长持到下一个估值沸腾之时再慢慢撤离。保守的深度价值思想，促使投资走入了良性循环的轨道。理性的习惯值得长期修炼，注重并考虑好未来有可能的所有风险，慢慢地将冷静、从容变成你性格里的东西，惊人的业绩也就是在这样自我管控的枯燥日常中慢慢累积起来的。

下跌防护的主要措施无非是在投资的各个环节加大研究力度，在尽可能提高确定性的基础上做到精准、保守布局。

（1）**选股防护**。对于标的的行业地位和业绩分红进行严格评估。一般来说，"涨时重势、跌时重质"，行业龙头和绩优股下跌的速度和幅度要远远小于行业中那些落后分子。另外高分红可以在绵绵下跌的熊市中给你输送弹药，成为长期熊市中的一抹亮色。

（2）**估值防护**。在历史估值底部区域，如果业绩没有确定性地转好，那么对安全边际的设定就要更具有深度一些，即加大打折力度；即便是业绩转好，也不要过度乐观、过快提升估值，永远不给成长以过分乐观的估值加分。

（3）**保守的资金管理防护**。保留足够现金或现金等价物，分散仓位布局不同行业。

（4）**渐进式交易策略**。依据基本面和估值的确定性，采用渐进策略逐步推进交易。

（5）**控制好交易者的情绪，严格按照交易计划执行策略**。

卡拉曼认为，成功的投资者总是不情绪化，并能利用其他人的贪婪和恐惧为自己服务。由于他们对自己的分析和判断充满信心，因此对市场力量的反应不是盲目的冲动，而是适当的理智。

我们用以上下跌防护策略，来规避过度集中的危险、差的投资标的、小概率发生的严重性损害、平庸的价值判断和过于漫长的熊市等风险，以此构筑我们强大的"下跌防护"系统，以保证不断的复利累积。想要获得，你先要懂得如何不失去：管控好投资风险，让保守投资的理念深入骨髓。

第九章　中庸：不疾而速的道理

一、想抓住行情，但你留得住纸上富贵么？

看一则 2016 年的投资札记：

2016 年 6 月 17 日

昨天和朋友聊天，他说上半年的锂电池概念您抓住了么？我反问，去年（2015 年）到现在的杠杆牛市你抓住了么，在数次股灾之后，你留住了多少收益？

这位朋友想了想说："您的意思是不仅要抓住还要及时跑掉？"

我说："跑掉？哪有那么容易！"并顺势给他背了一下深度价值理念中保守投资的办法：（1）三不：不去预测行情，不去预测热点，不去频繁交易。（2）保守：坚持保守选股、保守仓位、保守交易，坚持价值衡量，保守对待收益预期。（3）口诀：深度价值，持股守息；等待过激，三步取利。

晚上，我回到家，将今天的一些想法记录下来：

（1）长期业绩衡量的时间点是在熊市，要在熊市最低落的时候研究过去三五年的年复利是多少，而不在牛市的时候为自己账户上虚假的纸上富贵而沾沾自喜，而忘掉了风险、高估了自己的能力。

（2）在市场指数年度内下跌的熊市中，力争保本不受损，能取得年度债券一般的收益就不错。

(3) 牛市的时候一定要加强控制，放低收益预期，在逐步高估中分批慢慢减仓，有牛市指数一半的涨幅就很好了，关键是高估过激之后能全身而退。

也就是说，在坚持保守和深度的思想上，在保证本金不受损的基础上，注重绝对收益，注重长期复利累积的有效性。

其实当时我没好意思对那位朋友说：想抓住行情，但你留得住纸上富贵么？

从表象上看，似乎我们每一次的投资收益都是从交易差价上获得的，而每一个大的市场差价都是由行情大幅波动起伏造成的，因此多数人会理所应当地思考如何在市场上抓住所谓股价波动的"行情"。但从我个人的投资经历上看，我几乎从没有一次能预测出各种大级别的牛熊行情，更别说其中精确的转折点和那些中小行情了，但这并没有耽误我个人入市 20 多年来的长期复利收益。

"行情"这东西，虽然都有其一本正经的诱因，什么政策、经济形势、国际形势、国际商品价格涨跌、政策变化等，但其实大多都是市场人士情绪的反映。虽然股市涨跌难以预测，但长期来看，价格定位离不开背后支配它的企业基本面。

人们情绪再疯狂，也有回归理性的时候，所以市场价格总会围绕企业内在价值上下波动，过远的偏离总是要回归的。我们抛开行情起伏不管，只要抓住企业内在价值，并在极具安全边际的位置买入，在股价被过分高估的时候抛售，那么胜利终会倒向我们这一边。

二、 危机中的见招拆招

我们在投资伊始，对企业的价值或成长要有个判断，但企业的发展极有可能随着经济形势、行业竞争格局、国家政策等的进一步变化而发生改变，也许是微妙的变化，缓慢而温和；也许是短期内强烈的巨大变化，犹如海啸、地震，令你猝不及防。

为此我们要保持清醒的价值判断能力，在梳理企业的一些变化时突出"一个核心，两个基本点"。"一个核心"是抓住企业地位的判断，所谓地位即企业在行业中的位置和企业产品在人们生产生活中的性质特征。而"两个基本点"则是最为重要的观察跟踪条件了：第一个基本点是估值，即当前企业估值位置判断，是在高、中、低哪个区域、偏什么位置，比如是属于低估里的极具深度，还是一般性低估；第二个基本点是影响企业业绩的周期性变化的要素，一般来说，任何企业业绩都会呈周期性变化，不管强弱，但我们需要了解企业业绩变化趋势和目前估值之间简单的关联关系，比如一切强周期股一般在看似市盈率很高的位置形成股价的最低点，而市盈率到达历史低点的时候却在价格高位。

另外，只要将企业核心抓住，就可以判断出哪些危机不构成对企业的根本伤害。不会对企业地位造成根本撼动、对企业不构成实质性硬伤害的一些"危机"，"危"里就一定藏着机会。那么，用我们一贯的估值手段就会衡量出企业的价值深度，就可以在这类危机的"软伤害"来临时密切关注价格变动情况，伺机介入。但有些情况很复杂，可能伤害到企业的根本，是企业遇到的真正的价值危机，对于这些能撼动企业根基的变化，我们要严加防范。

导致企业遭受"软伤害"的因素有很多，可以归为企业自身发展因素和市场系统性因素两类。例如目前经济形势总体不容乐观，但我们既不是经济学家也不是先知，无法从经济层面给予未来准确判断（其实经济学家也可能各持己见）。那我们怎么办？如何防范有可能的价值危机导致的企业估值的大幅下滑？何况，再好的企业的成长之路也不可能是一帆风顺的，总有一些要迈过去的沟沟坎坎，那么有哪些属于企业自身发展因素的、能够克服的"软伤害"呢？

我们研究企业价值除了"一个核心，两个基本点"外，还有第二层保护伞，那就是整体市场估值状况和仓位资金管理策略。

（1）关注整体市场估值状况，辅助判断个股状况。

不管价值回归还是市场炒作，总会以市场估值的不断向上为表现，这是必由之路，只要指数上涨，一般短期内的估值水平会水涨船高，这时我们就应该多加小心；反之，下跌会引起估值变低，会引起价值投资者关注。在整体市场被极端高估或低估的状况下，个股也很难保持一个比较合理的估值水平，往往估值也处于自身历史上的极端区域。

(2) 用保守仓位诠释预测的不足。

深度价值投资者的保守性原则主要就是尽可能不对短期市场进行预测或对经济形势做方向性评估。我们对于能力之外的事物抱持不可知论，比如，承认自己不清楚明年的经济形势会比今年更好还是更糟。我们只清楚眼前的估值水平，采取保守措施对明年可能出现的经济糟糕情况做下跌保护和准备就行。

(3) 守住规则，以不变应万变。

记住：别以为超级大熊市不会在眼前出现，它们甚至可能会延续三五年。也别以为超级大牛市不会在眼前出现并持续三五年，不管怎样，我们知道目前情形和目前使用的策略就好了，至于未来走一步看一步。

总之，在主观认定目前标的价值被严重低估、具有很大诱惑力（或相反，认为标的估值较高，没有价值）的情况下，我们无法确定赖以估值的经济基础和企业发展状况是否正在动摇或是有微妙变化。面对主观估值判断应采取中庸态度，就是用中庸思想去处理整体市场估值评判和保守资金仓位管理，价值评判只是你心中的一根弦，它时刻提醒你任何时候对待前景都不要盲目自信，这时候需要依赖自己练就的见招拆招的真功夫。一步步见招拆招，该不断加仓或减仓就按照规矩进行，不过度地表现出喜好或厌恶，这来自于多年投资方法的修炼和经验累积。

三、扎根"渐进"思想

要做好投资，决策者投资思想体系的建立是至关重要的。思想体系成熟，我们就能依靠它来逐步形成自己的理论体系，然后用理论体系来建立和完善自己的投资体系，最后用投资体系去指导自己的投资策略，制订出最好的投资计划。这样层层严谨落实，就不会出现交易策略朝三暮四、思想左右摇摆不定的情绪化投资了。

有了自己的投资哲学，对培养独立思考和决断的能力有很大帮助。深度价值投资哲学就是我本人在不断写投资札记过程中，不断思考沉淀的一些理念集合。我希望用简单的逻辑推理来疏导整个思维过程，用具体的投资实践案例来验证思想的客观性和可靠性。这里谈谈在投资交易中非常有用的一种投资思路："渐进"思想。

我发现很多朋友最常问我的问题就是："某只股票价格已经合理，可以买进吗？"其实我很难回答。好企业和好价格应具体分析，到底好到什么程度呢？很多人谈到交易，买股票往往就是倾囊而出一文不留，卖股票就是一股不剩全盘吐出的意思。如果在问买卖交易的时候，加上"量"的概念，证明询问者是个理性的投资者，因为这个问法里有"控制风险到什么程度"的潜在意思，本质上，投资思想里蕴含了交易是个"渐进"的过程。交易的位置不是一个点，而是一个区域，在这个区域内我们争取把事情办好，按照既定的计划一步步走，量力而行，视估值和确定性来定好买卖的量，而不是受情绪上的冲动驱使随时来一场豪赌。你如果在当年中石油上市前轻信满仓大蓝筹就可以快速致富的"谣言"，就应了那句笑话："问君能有几多愁，恰似48元满仓中石油"（见图9-1）。

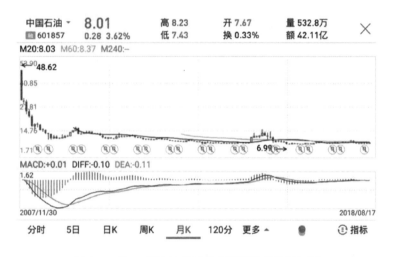

图9-1　从48元飞流直下的中国石油月线除权图

根据渐进思想理论：买入时我们尽可能分批买入，卖出时也要根据估值情况逐步减仓。因为想要精准抓住任何期间的价位是底还是顶，那简直是痴人说梦。既然精准判定方向是很难的事情，我们只需要按照价值规律做选择，然后渐进地完成我们的交易，把握一个模糊的方向正确即可。

长期下跌、大幅下跌，才能出现真正惊人"错杀"的深度价值机会。市场的巨大机遇，一般都是持续的恐慌悲观情绪造就的，而且这种情绪一般短期内难以缓解和扭转。为此，我们需要渐进式的交易策略来慢慢等待市场的寻底过程。

同样，价值高估时的卖出也应是一个循序渐进的过程。所以我用"牛熊两极点"来概括这两个值得交易的区域。虽然精准寻找极点位置很难，但我们可以循序渐进地进行交易，慢慢使自己的交易平均成本贴近这两个极点区域。

我 20 多年前刚一入市，就听当时有经验的股市老手说过"分批买卖收益高"，经过多年实践，这种"渐进"的处理方式确实让我收益颇多。

逐步建仓更能收获意外惊喜，因为我们对企业的认识和估值都带有主观因素，不可能马上看到骨子里，而且股市涨跌难以预测。比如最初我开始布局贵州茅台，很难预知其成长如此之顽强，当时我只知道它是鹤立鸡群的顶级品牌，然后就以自己的粗浅认知给了一定的小仓位，长线持有。后来慢慢理解了贵州茅台的企业特性，加仓时已经是贵了许多。即便以后不再追加更多，最初的一笔小仓位长期来看也会给自己的投资带来不菲收益。

再比如苏宁电器，刚上市时候被很多价值投资者追捧，称为成长股典范。但从 2007 年至今 11 年过去了，其总市值还是没有有效突破当年的水平。我当年分批建仓一小部分后，由于对其估值不满意并未继续加仓，到了后来不断跟踪研究，发现它已远远落后于电商模式，又进行了分批获利减仓，以最终交易均价来看，这笔投资也获得了不错的收益。

随着对企业经营的跟踪，我们会发现不管是在价值判断上、企业经营上还是趋势认定上，我们的想法可能会有一些偏差，幸好我们的交易过程是循序渐进的，这样留给我们纠错的时间就很充裕，使得某些风险不至于进一步扩大。

还有一种情况，在熊市中有可能最先进入"伏击区"的不是你最心仪的、深度跟踪的企业，此时分批渐进式交易可以慢慢看清自己所跟踪企业的全貌，有充分的选择时间，能挑选最具优势的企业的股票进行多批次的追加。

第十章　太极：50%定律的运用

一、深度价值投资与练太极

如果从哲学上寻找投资的要义，我建议从中国古典哲学中的"太极思想"出发，用它来分析投资思想的构成。"一阴一阳之谓道"：阴阳即变化，"道"就是规律。太极讲述的就是各种变化的规律、道理。客观规律就是天道、地道；人的思想就是人道，是人们处事的原则、规律或道理。"人道"就是讲人的思想行为如何适应客观规律，在世间纷繁复杂的变化中，要控制情绪，勿过度悲喜，在一种静谧温馨的环境中求得与自然的和谐共存。

太极思想这种貌似"混沌"地看待世间万物和人性本质的态度，其实有大智慧和明晰清醒的哲学理论依据。它的终极目的是去除人们思想上的芥蒂，做到包容而平静、追求进取而更顺应规律，最终达到人们精神领域和物质生活的完美统一，自始至终在怀抱平和与喜悦中获得物质与精神的双丰收。

在股票市场上，难以预料的是暴涨暴跌的股价变化，但可以预料的是价值规律周而复始的反复作用，所以也可以运用朴素的"太极思想"来分析投资原理。

理论一：慢就是快，欲速则不达

这个道理恐怕只有经历过几次牛熊转换的投资者才能懂。如同国外的一句谚语："能到达金字塔顶端的只有雄鹰和蜗牛。"虽然投资的方式多种多样，但能寻找到适合自己的投资体系，把一件事情做好实属不易，多数时间大家会感觉到自己投资业绩增长慢如蜗牛，但保守的深度价值投资者能够拒绝大的业绩回撤，争取使自己的业绩曲线不致污染股灾或大震荡的血腥，这就是功夫。

道理二：以柔克刚

投资中的"刚烈"脾气要不得，有些人生下来就赌性十足，他认为自己遇到的所有事都是在赌博，认为股市中无非就是涨和跌，须得全力以赴赌上一场，或功成名就，或身败名裂。其实，做投资完全不必那么"刚烈勇猛"，当市场赌风盛行时，我们更要学会"以柔克刚"，慢慢收集落到地下的金条，分批抛出被追捧上天的高估泡沫股。

道理三：避实击虚

这里的"实"为市场繁荣、发力的时候，大家都认为对的东西就是所谓的"实"，也就是巴菲特所说的大众贪婪之时；"虚"为市场极度冷落、具有估值深度的时候。这是经典的逆向思维投资理论。市场羸弱不堪、人心惶惶之时正是我们乘虚而入的大好时机；市场咄咄逼人、凶猛上涨之时也正是我们慢慢隐退的开始。

道理四：以退为进，以守为攻

投资时最好的进攻就是防御，在《聪明的投资者》一书里，格雷厄姆专门提供了防御性投资者的仓位安排，以及进行仓位再平衡的策略。我们做深度价值投资，要利用选取有价值深度的股票并进行聪明的仓位管理，彻底杜绝投资业绩大幅回撤的可能。

道理五：虚怀若谷

价值投资需要投资者掌握企业财报中的各种情况，拓宽视野，不断吸纳有用的投资知识。面对市场，要永远抱有敬畏之心，在投资中利用适度保守的仓位布局价值洼地，为人处世也要低调潜行，积聚承载力和包容性，好的性情才能诞生好的投资，好的心态才能管控好的交易。

二、太极图告诉我们的投资秘密

笔者并未深入研究过太极阴阳图蕴含的深刻哲学思想，但在对太极图中阴阳变化自然规律的粗浅理解中，似乎悟出了一些投资秘密。

1. 黑天白天各一半，牛熊出现各一半

投资市场呈牛熊交替，我们能大概率成功的投资法则就是在深深的熊市布局，耐心等待牛市的收获。纵观 A 股上证指数这 20 多年（1994—2018 年）的走势，其实一共才只有四个顶、四个底，分别是 2001 年、2007 年、2009 年、2015 年的顶和 1994 年、2005 年、2008 年、2012 年或 2013 年、2016 年的底（2008—2018 年以中小板指数为研究对象更加清晰明确），真正值得恐慌的时候不多，安心持有或等待一大段时间才是良策。

牛熊转换是投资市场真正的大规律，虽然具体延续时间各不

相同。但在此期间发现优秀企业的深度价值,等待过激价格的产生才是获利的最佳手段。太极图告诉我们"阴阳转换"是必然的,在市场极度冷淡时要有坚定的信心积极布局,在市场过热的时候又要加倍小心谨慎,风险爆发、泡沫破裂是早晚的事。

2. 饭要吃半饱,仓位要半仓才舒服

仓位管理和配置是投资中最重要的风险管理手段,适度保守的仓位要优于高仓位的主要原因有三点:

(1) 持股心态稳定性更好,抗干扰能力更强。

(2) 保留一定比例的现金,一旦价格进一步下跌,可以购入更多的低价股票。

(3) 现金管理创造的低风险收益,可以对冲股票下跌造成的业绩损失。

1957年巴菲特致股东的信中写道:"如果市场的价格水平被低估,我们的投资头寸将会增加。反之,我们的头寸将会减少,因为价格上涨将实现利润,同时增加我们投资组合的绝对量,我的主要动机是让自己能够随时发现那些可能存在的、被低估的股票。"保留适当比例的现金或低风险投资,使我们可以解放股票的高仓位压力,实施保守策略,在进一步提高防御能力的基础上实现稳健收益。

巴菲特在2008年和2010年都曾大量囤积现金,2010年其资产曾呈现50%股票、25%现金和25%债券的结构。仔细研究巴菲特致股东的信,他灵活变换现金和股票仓位的手法久已有之,这说明投资要按比例调剂好仓位，平衡风险与机遇。

而格雷厄姆在《聪明的投资者》一书中也提出了两种仓位平衡模式：

（1）防御型投资者模式：股票：国债（货基）＝50%：50%

（2）激进型投资者模式：股票：国债（货基）＝75%：25%

3. 留一半清醒留一半醉，有时需要你清醒找到方向，有时需要你沉醉其中

其实不管市场走势涨跌，大多数人总是会诚惶诚恐。但投资的大多数时间里只需静静等待观望，其实根本没有那么多值得交易的时刻。丰厚的收益一定是和巨大的承载量相匹配的。

投资既是门科学又是门艺术，投资时要在基本理念和大规律上保持清醒，用科学的分析和资金管理办法进行实践操作，但投资又要用艺术的眼光审视企业的未来和市场的波动起伏。既要追求客观的深度价值投资方向，又要沉醉于对企业发展的跟踪研究。

4. 黑眼球和白眼球出现概率各占一半，不管你多棒，总有一半人不会支持你

投资的精神支柱永远是自信，而非外物，所以投资最重要的是孤独思考和树立自信。别人不可能有效地长期帮助你，你也不用太关注别人对你的评价。投资者要根据自身的具体情况去吸收投资营养，培育自己的风格。要排除外界干扰，不求赞许，积极

修炼内功，从众多投资大师的投资历史中吸取有益经验教训，胸怀宽广、海纳百川，才可能锻造自我的投资价值与辉煌。如果人云亦云，那么到头来收益一定会平庸如众人。

5. 投资信息最多只能了解一半，至少有一半永远是未知的

多年来，看到很多被一致看好的行业或企业出现黑天鹅事件，因此，我们根本无法确定什么时候什么企业会发生招致不可挽回投资损失的意外事件。比如作为一个普通投资者，你无法检测很多食品中有毒物质的含量，也无法知晓很多光环下的危机，因此我们的投资要加倍小心谨慎，即便对自己信心十足的企业也要控制好仓位比例。无论是谁，都有自己的认知盲区，但这并不妨碍我们进行有效的投资——我们可以回避大部分自己无法理解的企业，就像巴菲特回避互联网企业一样，虽错失了火爆的科技互联网行情，但仅仅抓住极少数自己比较熟知的企业，照样可以不断获取丰厚的财富。

第二篇

行·深度价值投资的方法

第十一章　构筑攻守兼备的策略体系

一、如何构筑投资系统？

经常有些投资者朋友问我，在修炼自己成为价值投资者之前应该准备些什么？我的建议：

（1）要清楚自己性格：是否特别有耐性和毅力？是否有特立独行和逆向思维的能力？

（2）起初要有持续稳定的现金流，或有一定的资金基础。要为承担3~5年的最坏的熊市煎熬做好生活保障。

（3）做投资前最好取得家人的一致赞同。家和万事兴，这点没错。股票投资风险比较大，一开始要用少量的闲余资金边学习边尝试，然后再用你持续的投资业绩和能力"说服"他们。

（4）要做好基础知识和理论储备，要逐步建立自己的一套投资系统和风格。

很多立志做价值投资的朋友，困惑于多年的现实业绩并不理想，"理论丰满，业绩骨感"。做价值投资，是因为受到了巴菲特等投资大师的成功感染，认为价值投资这个舶来品很"高大上"，但多数人仅掌握了国外传来的投资大佬们的价值投资思想碎片，因此多数人没有成系统的投资思想。

想要真正做好价值投资，就需要投资者树立价值投资理念精髓，不断在实践中学习研究、归纳总结，挖掘背后本质的东西。

先有逻辑地进行编排，而后在实践中将其炼成一套全面覆盖的价值投资系统，并不断去检验、完善。

我们要先学习、积累碎片思想，不断做加法，等积累的碎片和你的实践足够多，逐步形成自己的系统后，就开始做减法，结合自身条件和性情，融合所有理论思想，删繁就简，寻找最适合自己的投资解决方案。

然后，我们要开始努力建立自己的投资系统，将自己累积的理念提炼精华，作为建立系统之根基。在不断实践、阅读、学习研究中，确保理念能不断在系统的呵护下生根发芽、枝繁叶茂，结出你想要的果实——实现投资目标。

例如，我们的投资目标是"长期动态持有优秀企业股权，进行资产的复利累积，以价值投资方式创造最有价值的人生"。那么对应的理念就应是在保守投资思想基础上的"深度价值，持股守息；等待过激，三步取利"十六字方针。只有贯彻如此简洁的理念，才可能积累财富，实现有价值的人生。

我们构建系统要遵循以下两个要求。

（1）要有主干贯穿始终。

我们的理念和投资目标应该贯穿投资活动始终。比如选股的时候你很迷茫，应该回头看看自己的理念和投资目标。看到里面贯穿着保守、长期、优质、股息等关键词，你就会明白要选择行业龙头或是最优质的上市公司。又比如估值阶段，你就应该着重考虑长期高分红企业当前价格下的股息率水平，这些都是理所当然的，因为你的核心理念就体现在这里。

所以，投资系统一定要有个主干，这个主干一定是你能够始终如一坚守的信念，这样才不至于在投资的各个环节遭遇重大问题。

（2）严格遵守原则而不轻易改变。

投资系统中一定会有你严格遵守而不轻易改变的原则，在此基础上才能画好你的投资蓝图。做投资要用系统原则来进行策略布局、加减仓位交易。做有原则约束的投资，才可能彻底避免情绪化的支配，始终如一地重复最朴素简单的价值规律，将简单重复做到极致。

（3）列出投资系统简表，在投资中不断完善具体内容（见表11-1）。

表11-1 投资系统简表

系统分类	简要内容	核心思想运用
投资目标	持续复利累积	保守的深度价值投资理念
核心理念	深度价值、持股守息；等待过激三步取利	安全边际、中庸理念、保守理念逆向思维、包容
前端风控与选股原则	行业选择、个股基本面要求、资金管理要求	优中选优、价值与成长并重、注重流动性的保守仓位管理
买入原则	估值与业绩要求、估值与行业动态要求、个股以及总仓位要求、分批原则	保守原则、渐进原则、资金效率最大化原则
持有或卖出原则	对波动的看法、对持股进行定期体检、高估的判断、等待过激三步取利	渐进原则、组合的原则、标的价值轮换原则、资金效率最大化原则
现金管理原则	安全第一原则、随市场的整体价值估值变化保留相应比例现金	最低限保留现金比例设定、保持最好的流动性

二、列一个简单的投资计划单

其实在价值投资大范畴里,细分风格也多种多样。格雷厄姆在《聪明的投资者》一书附录中选取的巴菲特的一篇发言稿中提到:"那一批投资家,他们的投资业绩多年来一直能超越标准普尔 500 指数的表现。"这些投资家就是价值投资者。从业绩表现上看,他们风格各异,但总体复利水平差不多,全部跑赢了指数,都一样成功。所以,我主张在坚定价值投资的策略基础上,每个投资者最好能兼容并蓄,最终能形成最符合自己个人特色的价值投资风格。

有了自己的投资体系,价值投资者在每次交易的起始都要有自己的投资计划单。制定投资计划单很重要,最好手写罗列出 123、ABC,写明交易原因,并且对照自己的系统看有无偏离核心理念的具体操作。这是在交易前的冷静思考、细心安排、运筹帷幄。养成制定计划单的好习惯,可以防止投资者在开盘后临场发挥、道听途说、人云亦云、触景生情或是条件反射式地随手交易。

最好按照时间段来完成近、中、远三期的计划投资单(见表 11-2)。

表 11-2　2018 年 8 月 8 日个人投资计划单（本月内有效）

主要项目 (本月内)	主要内容	具体操作	注意事项
价值洼地分析	1. 港股通银行 2. 港股通二线家电 3. 港股大金融的主要资产管理公司 4. A 股石化、纺织 5. 港股通海运港口	1. 提升前期受打压的纺织外贸股仓位 2. 重新梳理大蓝筹价值，重点业绩比较确定的高息蓝筹 3. 港股高息港口和大金融股	1. 严格控制个股仓位 2. 中报业绩没有明显好转的公司要压低仓位，缓慢逐步逢恐慌大跌进入
持股估值测评	重仓股平均市盈率 TTM 不足十倍	继续降低组合的平均估值，缓慢减少前期获利丰厚、市盈率在 20 倍以上的白马蓝筹	注意业绩对估值的影响，注意成长股与周期股的评估差异
仓位维持计划	根据价值温度测算，仓位 80% 左右最佳，目前仓位 75%，还有提升空间	逐步推升仓位到 70% ~ 80%	仓位安排上，A 股优先于港股
重点观察股票	（略）	（略）	（略）

以上月度计划只是模板，重点是各分项的设定。也可以在具体买入的时候按周制订眼前的计划，比如具体买入什么标的、多大仓位、在什么价格区间内等。

之所以要求必须写清楚自己的每一步操作计划，主要是为了让投资者再一次理清投资逻辑，养成良好的思考习惯，让每一笔操作都在冷静的综合分析下产生。理性的价值投资人应该拒绝盘中交易，因为大多盘中决策是由临时情绪支配的。

在每一次制定计划的时候，不要忘了对照投资系统梳理投资策略的逻辑性，遇到任何困难或瓶颈的时候都要回到安全边际上来重新梳理整个思路。所以，首先要对整个市场的估值水平做到心里有数，明白标的当前所处的估值位置；其次，对个股的基本面应该了如指掌，对股票池里长期跟踪的股票要经常阅读其公告信息，对重要的经营变化和重大事件一定要留意。

制订计划，做到未雨绸缪，但绝对不能以为就万事大吉了。我们需要每天反省梳理自己的计划思路，检查时注意：

（1）不要以任何想当然、绝对化的方式来指导操作。

（2）不要将本来简单的思路搞得复杂，那是小聪明。

（3）不要以一次或几次的偶然结果，来评价自己的投资体系，要合理剔除每一笔投资上的大部分偶然因素，找到得失的本因。

（4）要有不断完善和不断进取的思想，但绝不要在根本问题上摇摆不定，而是要在细节完善上，在显而易见的机会的把握方面多加完善。

关于制定投资计划单，大体就是以上这些建议，当你制定好真正属于自己投资计划单，就不会再依附于任何所谓"大师"或"高手"，而是能够独立完成真正属于自己的辉煌投资。成功的投资旅途就是从每一张小小的计划单开始的！

三、 买入的决策流程

既然来到了股票市场，就只有用心去做一件事，全神贯注完成整个过程才有意思。因此事先梳理一下整个投资决策流程就显得很有必要。这就好比细心雕刻一件作品，乐趣在过程，至于完成后出手卖多少钱，那是过程的副产品。只有有计划、有安排，加之决策上轻车熟路，才能踏实、认真地去做精工巧匠。成为了精工巧匠，能够让作品持续赚钱也就不是什么大问题了。投资也是如此，我们可以将决策过程精细地划分为以下几步。

第一步：选股入池

将各行业或细分行业龙头股（第一和第二）手动挑选出来，组成一个大约由 60～100 只股票构成的股票池，包括 A 股和港股通股票。这些股票应该符合这样的特点：

（1）大行业排名前两位，或细分行业第一，企业地位突出，有一定壁垒。

（2）至少其中 90% 的股票有连续十年以上持续派发股息或分红的历史。

第二步：分类研究

将这近百只股票分几类研究，如，常年高息周期龙头类、长期 ROE 大于 20% 的超级品牌股、小市值高息隐形冠军、高息消费行业龙头、高息超级大蓝筹等。也可以将股票按照产品属性分类，可分成：

(1) 吃喝类：主要是食品、饮料、白酒啤酒、附属包装、调味品类。

(2) 穿住类：居家的纺织、服装、珠宝、家电、家具等。

(3) 用行类：工具、制造、能源、汽车、交通、科网、化工等。

(4) 医药类：化学药、生物药、医疗器械、中药、医药商业、连锁药店医院等。

之所以进行分类研究，原因有二：第一，不同的行业估值手段不同，前面我们讲过，根据净资产收益率的不同，我们估值的侧重点会有不同，就类似于彼得·林奇对于股票的分类，每一品类都有自己的收益目标，这样做是符合过往经验的；第二，为了均衡布局，争取在估值价值线以下选取不同行业分类的股票，这样至少不会用较重的仓位去押注某一个类型板块，降低行业系统性风险。

第三步：三级备选

在完成选股入池的工作之后，接下来我们可以进行三级备选。第一级，遴选重点大行业龙头股票，比如大消费龙头、周期性强的商品类龙头、公用事业龙头和高成长性行业龙头等，仔细阅读年报和各阶段报告以及券商报告，深入了解这些企业的日常运营和行业信息；第二级，在第一级遴选之后，对熟悉的股票给出估值临界点位置，并对业绩有比较确定的增长的股票进行重点跟踪关注；第三级，在第二级跟踪的股票中，选择准备重点买入的股票，并且需要更关注基本面动态，分析长期的下跌逻辑是否完全展现。

第四步：构建组合

根据确定性排名选出性价比最高的 5~20 只股票，准备构建组合。根据行业覆盖全面和估值优先的原则，合理搭配股票品种。

行业覆盖，尽可能覆盖四大行业：吃喝、穿住、用行、医药。估值优先：具体股票按照估值，较有价值深度的优先考虑，但不是每个行业用统一的估值标准，而是每个企业都按照每个企业所属行业特点的估值标准。比如对大银行股要优先考虑破净、股息率大约 5%、市盈率与历史最低水平相仿的行业龙头；而家用电器股要选择股息率大于 5%、ROE 常年大于 20%、15 倍以下市盈率的公司，对其净资产则没有太多要求。

第五步：制定自我考评机制

根据各方面条件分成重仓股、常态仓位股和轻仓股，并设定仓位管理的触发条件。制定具体买入价格区间和股数，制订实现的具体步骤，并编制未来估值变化和仓位调整的大致计划表、估算大致估值上限目标价格等。最后制定突发情况解决机制和完成自我考评检查机制。以"深度价值，持股守息"为核心思想，等待个体市场向上过激或是个股被过度高估的状况出现。

总结一下总体决策的目标：以长期持有最优质、稳健成长企业的股票为出发点，在有效风险控制的基础上进行动态的科学仓位管理。

四、 如何开始布局？

投资布局是战役的开始，要做好充分准备。但如何准备？这对于新手来说是很难的，我们必须时刻默念巴菲特投资的第一信条：保住本金。所以，投资要做好"精准打击"的准备，不要资金到位后马上热血沸腾，开始赌徒式的全仓押进。

对投资布局，我一般要研究五个条件：**时间**、**空间**、**能量**、**趋势**、**尺度**。

1. 时间

从历史经验来看，布局的最佳时点是冬季和夏季，故有"冬藏春收，夏种秋收"一说。这源于市场资金面的松紧状况，大致就是人弃我取的意思。年末时资金缺口大，股市资金回流多，所以容易出现非理性打压；而春季资金放款多，市场资金面宽松，资金容易热热闹闹挤进股市，造成春季攻势，会不断抬高市场估值；年中市场也面临资金回收压力；秋季资金面渐渐宽松，故有"五穷六绝七翻身"的股语。所以，布局最好选在年终整个市场"钱紧"的关头，当然价值深度的确定性是第一位的，我们只不过是在容易出现群体性的个股价值深度时重点关注而已。

2. 空间

买入获利第一要依赖市场价差或长期分红，但推动价差和分红的一定是企业复苏或不断向好的经营业绩,所以一定要注意买入时的价格安全边际,即要买在深度价值区域。如果叠加价值恢复和企业成长、市场追捧等戴维斯双击的多项空间,利润丰厚是自然的。另外有些关于"空间"的经验判断:比如沃尔特·施洛斯关注的创52周新低股票的手法,也显示关注回落空间较大的冷门股也是投资跟踪的好办法;又如大牛市后的熊市,指数一般下跌大于50%,腰斩以后才慢慢见到熊市底部,因此买入的时候要注意对"空间"的判断,即便有了价值,如果深度不够,也有可能过早接了"飞刀"。

3. 能量

能量就是未来向上冲击的潜力,这种潜力和估值、趋势发展阶段、经济大致状况、市场现金的充裕情况、前期市场下行程度等都有关系。直观地看,市场下行程度、距离前期牛熊两极点的远近、资金介入多少是判断后期能量孕育状况的重要依据,但这些都是建立在市场价值凸显、未来成长可期的基础上的。我们主要关注的能量来自于对企业的基本面研究,比如行业地位、产品的必需性、企业的护城河、经济运行的周期支持力度等。

4. 趋势

整体市场趋势可以反映经济、政策底线等很多情况,有些经济和政策问题是我们无力把握的,只能从趋势状态上加以研究。

价值能量基础是起点，趋势发展是整个过程，两者结合才能洞察投资全貌。比如从目前（2018年）去杠杆和供给侧改革的坚定推行以及"一带一路"倡议的落地，可以预见强周期行业的龙头会大受其益，对被低估的水泥、钢铁、煤炭等行业龙头可多加关注。

5. 尺度

投资自始至终都涉及一个"度"的把握问题。最直观的尺度就是资金和仓位控制管理。综合以上，要基于对大局的把握和风险防范意识来确定投资尺度，并且还要在静态尺度定好后，面对今后各种状况制定动态调整的方案。根据客观的价值深度和以上对"时、空、能、势"的把握程度来确定我们的标的配置。

五、 什么时候该怎么办？——心法口诀

从我自己20多年的投资经验来看，人们总是习惯性地看待未来行情，当遭遇突发行情或是一成不变的枯燥行情，就慢慢失去了原则，丢掉了理性，出现情绪化操作或者不知所措的情况。我根据"深度价值投资"策略做了以下总结，来统一回答大家的疑问。

每逢世道突变，总有友人询问："这时候该怎么办？"最近将自己所悟，总结成心法口诀，罗列于此，以供遇此疑问者翻开查看，若有所用，吾心甚喜。

第二篇　行·深度价值投资的方法

1. 凶猛下跌时

念"深度价值"四字诀。狩猎范围定好，等待猎物出现，分批扣动扳机。

2. 买入后开始漫漫等待

念"持股守息"四字诀。改狩猎为圈养，每年牲畜家禽的繁殖给你不断生息，靠股息过农家简朴生活，远离市场江湖，自在惬意。

3. 江湖剧烈震荡，有阴阳穿梭之引诱

念"等待过激"四字诀。让自己耐下心，享受寂寞，尽可能不在不必要的时候染指江湖血腥，刀光剑影哪比得上田园牧歌来得逍遥自在？待到江湖闹到鼎盛，才拿出些禽畜换取些银子。

4. 凶猛不断上行

念"三步取利"四字诀。严苛的纪律，一为足利安心，二为高估守规，三为全坏抽身。简洁易行，别无他法，交易不可频繁，险恶江湖不可久留。

趁股市江湖剧烈闹腾之际，念一遍自编的心法口诀，不觉神清气爽。

以上心法口诀基本概括了"深度价值投资"的全貌，包括从买入到卖出各阶段的理念和心态。

股票市场无非出现这三种情况：向上、向下或平衡震荡。为了不受市场波动的干扰，我们预先设置一些"情绪波动解决方案"，将它们制成简短的口诀，管住自己好动的手，稳定情绪，则可以不断将自己从"陷阱"和"险境"中拉回。

深度价值投资的"知行合一"当然并不容易，没有坚定的信念和超凡的毅力是很难将简单的理念贯彻始终的。

以上四句口诀，紧紧围绕"价值投资"和"逆向思维"两个核心，设立了作为取胜关键的交易处理规矩和自我心态管理办法，这些都是关系到投资取胜的重要原则性问题。一旦随手交易或者方向做反了，成功的希望就变得极其渺茫了。

许多人以为价值投资就是买只价值明星股，然后一直持有，认为找到明星股就是价值投资的核心干货，长期持有就是其招法。但是，我认为价值投资的干货就是老老实实的八个字："价值为本，保守为魂。"价值投资的成功主要依赖于"心法"，其实没有什么具体的"招法"，或者说深刻"悟道"了就有招，感悟不到就没招。

第十二章　看清大方向才有好未来

一、以趋势为本

这个题目肯定会招致那些"纯价值投资者"的反对，各位看官切莫急躁，容我细细分析。

作为投资大师的巴菲特，其理论让世界上很多投资者顶礼膜拜，是因为他用自己的"价值投资"理论，打造了熠熠生辉的人生。巴菲特的投资理念是其自我秉性的体现，很多失败的效仿者，虽然树立了最好的榜样，但没有彻底完善"秉性"习惯，也就是说没有在性格上脱胎换骨，因此在价值投资之路上还是难以获取最大的成功，总会觉得困难重重，而最终业绩也并不尽人意。

我们要明白，价值投资的成功根本就是对顺势而为的深刻理解运用。这里的趋势并不是股价的走势，也不是经济、政策的走势，而是人类发展的大趋势。因为地球上的众多优秀企业只有在不断满足人们日益增长的物质文化需求的基础上，自身才能够得以长期稳定发展，这就是一种大趋势。

所以不管是做投资还是在其他行业的创业、就业、成长，想要有所成就，就要成为最优秀的，不然就必须学会跟上最优秀的企业、跟对最优秀的人，因为只有这样才是符合大趋势的做法，才最有可能领先于他人获得竞争优势。比如随着好企业的不断成长，其估值会不断提升，虽然股票价格受市场因素影响短期内可能不断上下波动,但这种市场价格短期波动的趋势是小趋势,只要大趋势没变化,受短期因素打压的小趋势早晚会回到大趋势的"光明大道"上来。价值理论的重要论点是价格围绕价值上下波动,因此,我们选股要跟好大趋势,挖掘具有符合大趋势发展的深度价值的企业进行价值投资。

成长也是如此,研究成长股本质上只是在探索:如何让人类拥有一种更好的、更便捷的、更科学的、更有品位的生存发展方式?投资起着重新配置资本的作用。

但并不是每一场大的资本迁移都是符合人类发展趋势的,这些迁移有的是前景渺茫的,有的是超前的,有的干脆是荒唐的。价值投资者便是在大的人类发展趋势的指引下发现市场的错误,并从中取利。

作为投资者,以社会发展大趋势为本有着重要意义。首先,社会发展趋势不会被短期的经济波动、政策走向左右,而是人类发展的必由之路。只要我们掌握了社会进步的必由之路,再据此进行选股或持股,我们的信心就会更足,分析也会更客观。其次,价值、成长判断只是在认识大趋势前提下的一种投资手段,在充满信心地估算未来现金流的时候,投资者的前提假设是企业能够永续经营,而企业能否健康地持续经营,取决于企业如何适应社会发展的大趋势。为此,在投资伊始,我们首先应当清醒地认识到自己身处的世界未来有可能的发展趋势,这种趋势一定是人类进步的推动力。这样贴近大趋势选择投资方向,选择好的主攻标的,投资就基本上做对一半了,接下来需要我们耐心地跟踪这些选出的标的，寻找一个比较有深度的介入价格。

二、掌握大价值周期方易留住利润

我们都知道，某只股票能涨多少和你能真正留存多少利润之间并不能直接画等号，因为我们很难找到哪怕是一个大阶段的最低点和最高点。你要完全躲过下跌部分，而只留下上涨阶段的收益，这也是痴心妄想。那么，我们如何能尽可能多地留存住上涨收益，同时也尽可能多地规避掉下跌的损失呢？

短期涨幅越是猛烈的牛市，越不易留住更多利润。比如2005年到2007年间波澜壮阔的6倍涨幅，在短短的2~3年内就完成了，这种价值恢复速度产生的泡沫比较大，很难把握利润收获的点。但如果同样的6倍涨幅在6~10年间分几个价值周期完成，那样正统的价值投资者把握起来就不是很难了。一些热点概念在炒作下，短期来看涨幅惊人，传统的估值衡量似乎都已经失效，但暴涨极易冲昏人的头脑，而且来无影去无踪，所以不见得能让参与者留存多少收益。在没有基本面支撑的情况下，账面利润回吐的速度也一定是很快的！

所以我们必须清楚地研究价值周期的运行规律，不打没有把握的仗。

翻看历史，从整体市场来看，历史估值低点和指数低点是相重合的，在1994—2013年的20年间，无非就是两大段和一小段上升，其中1994—2001年，上证A股从458点上升到2245点，然后是几年熊市。接下来，2005—2007年上证A股从998点上升到6124点，到2008年的上证A股跌到1664点的历史低点。虽然经过2014—2015年的杠杆牛市，但这并非市场的整体爆发，很多大蓝筹或白马股并未出现泡沫集聚的现象，因此真正的大牛市还需要耐心等待。虽然从2008年到我写这本书的2018年已有十年了，而过去每一场"鲤鱼跳龙门"的牛熊转换间隔七年或八年，这中间偶有出现周期缩短或拉长的情况也实属正常。

根据历史经验，从1996年开始，我真正遇到过的整体市场估值泡沫顶部其实只有两个：2001年和2007年，真正遇到的整体估值底部也只有两个：2005年和2008年，所以价格向上或向下的"过激"都不是那么容易获得的，需要毅力，要耐心等待。好在这么多年里，大约每2~3年就能遇到个股偶然出现深度价值的情况，可以供我们部分布局仓位。

如果你有深度价值投资理念，以价值的长周期为操作依据，不用预测未来走势就可以在不知不觉中契合指数的大周期涨跌运行过程。按照"深度价值，持股守息；等待过激，三步取利"的基本原则，你会与过去为数不多的高红利行业龙头股相伴，市场不过激，我们可以安静守息，市场一旦出现向上过激，就是我们分批减仓的开始。

这么看，市场的短期涨幅并不重要，重要的是什么样的涨幅易于把握，对此本书后面我们会谈到"可获得性和持续性"。利用价值之尺衡量，在清楚大的价值周期后再做投资计划，能真正留住利润的策略才是真正的复利累积手段。奇怪的是，从来没有持股习惯的短期投资者却紧紧盯住十倍的牛股，艳羡数倍收益的人却承受不了一点点波折。

三、价值趋势与价格趋势的取舍

价值投资是投资的光明大道，但它并不能保证投资者在任何情况下都不会遭遇浮亏。我们所讲的"保住本金"，是指本金不会遭受永久性损失，资产能在一定复利下实现常年不断的增值。

即便经过认真研究，支持股价长期上涨的逻辑清晰，股价也有可能因为市场萎靡而导致价格在短期遭受打压。所以，我们可以看到在漫漫熊市中，忍受煎熬的价值投资好手多得是，这不足为奇。因为价值投资者并不是顺应市场价格趋势做投资的那一波人，价值投资者一定是领先于价格趋势进行交易的人，而且价值投资者认定价格趋势只能后知后觉。由于市场弥漫的恐慌和经济的下滑使得股价不断下跌，才让我们发现一些可贵的价值机会，但大众习惯性的悲观不会在短期内消除，市场还有可能因风吹草动而进一步低落下去，因此我们在这种市场环境下即便选中了价值点，价格大概率也不会你一旦买入就立马反转向上，其下跌到何时何地也是我们无法预测的。

总有人问："为什么买入时不把趋势投资和价值投资统一呢？"经过多年思索研究，我发现这样的想法是不现实的。价值投资者会买入价格严重低于内在价值的企业股票，从第一笔买入开始就认定了企业价格到达了内在价值线以下。在这样的前提下，价格越跌就越有价值。而趋势投资者必须看到股价有所回升，并判断趋势条件形成再行买入，这就意味着他们并不认为买入低于企业内在价值的安全边际价格是最靠谱的投资手段。趋势投资者认为只有形成了上升趋势才是最安全的买入时机。因此，两者会在何时买入的问题上出现巨大矛盾。一旦趋势形成，安全边际减弱，价值投资者会停止买入并寻求逐步减仓的可能性，而趋势投资者却认为此时是最好的买入时机。

为什么很多价值投资者只认企业基本面的价值而不问市场趋势呢？因为首先价格趋势的认定很难，市场均线趋势并不包含企业的复杂信息和价值变化，经常有趋势走得比较完美时，遭遇突发消息或系统原因，使价格崩溃下滑，导致投资者无法在短时间内弄清价格变动到底与基本面有何关联。另外，有的时候完美的趋势根本不能反映出基本面或估值上的巨大风险，而这种风险一旦爆发，毁坏趋势的能量会令你猝不及防。但我们通过基本面分析、定性选股，总能找到企业未来巨大隐患的一些蛛丝马迹。

所以，我们只能看到股价的短期趋势，而未来企业的经营风险却无法回避，对于几年内的经济走向就更难把握了：一旦你看到经济趋势向好，市场价格多已做出了反应，有时甚至是过度反应了；而一旦经济形势反反复复，投资者在失去价值标尺的情况下，很容易陷入泥沼，影响若干年的复利收益水平。

因此按照客观规律认真研究企业的内在价值，才是最客观有效的投资策略。"价值为本，保守为魂"，可以抵御大部分长期投资风险。只有危机中，在大众失去理性的恐慌中，我们才能得到与现实价值极为不符的低价格。这样，我们才能获得很安全的买入价格，同时期待经济周期的向好。

四、价值投资者如何看待"波段"

所谓的"波段"其实根本不是投资策略的原动力，更不是一种事先拟定好的决策方法。波段只是一种事后回看的交易结果，因此它并不构成交易的重要逻辑依据。

价值投资的主要驱动力是价值吸引力的强弱，价值投资就是投资价值。选好最优质的企业加以跟踪，在安全边际较高的深度价值区域买入，然后持股等待，直到标的被高估出现严重泡沫的情况下卖出。从买入到卖出的时间长短取决于企业性价比的高低，整个过程所需的时间很难确定。买卖相距几个月，还是半年甚至几年？算不算是波段？这根本不重要！

有些人会说："我的确做了一次基本面的波段操作。"但波段只是表象，实质上主导交易的还是基本面研究下的估值变化。假设基本面永续成长，股价永远上涨但速度始终和成长配合，始终不出现被过分高估的情况，那么这只股票就可以一直持有。我提出的"不买之买，不卖之卖"的理念，主要想让投资者记住交易不是一件很容易的事情。投资者一旦心中存在着毫无理由的"波段交易"思想，就会想去利用一切信息捕捉短期的高低点，从而干扰了自己的长期投资理念。所以，毫无理由的波段拿捏，最后都有可能被情绪占据主导。反过来说，其实我们并不愿意企业成长中断,也不愿意股价被过分高估,但是没办法,性价比明显不配合时,根据价值规律,价值投资者就要选择卖出交易,除非基本面和股价二者永远同步起落。

不光是波段论,干扰价值投资的似是而非的想法还有很多。很多时候我们需要拨开迷雾,紧紧同时仅仅把握好最简单的价值投资原理即可。我们学习思考的整个过程就是如何去繁就简地坚持最有效的投资手段和投资策略。

在严格意义上,价值标尺衡量下的投资,结果可能都是做波段,这并不奇怪。经常有朋友问我做价值投资是高抛低吸还是长期持有的问题。以下是我的思考。

(1)**投资的关键是价值,而不是先入为主地考虑持有时间长短**。时间长短只是附着在价值变化上的一个因素,也就是说,没有价值深度,无从谈起高和低、长持还是短持。所以既然谈到价值深度,就要有安全边际。

(2)**如果你的思维根基离开太远,出现很多莫名其妙的问题时,请及时回归安全边际**。没有安全边际的"价值投资者"被卡拉曼称为"价值伪装者",他们违背了价值投资的保守规定,使用夸张的企业评估,为证券支付过高的价格,没有给买入提供安全边际,因此并不是真正的价值投资者。

拿着价值之尺,做大价值周期的过激交易,似乎就是一个大波段,但波段从来不是交易的本源,只是交易最后呈现的一种现象。我认为,交易的实质是为了获得稳定的、不断增加的现金流,其本质来源是企业经营,市场只是你以什么样的价格获得或放弃股份权利的一个渠道。因此，选好能不断扩大现金流的最优秀的公司，然后等待市场"错杀"后获取部分股份权利，在我看来应该是最佳选择。

五、 大机会总是那么显而易见

如果你的投资历史足够长，而且经常做总结回顾的话，就会得出很多有价值的操作经验。比如你若总抱着一颗忐忑不安的心去制订操作计划，事后会发现自己的很多操作其实都是在画蛇添足。如果更干净利索一些，减少大部分操作交易，只等待市场估值"上下过激"的最好时机，收益大概率地会有大幅度的提升。当你认真梳理自己的过往交易后就会逐渐发现，其实市场中根本没有那么多值得担心的时刻和值得频繁交易的时机。

如果价值投资者有耐心等待深度价值的"大气魄"，且坚定不移地去践行，则完全可以不用动不动就满仓。常态情况下就像格雷厄姆在《聪明的投资者》里所讲的防御型投资者一样，半仓股票对半仓现金等价物（该书主要指货币基金），这样既可以耐心等待向上过激时减仓清仓，又有大把现金等待向下过激时出现的意想不到的深度价值机会。

但是，我和格雷厄姆所强调的动态平衡还不一样，我主张"价值为本"，管理自己的仓位时不过于强调均衡性，而是要简洁而重点突出地布局。20多年的投资经验总结告诉我：大机会一定是显而易见的，关键是你需要有足够的耐心去等待它到来！

投资者千万不要试图抓住所有机会，不要过分纠缠于小波动中的小机会。要保持足够的现金流动性，要有充分的准备和足够的信心一击即中。

另外，困扰大家在市场逆境中心态的是对优质企业的跟踪和把握、对国家经济发展的信心以及对人类进步的信心。其实如果经历得多了，看过的市场悲喜转换多了，就能够明白风险是与价格匹配的：往往在看不清楚时候，只要遭遇了一定幅度的暴跌，认准简单的价值衡量标准，在巨大价值体现的时候拥有足够的自信仔细分析，往往否极泰来的信息就隐藏在危机中。因为历史无数次证明，长期来看，大危机后其实有巨大的收益！

十多年前，我一位不怎么懂基本面分析的朋友的 A 股买入法则使他很早就从几十万元家产进阶千万富豪，他选择买入的法则有以下五个：

(1) 企业从不业绩亏损。

(2) 企业有不错股息。

(3) 国企大盘。

(4) 行业绝对龙头股。

(5) 大盘由上一个牛市顶点下跌至少 50% 之后分批买入。

他说了一句经典的话，至今我记忆犹新："大机会总是显而易见的，熊市，我一向是笑着迎来的。"请读者好好体会吧，这并不深奥的一句话，却包含了投资最精髓的道理！

第十三章　跟踪买入股票的理念和方法

一、如何跟踪成长的轨迹

企业的长期成长对于维护估值有很强的保护作用，严格来说，大多数能够长期存活的企业都是具有成长性的，没有成长保护的估值很容易遭遇价值陷阱。要想找到很好的成长股，我的建议是先不要在所有的行业里逐一排查。我们可以先列出长期成长的几个要素来。然后在你认为大有前途的行业中选择企业进行跟踪。

1. 成长要素之宏观端

符合人们长期物质生活水平不断增长的需求。

根据商品消耗速度来看，人们基本生活中的快速消费需求对应的行业是最容易出现长期成长股的。所以，价值投资的研究重点应该在大消费行业。前文已经描述过，大消费行业可分四类：吃喝（食品饮料）、穿住（纺织服装、家装家电）、医药（药品、医疗、医院、医药商业流通）和用行（能源、工具、交通、科技）。纵观国内外的投资历史，这几个行业是未来成长大牛股集中的区域。因为产品长期符合社会大众的需求且直接或间接地具有长期消费升级的潜质，其中重要的龙头股值得长期跟踪。

2. 成长要素之企业端

企业的地位受壁垒影响，如长期规模壁垒、政策壁垒、品牌壁垒、稀缺性壁垒、渠道壁垒等。

壁垒是企业的护城河，是企业长期成长的保护伞，在2017—2018年去产能和供给侧改革轰轰烈烈展开后，我们看到作为强周期行业龙头的中国神华、宝钢股份、海螺水泥的股价明显比同行业其他企业有更好的抗打击和快速恢复能力。拥有多项壁垒的企业，往往是国内或是世界同行业首屈一指的行业龙头，俗话讲"大树底下好乘凉"，在规避风险、抓住成长机遇和成长因素的快速转化三个方面，龙头企业肯定更胜一筹。

3. 成长要素之产品端

有长期提价能力或长期扩张能力的快消品企业，其产品长期无法出现替代品且产品用途极为广泛，或该企业的产品和研发已出现同行业领头羊的示范效应。

巴菲特在其投资标的中已经给我们展现了优质的快消品投资对象：宝洁、可口可乐、喜诗糖果等。国内的一些快消品上市公司也展现了长牛股的风范，吃喝方面的企业：贵州茅台、海天味业、伊利股份等；穿住方面的企业：申洲国际、安踏体育、万科A、美的电器；医药行业的恒瑞医药、信立泰、华东医药等。

既然在深度价值投资者眼里成长是优质企业的根本，那么以上要素就是根本中的根本，我的长期跟踪就是要以以上要素在企业发展中的落实情况为基点，不断联系企业日常行为和定期报告陈述，对该企业的成长进行理解和评判，在不断跟踪中逐步发现其价值"错杀"的深度机会。

在投资中，我们必须将长期成长要素印在脑海里，这样就很容易在茫茫股海中选到你最应该选择的"超级战舰"，就能积极发现、等待重大投资机遇，在对企业成长的不断跟踪中，将它们发布的信息和各时段的业绩表现一一串联起来，得出未来企业成长的大概率情况。这样就能对熟悉的企业进行合理的估值，找到最佳买入点，最后根据性价比来安排各时段的仓位。

图 13-1 和图 13-2 是长期快速成长的、为耐克等知名品牌代工的申洲国际和缓慢成长的强周期代表宝钢股份的月线复权图。

图 13-1　申洲国际的月线复权图

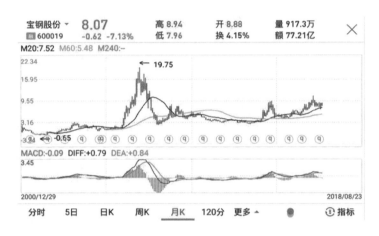

图 13-2 宝钢股份的月线复权图

不管是长期缓慢成长股还是长期快速成长股,我们都能从其常年的 K 线图上分辨出来。它们的主要特点是按照前复权后的 K 线图,在历年大熊市的低点有不断抬高的趋势。在发现标的有这个趋势时,我们就应该根据以上要素仔细分析其内在的本质原因和不断变化的估值情况。长期较快成长的企业图形流畅,而长期缓慢成长的企业周期股波动大,底部抬高缓慢。

二、 注重下跌储备: 现金和好心态

在空仓或者轻仓的时候,你是否经常有这种感觉:"拿着大量现金等着目标下跌,却总是等不到。"这种焦躁的心情可以理解,但是能够真正拿着现金休息的人,才算是非常理性的合格投资者。即便情绪上有些许波动，也要不断加强控制力，把坚持原则培养成日常习惯就好了。我曾说过，拿着钱等待股票下跌和拿着股票等待上涨一样难。

如果投资者的投资经验足够丰富，经历过一两轮完整的、大的牛熊市，就会感受到，虽然拿着钱等待股票下跌很煎熬，但是更痛苦的是到了满地便宜货的时候，却满仓套牢没有钱去买！所以对于价值投资者来说，等待是有价值的，不管等待时是持币还是持股。

每一轮投资就像指挥一场大的战役：决策者就是一个指挥官，带兵打仗一定要先部署好先遣部队、主力部队和后勤保障部队，制订好作战计划，不能打无准备之仗。

我们来回忆一下，当我们买不上显而易见的便宜货时，究竟是什么原因？比如可以回忆一下 2008—2018 年这十年间超级品牌显而易见的大机会：曾经跌到十几元钱的格力电器、跌到几元钱的福耀玻璃、奶粉事件后十元钱以下的伊利股份、跌至百元左右的贵州茅台等，还有曾经大幅跌破净资产的港股内房股、困境中的豪赌股、股息率 7% 的银行股。这些事情是不是就发生在昨天？

多多回忆总结，根据自己的反思可以总结出：想要抓住大的价值机遇，必须做好两个"储备"。

（1）良好的心态储备。

学会"耐心等待"非常重要。要等待明显的价值深度，等到最值得购买的时候再出手。现在我们证券市场规模已经扩大，沪港深三地市场具有深度价值的股票每隔两三年，甚至每隔一年都会大批涌现。几乎所有投资者都有过急不可耐过早买入的经历，当自己可以拿着大把的现金耐心等待便宜货出现的时候，就证明自己成熟了许多。多回忆自己的投资历史，多思考赚钱或亏钱的原因，很多问题就会很清晰了，也能加倍增添自己的投资信心。

（2）足够的现金储备。

多数投资的窘境是现金永远比机会更少。于是，等到股价出现了深度价值，已经没有多余的现金了，这是大众常态。多体会"现金就是氧气"这句大师名言，最好的方法，就是将保留足够现金的原则变成习惯，将按照规矩做投资完全变成顺其自然的事情。

三、为什么要"放长线，钓大鱼"？

有朋友提出价值投资为什么要"放长线，钓大鱼"的问题，并且想让我解释一下"长线"和"大鱼"的紧密关系问题。其实，做好价值投资，就是奔着最看好的"大鱼"而去的思路。这里我们先看看"放长线"蕴含着怎样的道理，主要有以下两点。

（1）标的价格可能在大部分时间里与基本面成长不能完美同步，或在较长时期内不被市场认同，价格会反复回升、下落曲折向上，而且市场价格反映企业内在价值需要经过中报、年报的公开信息确认，这个过程比较长。

（2）基本面优秀的企业往往成长期较长，但并不会呈匀速成长，而且每一年的增长速度难以预测，如果不假以时日耐心持有，很有可能错过业绩爆发的最佳表现时期。

"大鱼"的生长需要时间，而且长线投资确实能捕获"大鱼"，锁定目标也不难。但问题是如何降低小概率事件的损害，如何真正实现满意的长期复利收益？首先我们确定的基础思路是：好股票一定要在合适的价格上介入才能最有效地获取长期满意的收益。另外，想要捕获"大鱼"还要耐心持有。

比如大家都知道的好股票贵州茅台，在2007—2014年曾经也有价格徘徊不前、无法再次有效创新高的历史。因此，当市场两三年内不认同你的持股，不给一丁点收益，没有快速实现较为丰厚的利润，你还认定在五年甚至更长的周期里，这些品种依旧是"大鱼"吗？

这需要我们静下来细细思考这些企业的一些特质：

（1）行业地位是否稳固？

（2）产品是否具有极其广阔的使用空间？

（3）产品价格是否不断上涨，可以抵御通胀？

（4）品牌忠诚度高不高，是否是随处可见的品牌？

（5）历史分红是否高而稳定，不断拓展经营空间的能力强不强？

具有以上特质的企业，随着人们物质生活水平的不断提高以及物价水平的不断向上，企业经营业绩不断向上的概率很高，只要投资者在现实中观察到哪个行业具有持续发展的可能，那么所对应行业的市场龙头一定是不断持续成长的。大家可以观察与房产和消费相关的一线企业股票：万科A、美的集团、格力集团、海康威视、贵州茅台、中国国旅、老凤祥、伊利股份等，它们都有长线反复创新高的机会。

最优质的企业叠加了以上所列的一些要素，生产的产品基本上是人们生产生活中无法回避的优质、核心消费品，当然其股票也经常是投资中的最佳选择。当然，它们有别于那些在几年内迅速成长或被概念炒作后实现数倍以上涨幅的品种，而这种短期快速成长股或被概念炒红的股票，往往很难被普通投资者捕捉到。"来也匆匆，去也匆匆"的行情股大多从哪里涨起来还要回哪里去，因为它们没有企业基本面的支撑。

深度价值投资者会认真选择具有长期成长"潜质"的优质股，虽然其成长不是每年匀速进行，但也不会在一个短期迅速爆发然后马上熄灭。价值投资者只要耐心等待企业核心优势地位的不断巩固和企业经营规模的不断拓展，实现股价上一级级的台阶式突破只是时间问题，也就是说，我们只买那些"不怕火炼"的"真金"企业。因此，持股者要给企业以充分时间去施展经营能力。放"长线"钓"大鱼"的逻辑就是优秀龙头公司随时间累积的业绩效应。有人统计过，巴菲特的投资持股平均时间大约是八年，这也说明价值投资者需要与被投资企业的经营管理层一样，要极具耐心地守候，不断迎来一个又一个硕果累累的收获期。

四、"等待过激"是价值投资的最基本交易法则

"过激交易"的理论基础是巴菲特的经典名句:"大众贪婪的时候我恐慌,大众恐慌的时候我贪婪。"在此理论基础上,笔者提出的深度价值核心交易思想是:"在没有过激的、特殊的、大幅的价格波动之下,安享最稳健的、远大于银行存款利率的股息收益;一旦出现过激的、特殊的、大幅的市场波动,我们才会动手进行难得的几回交易操作。"过激分为上过激和下过激,优秀企业在市场下过激中产生深度价值,因此我们的投资口诀是:"深度价值,持股守息;等待过激,三步取利",至于卖出的三步取利法在后面的章节会重点介绍。

股票市场好比一个性情古怪的先生,这位先生因其行为异常而赢得市场投资人士的关注,在"过激"时最好与他背道而驰,其他时间最好别和他打照面,若混得太熟,他会把你的钱悄悄偷走。你越是接近他,就越不会真正了解他的全貌。当全市场普遍进入兴奋的泡沫阶段,我们要提高警惕,做好随时卖出的准备;而当全市场一片恐慌,我们又能慢慢捡拾跌落到地上熠熠发光的金条。

在前两年的年报中,巴菲特坦言:"在股市大泡沫期间,我没有卖出一些重仓股,确实是犯了一个大错误。"巴菲特的传记作者艾丽斯·施罗德问过关于可口可乐的问题,巴菲特说,如果他卖掉的话,别人一看他这个第一大股东都卖了,肯定会跟着疯

狂抛售，可口可乐的股价就会崩溃了。可见，除非我们拿准了一个企业，成了前几大股东，否则，我们在上过激时还是要坚决卖出，至少要开始不断减仓。

理论也许我们都懂，但对具体的上、下过激（牛熊极点）之间的演变过程可能还不是很了解，我们需要在以下四个具体方面对"过激理论"进行具象化认识。

1. 从历史走势和牛熊转换上看

其实从1994年的上证325点到目前的20多年里一共只经历过这么几个阶段：第一阶段，1994—2001年这七年的上升期，指数从325点缓慢爬升到2245点，涨幅六倍多，期间很多只股涨幅惊人；第二阶段，2001—2005年的指数下降期，历时五年，指数从2245点一直下跌到998点，下跌幅度超过50%；第三阶段，指数从2005年的998点一直到2007年的6124点，上涨五倍，历时两年；第四阶段，指数在一年多时间从6124点跌到1664点；第五阶段，指数1664点到未来某个创历史新高的点位。

我们将牛熊算作一个周期的话，每个周期加在一起至少是七年时间，从具有深度价值的"熊极点"开始，如果投资者想获得最佳收益，只有长持几年，待到估值产生泡沫时逐步清仓。即便不满仓，仅用一半仓位来应对，年复合收益也会远大于10%。

虽然牛熊转换的时间点难以预测，但因为我们建立的是深度价值的高股息标的组合，可以先做到不惧怕时间的煎熬，随着时间的逐渐推移，即便是在深度价值区域徘徊日久，利用红利积攒股数也是在积蓄更大的爆发能量。因此，我们有理由耐心等待市场上过激的来临。

2. 从选股和估值变化上看

深度价值投资选股时着重选择优质的长期成长企业，等待深度价值区域不断买入，因此我们都会以长远的眼光来看待企业，比较经得起熊市的寂寞考验，没有一个超大级别的波动也不会出手交易！与以上的市场走势、经济周期、企业发展较为吻合的是，整体估值也会随着市场人士从担忧到追捧的过程而变化。虽然有时周期较为漫长，我们无法预测何时形成泡沫，但至少买入之时就要有长期打算，有时候等待过激是一个漫长的过程，好似考验耐力的马拉松比赛。

3. 从经济周期和企业成长上看

经济周期的兴衰更替就如同人得病治病养病，俗话说"病来如山倒，病去如抽丝"，每一个周期从重新复苏到泡沫都会历经一个较为漫长的过程，但在发展的中途下车，很有可能几年也找不回原先买入时的价格低位。而且优秀企业的成长估值也要历经一个以估值修复到估值溢价，然后出现大的泡沫的过程，没有点耐心是不会有好收益的。

4. 从戴维斯双击上看

从双击时一级一级负面消息随着季度年度报告被披露，股价不断探底，到经济、企业形势慢慢恢复，一级一级的正面企业报告不断呈现，这个过程需要至少两到三年的发酵过程，股价也可能会缓慢地逐级反映，因此没有耐心是等不来八倍、十倍股的。

市场的过激背后一定是市场意见高度一致化的过程，也是悲观或是乐观情绪全面爆发的过程，更是市场人士集体"恐慌"或"贪婪"的犯错过程。针对过去两次大泡沫的研究让我们发现，从泡沫开始盛行到破灭的整个过程中，市场上的大多数人总在犯错误，真正冷静的人是极少数。但市场的每一次重大波动，对于价值投资者来说，都是逐步迈向成熟的绝佳机会。

五、欢迎熊市，潜伏深深的"黄金坑"

多年的投资经验告诉我，股票在超级大熊市底部时的价格是其本身价值的最好试金石。反复琢磨沃尔特·施洛斯的一个举动，我逐步明白了这一点：前期熊市底部的价格或估值水平非常值得我们价值投资者"尊重"。

就拿2014年四五月份笔者的一个新账户布局来说明一下如何分析并开始"潜伏"的总原则：

（1）对标2008年的熊市，发现进入估值相似的"黄金坑"区间。

（2）摒弃估值、企业定性分析之外任何短期信息干扰，逐步潜伏深度价值。

两只个股布局案例分析如表13-1所示。

表13-1 中国银行和贵州茅台对比

股票名称	行业地位	上次熊市底部价格和估值	最近（2014年4月）最低价格和估值	我们的布局理由
中国银行	四大行之一 国际化程度最高 历史经营业绩稳定	2013年最低价格:2.48元 PE：4.96倍 PB：0.84倍 股息率：7%	价格:2.45元 PE：4.375倍 PB：0.74倍 股息率：8%	超级蓝筹银行股，开始逐步布局"黄金坑"，基本标准：优质稳定行业龙头企业，4~6倍市盈率，破净，股息率7%左右 大蓝筹完全符合条件，可以作为稳定底仓进行超配
贵州茅台	白酒龙头 具有一定壁垒 历史经营业绩优异	2008年价格84.2元 PE：20倍（动态） PB：9.6倍 股息率：9.4%	价格：118元 PE：8倍 PB：2.84倍 股息率：5.4%	消费龙头，白酒行业，布局标准：股息率5%左右，15倍以下市盈率 由于白酒困境，出现罕见的10倍以下市盈率的状况，股息率坚挺，可以超配

根据此法，我们要将自己股票池里的股票与上一次熊市低点的基本估值进行比较，体会一下各种行业深度价值下的估值水平，得出大致的一个"黄金坑"范围。

在前面有关"安全边际"的章节里面谈到过，出现安全边际价格基本上等同于股价进入了"黄金坑"，我们是以净资产收益率（ROE）来区别对待估值重点的。

（1）常年持续高ROE（大于20%），估值倾向于市盈率+

股息率,"黄金坑"最好对应20倍以下市盈率为合理,特殊情况下,在某些行业暂时的低迷期可以遇到10倍左右市盈率的大好机会。这类股往往是消费龙头或超级品牌。

(2)常年较低ROE(小于20%),估值倾向于市净率+股息率,如果是小市值(500亿以下)的隐形冠军,价值"黄金坑"在15倍市盈率、1.5倍市净率,股息率在4%之上。

(3)强周期行业龙头,在行业极度低落的时候,"黄金坑"估值倾向于0.5~0.8倍市净率,市盈率研究属于次要,但最好不要大于30倍,计算股息率的时候参考5~10年的平均水平,在3%以上最好。

(4)医药、生物、科技行业龙头参考PE和PEG,最好在整体市场极度低落、市盈率达到历史较低水平的时候购入,指数大跌时的"黄金坑"基本上就是医药和科技龙头股。

(5)常年收入比较稳定的服务业或必需品制造业,但利润受到原材料和燃料价格影响大的,可以参考市净率+市销率,接近净资产的价格,加上市销率小于1,就说明股价开始进入了价值"黄金坑"。

以上仅仅说明了各类企业大致的价值"黄金坑"估值情况,很多行业的具体估值还要具体分析。要记住,历史上市场遭遇巨大恐慌时的估值坑就是巨大的"黄金坑",但每次大跌都会让人感到疑虑重重,行情跌势似乎深不见底,根本看不出一丝希望。但企业还是那个企业,人们会继续热衷消费自己心仪的产品,不管市场如何恐慌,第二天早上太阳依旧会照常升起。笔者自己回看 20 多年的投资生涯，每每遭遇股市的巨幅波动时，遇到的都是头一遭领教的新名词：国有股减持、次贷危机、熔断、CDR 来临、海湾战争、贸易战、各种类型的去杠杆等。但是回忆过来，也不用太惧怕这些新鲜事，坚定信心掌握以下三条足矣：

（1）认准优秀企业。

（2）认准深度价值。

（3）适度保守一些。

坚持以上三点，才能潜伏到深深的"黄金坑"，才能带你穿越迷雾、穿越风雨、穿越艰难险阻。为了安全起见，我们不仅需要定性选出好企业和财务指标的安全性支撑，也要找到价值"黄金坑"，并谨慎认定"黄金坑"的含金量。巴菲特说要找到"长长的坡"，我想说：想要找到"长长的坡"，一定要找到"深深的黄金坑"，这么一琢磨，对于深度价值投资，是否有种醍醐灌顶的感觉了？

六、持有高息股组合的优势

作为深度价值投资者，我主张在组合里重点配置优质股票，至少要有 70% 以上为高息股。什么叫高息股？简单直观地看，打开自己交易软件的 F10 资料，如果一只股票至少 5 年以上每 10 股坚持分红 3 元或 3 元以上的，我就叫它高息股。除了绝对股价较低的银行等大蓝筹股，基本上一些白马龙头股都能达到这一水平,这是最快速寻找、筛选优质股的方法。当然,买入的时候也要看股息率水平,定性分析之后,就要等待价格进入深度价值区域。虽然随着股本扩张,每十股分红的水平也可能降低,但如果每十股分红在大比例送股配股之后不可恢复,证明其送股根本没有依照其成长性来妥当安排,扩股就变成了"花招"。

对此,我们可以看管理层的分红承诺,有很多公司长期承诺分红不低于当年净利润的30%,甚至50%。有了这层保障,我会更有信心跟踪此类股票。因此,要跟踪长期坚持回报投资者的上市公司,做历史分红追溯,研究为什么有些公司能够坚持十年、二十年稳定分红,是什么造就了出类拔萃的经营稳定性?企业在行业中的地位和企业壁垒如何?管理层用了哪些积极措施来维护企业经营和规模扩展?

2008年10月,中国证券监督管理委员会发布《关于修改上市公司现金分红若干规定的决定》,对《上市公司证券发行管理办法》《上市公司章程指引(2006年修订)》及上市公司定期报告内容与格式准则等涉及现金分红的规定做了一揽子修改,明确现金分红信息披露要求,规定上市公司公开发行证券的,最近三年以现金方式累计分配的利润不少于最近三年实现的年均可分配利润的30%。

还有一个观察角度与市场价格紧密联系,在每次大熊市下,股息派发正常而稳定、股息率经常会达到5%以上的股票就是深度价值投资者的最爱。当然,不同性质的企业对应不同的股息率水平,估值见底时的常态股息率范围大致在3%~8%。

如果组合中大部分都是这种长年高息的优质股票，那么你会发现做"夜夜安枕"的投资将不是一件难事。

（1）股息是唯一不依赖市场差价，自动保存现金利润的手段。

我们对市场差价常常难以确定，但是如果你找到高息优质龙头股，可以通过不断收息的方式，找到获利变现的模糊正确的大方向，从而奠定赚取丰厚复利收益的基础条件，这样才能真正耐下性子靠时间酝酿财富。比如在2007年6000点的时候，贵州茅台市盈率在五六十倍以上，依照估值可以卖出，但如果在接下来的大熊市你不能有效买入，就会错过机会。后来贵州茅台经过几年分红后上了800元，市盈率只有30多倍了，为什么？难以预测的成长和难以预料的市场波动都阻碍着你获得最大化的利润。但是如果你头脑里只有单纯的持股收息的想法，没有与市场波动和成长预测较劲的念头，那么这种高息超级品牌股就会带给你丰厚的股息分红收益。

（2）股息有调节风险的作用，一个上涨太久的牛市，不断现金分红除权既可以降低市场价格，又可以不断平抑估值。

投资者可以自动留存部分现金，不断分红可以持续降低投资组合的风险；熊市时不断的现金分红除权加上熊市打压，可能出现更具深度的价值投资机会，可以给利用分红再投资创造机遇。同时，高股息率也可以吸引场外资本大量涌入，起稳定市场价格的作用。

股息分红水平可以反映企业文化和管理层经营管理的水平。

好企业以真真切切地回报投资人为己任，并且能够形成良好传统习惯，在经营中也会谨慎地使用现金、结余现金。不管管理层或一把手更换几届，企业优秀的回报文化也会得以传承，这证明了其管理体系完备、制度成熟，经营管理能力较高。高股息分红最受长期投资者的喜爱，他们会对企业未来稳健经营给予长期支持，形成企业和投资者的良性互动。

长年持续较高的股息分红能证明企业产品的长期不可替代性，并证明企业行业地位的稳固性。

这么看来，买股票就像买债券，买的是企业信用，也是为了企业稳定的股息派现。当你有一个高股息的股票组合，再加上保守的仓位配置，把投资看成"收息收租"的乐事，那么"夜夜安枕"也就是很自然的事情了！

七、 从彼得·林奇的四类股谈起

将股票分类，对估值、成长性、投资收益等有个区分，是比较客观理性的投资手法。彼得·林奇将股票分为四类，第一类是成长公司，预期数年内有三倍收益；第二类是资产被低估的公司，预期短时间内赚到三成，然后立即抛出；第三类是特别情况与衰退周期股；第四类是防御性股票。我很赞同彼得·林奇的股票分类法。因为他基本按照不同企业的成长特性或主要特质来区别持有，符合企业发展和股价表现的客观实际。

彼得·林奇认为，一个股票投资者在股市低迷时候，将半数资产以现金形式持有是极端错误的,因为当市场转好时他已经失去了大部分机会。他认为,寻找一只便宜的股票,要比预测明年股市趋势这样模糊的概念更加实在。他用持有那些高股息的保守型公司的股票来代替持有现金。他持有的股票种类众多,但对一些成长性好的股票他可以连续动态持有很多年,其间有卖有买,但最后获利丰厚,比如房利美是彼得·林奇得意之作,凭这一只股票他赚了10亿美元,从三五元开始一直到60元动态持有。

这里我总结彼得·林奇的投资经验,并不单是为了顶礼膜拜、生搬硬套,而是为了进一步让我们自己的投资更趋向合理化,要注意以下四个非常实用的投资策略。

(1) **标的分类**。我将投资标的分为:防御股、红利股、成长股、超级品牌股。

(2) **择优录取**。我们尽可能在各个行业、领域中选择带有以上特色的顶尖品种。这个顶尖就意味着选择股票要本着保守可靠原则,只选择行业最优质的龙头,或有一定壁垒的、高息的细分行业冠军等。

(3) **目标收益**。同样是一轮由熊极点到牛极点的过程,不同股票涨幅差异巨大。细致的原因总结起来很复杂,但由以上大体分类可以粗略地知道一些涨幅背后的小秘密。就犹如彼得·林奇的目标收益一样,在牛市运行到一定阶段时,大家一定要注意区分对待。一般按照成长性来区分,各股最终的涨幅效果肯定不会整齐划一,要不断跟踪基本面的变化,在分类目标收益的理念下,找到股价完全提前透支的组合成分,提早做出减仓或清仓动作。

（4）**适度分散**。这是本书多次提到过的保守策略之一，比如我们之前讲过的，要将资金分散布局到吃喝、穿住、用行、医药等几个行业的顶尖企业。虽然买入构成组合是一个循序渐进的过程，但基本方向是坚持中庸原则，虽然布局中可能有先后和不均等情况，但原则上是不过分突出某一类，不做过分集中的持股，重点就是在以上大消费行业的四个子行业中合理地、有所控制地适度分散布局。

再看看其他价值投资大师：沃尔特·施洛斯只找被低估的资产进行投资，芒格则集中持有最优秀的企业股票，巴菲特则用低估、套利和控股三种投资方式进行巧妙配合。可见，单说价值投资，其实种类繁多。但他们都有一个共同特点："长期坚持自己的原则，绝不左右摇摆。"另外，他们跟踪和买入企业的基本理念和原则是一致的，都是"价值为本，保守为魂"的精粹体现。

从我个人投资经历来看，彼得·林奇谈到的几种股票我都经历过。在此期间也都不断总结过自己的得失，并努力寻找自己最得心应手的投资方式。我们不必强求，也不可能苛求与大师们并肩，只要价值判断基本要素一样即可，坚持自我是最重要的。

八、长线买入的总体思路——三底买入法

价值投资者不喜欢对繁杂的信息做过多的预测，有些价值投资者是价值量化爱好者，他们会打包一系列低估值股票，做成一

个大的低估组合，类似于价值股指数；而有些价值投资者喜欢集中于某几个最佳标的，倾力一投，长期呵护；还有一些价值投资者将价值投资和市场资金进出等技术信息结合，做到价值掌舵，趋势决断。不管以上哪一种价值投资类型，最终目标都是长年的高水平复利收益，做到了，就值得学习；做不到，就要积极改进。

在这里向读者介绍一种买入方法，我称其为"三底买入法"。"三底"即为市场底、业绩底和估值底，是之前"五重逻辑看涨跌"思路的具体应用。

先说这个"底"的含义，底是一个区域概念而不是一个点的概念。比如上证A股指数，按照市盈率来说，在市盈率10～15倍之间的区域容易找到具有深度价值的个股，而市盈率25倍以上容易出现结构性的高估，市盈率到30～50倍左右会出现大部分股票被高估的现象。而沪深300指数市盈率中位数一般在10～40倍之间运行，有了对指数"贵贱"的理解，我们就可以确定市场运行的底部区域大体在哪里。

但是谁也无法准确预测到指数或个股最低点的准确位置，所以投资者也不用费心去研究如何抄底。价值投资老手们仅凭经验就可以确定市场当前处于什么状态，比如查查破净股的数量、看看"仙股"或破2元股的数量，看看大蓝筹下跌程度以及估值状况，然后对照一下市场估值水平，大致处在下1/3处就可以了，最好整体市场估值在下1/3处且还有持续的恐慌性暴跌。比如在2018年6～7月间贸易争端引起上证A股指数在3000点之下恐慌性下跌，笔者认为这是多加关注纺织服装行业绩优股龙头的大好机会，如果再能有一次恐慌性暴跌，就是很完美的长线价值机会（见表13-2）。

表13-2 2018年6月底纺织股估值情况表

"三底"判断要素	市场底	业绩底	估值底
鲁泰A（000726）	1. 沪深300市盈率11~12倍之间，市净率1.5倍以下，初步确立沪深300整体市场处于估值底部区间 2. 由于贸易争端，人民币贬值加速，致使上证A股指数恐慌性跌破3000点，直接快速跌到了2700点，并呈现全市场悲观论调	1. 纺织业2017年开始集体复苏 2. 2017年因为人民币汇率升值导致公司业绩增幅受限，2018年美元升值开始有利于公司业绩 3. 公司大力回购B股，海外制衣工厂已经于2017年年底开工建设	1. 公司核心竞争力稳固，历史经营稳定而优异，分红历史悠久，股息逐年递增 2. 估值符合底部特征：PE：11倍，PB：1.4倍，股息率接近5%
九牧王（601566）		1. 三大平台推进初具雏形 2. 一季报显示净利润增加20%以上 3. 公司仍将持续通过并购、投资、合资、合作、代理等方式推进多品牌战略的发展	1. 男装领先品牌之一。18年男裤领跑者。长期经营业绩稳定，分红水平高 2. 估值复合底部特征：PE：13倍（动态），PB：1.55倍，股息率在6.5%左右

综上可见，以优质股票的"三底"为核心展开的一系列跟踪，是长线买入的最基本原则。

这里面包含着对企业定性的分析，也包含着对市场的敬畏，更有对企业品牌塑造发展趋势和企业经营水平的简单透视。好的买入一定是多重因素共同作用的结果，不同行业、不同特质的企业要求不尽相同。总之，既尊重市场，又尊重个股估值，还考查业绩趋势，是确保买入安全性的三个重要衡量手段。但需要注意的是，开始关注时不需要立即买入并迅速建好仓位，在"三底"形成后，要积极注意各种买入逻辑是否形成合力，采取逐步推进的买入方式，买入时间跨度有可能长达一两个季度到一两年不等。

九、 股息率的计算方法

一个知晓如何创造稳定现金流的企业，一旦日积月累形成自己的企业经营治理制度和企业文化，养成分红回报的好习惯，这在数十年内都将很难被改变。所以，价值投资老手们通常都知道对于股息派发的预测，要远比对市场上诸如价格、走势、财报、其他信息等的预测要简单、准确、靠谱。

长期来看，对于一家经营稳健、股息派发稳定的实力派企业，股息率是一个衡量价值高低标准的指标。但作为深度价值投资者，着眼股息分析，并非仅仅为了股息收入，而是把它用作衡量企业稳定性和股价高低的一把标尺。如果股息率快速由大变小，不是企业故意降低了派息，就一定是市场价格已经上涨了很多；如果一家企业连续十年持续派发较高股息，这就表达了很多企业深度信息，这是最简单的企业选择方法。

计算股息率既是估值的一把标尺，又是企业长期经营能力的体现，因此它是价值投资者的必修课。但在很多情况下，这类个股出现被低估的情况都是由于某年经营不好,导致盈利下滑,市场给出相对低估的价格。如果由于盈利下滑明显导致股息率不高,这种情况该如何处理呢?或者如果因为其他情况使股息不稳定,我们将怎样计算股息率呢?

综合有关股息或股息率的很多问题,我们给出以下建议。

(1)**定性分析为本**。选股时最好将企业定性分析和股息分析结合起来,也就是说,将行业龙头和长年分红水平高低紧密关联起来,分析企业分红状况形成的本质原因。

(2)**估值借鉴**。结合历年熊市底部标的股的股息率情况,综合分析当前的股息率与各个时期股息率的对比情况,作为估值的主要参考。能源股、公用股和金融股,一般股息率都很稳定,如果股息率集体达到一定水平,比如很多金融股或蓝筹股股息率都达到了7%以上,往往是市场将要见底的信号。

(3)**合理计算**。如果近四五年股息有上升趋势,那么计算的时候可以用最近一年的股息计算股息率;如果最近四五年股息呈下降趋势,可以根据当前年度的业绩进行保守计算,比如打九折或八折计算,具体情况根据企业短期业绩下滑情况和处在业绩周期中的位置而定。

(4)**研究特殊股息波动**。有些企业虽然常年股息派发情况不错,但最近个别年份股息派发波动较大,这样的情况下可以按照近五年股息的平均数计算股息率。并且积极跟踪股息波动的主要原因,评估其是否属于非常规波动。

(5)**强周期股的股息率计算**。对于强周期股,可以将股息派发按照周期股谷底和峰值平均计算，若周期谷底有一两年未分红，则暂时抛开股息率计算，按照净资产和行业周期运行规律信号来暂时判断估值，弱化股息率对估值的影响，专门研究市净率和使行业困境反转的一些宏观因素的变化。但是纵观强周期龙头，它们大多在最困难的时期也有一定的股息发放，比如中石油、中石化、海螺水泥、宝钢股份等。这就是行业龙头和其他"小弟"之间的差距，如果投资者觉得龙头不便宜的话，那最好也别去买入其他二三线的股票，困难的时候有可能"小弟"扛不住，损失会更厉害。

（6）**特殊行业企业可以特殊对待**。对科技网络一线龙头、生物医药龙头股、白酒类的绝对行业壁垒龙头等，比如腾讯控股、恒瑞医药、贵州茅台等，可以稍稍放松或取消对股息率的苛刻要求，主要参考其他估值指标。但这样的股票在组合里的占比最好不要大于30%。

我们最喜欢的是消费品超级品牌股叠加高分红，如果再有合适的股息率配合买入就更完美了。这样的好事情也不是很难遇到，几乎每两三年就可以找到一两只这样的股票，但很多时候还需要其他类型的高股息率品种来填补仓位，以避免过度集中情况下小概率、大破坏力事件的损害。

十、如何避免过早买入？

以下我根据自身经验总结一下"防范买入过早"的具体

办法。

首先，在投资思想认识上要秉承保守和苛刻的理念。因为我们在投资交易之前，必须要做好以下六个准备：信心准备、情绪准备、现金准备、策略准备、眼光准备、风险准备。而所有这些准备都有个根基，那就是保守和苛刻。要尽可能在你所认为的安全边际的基础上打折购买。除了估值的认定，也要用之前我们提到的涨跌预判的五重逻辑，即在价值逻辑基础上的其他四个逻辑（成长逻辑、宏观逻辑、市场逻辑、事件逻辑）交互认定。

在买入的时候要细致梳理所有要素，用以解决以下两个问题：第一，个股长期下跌逻辑是否已经被充分释放？第二，是否有足够的、全面的理由支持上涨逻辑的开始？比如个股价值已深度显现、业绩开始稳健上升、宏观面支持该企业行业的复苏发展、整体市场下跌充分、并且有大的标志性事件主推价值恢复等。我们对五重逻辑要注意仔细考察，充分认定买入时机的正确性。

买入的时候一定要本着"不怕错过，就怕不苛刻"的思想，要知道买不上具有深度价值的廉价标的很正常，也许三五年内能有三五个标的符合条件就不错了。其实市场永远不缺乏深度价值机会，根本不用担心错过和买不上，有些朋友估值的时候总纠结："买不上怎么办？"简单记住这样一句话："买不上深度价值标的也很正常，因为我们不是仅仅为了买入而估值，但只要是买入的标的，必将为复利收益做出积极贡献。"绝大多数时候，我们无法在深度价值位置买入是由于贪婪和恐惧。贪婪，使你过早地全仓倾倒在价格高位；恐惧，使你错过明显的廉价位置，而被迫追涨。

我们知道，想要获得深度的安全边际，就是要苛刻地讨价还价，虽然定性分析成长因素是必须的，但绝对不能过分褒扬未来的成长预期，不能给成长以过多的估值加分。有些朋友"随大流"买入过往的成长股，大多数其实都是被虚幻的期望或热闹的炒作氛围感染了。因此，想要避免过早买入，就必须要养成"固执己见，我行我素"地独立思考问题的习惯，哪怕这在大家眼中可能显得教条些、死板些，也要坚决避免高估值、高价格，不被喧闹的市场所诱惑。

在具体投资实践中，光有苛刻的理念还不够，我们必须将理念落实到具体操作上，在操作方法上有以下三种解决方案。

解决方案一：**固定跟踪，量化买入价格和买入仓位尺度**。将所有符合选股条件的投资标的进行价值排序，然后结合自己的买入标准，计划好买入的梯次和仓位限度，制定出未来大概率盈利的最佳布局方案，包括买入价格和尺度，或是评估标准和细则、风险防控的前端控制等。

解决方案二：**不在盘中做决定，要提前几周甚至几个月做好投资计划，最好要有专门的风险监督员**。机构投资者可将制订策略计划的人员和具体执行交易人员分开，令其各司其职。交易计划的制订要在几个月前，甚至少在几周前完成，没有特殊原因，不准在开盘交易的时间段内下达交易指令。个人投资者要回避在交易时间打开交易系统，所有交易必须全部在9：30提前挂单完成,所有挂单都要符合事前所制订的交易计划。

解决方案三：渐进式买入，有仓位上限的严格控制。绝对避免提早买入是不现实的,但我们可以采取适当的、分散的、渐进式的买入,而且注意不过分集中于投资某一家企业或某一个行业,永远保留比较充裕的现金。这样即便某些品种买入过早,也有回旋余地。投资中,永远给自己的价值预判留有后路是聪明的选择,做一个保守组合就是为了最大限度地防控风险。

"买入成本稍高"是投资者会普遍遭遇的问题,也不可能被完全消除。在长周期眼光看来,买在合适的大区间内即可,只要模糊正确其实就够了。但如果有能力和手段去进一步提高资金使用效率,买得相对理智些,则不仅能提高熊市中的防御能力,而且对投资业绩的提高和投资心态的平衡也大有裨益。

十一、为什么总买不到历史大底？

打开一只股票的长期K线图,很多投资者都会感慨,股票投资很多年了,为什么自己总是买不到历史大底区域呢？这个问题其实和上一节的"如何避免过早买入？"类似,在这里我就其成因再仔细分析一下。

要实现低买高卖,价值投资要基于更合理的分析要素——基本面要素分析,它能更客观地衡量价格的贵贱。而基本面分析只能确定当前价格是否严重偏离企业的内在价值,并不能预测市场价格的底部形成。在以往历次大的熊市尾段,股价往往严重下行，大幅偏离了内在价值，这就是我们所讲的深度价值区域，这个区域比较接近历史的熊市底部区域。

很多人都在感叹为什么自己买不到便宜货。其中原因大概有以下四种。

（1）**没钱**。一些投资者没有保留现金的习惯，在较高的位置任意买入，导致标的很便宜的时候资金已经没有了，眼看着遍地黄金无力捡拾。虽然底部的具体点位无人能未卜先知，但是最基本的要求是在遍地黄金的深度价值区域，投资者必须保留足够的现金储备，那时的买入有时候几乎有着"以一当十"的巨大威力，所以哪怕仅保留一小部分现金，只要能捡到极为便宜的价格，也会对未来的复利收益增添一份助力。

解决方案：耐心等待深度价值，留住现金，分批交易。

（2）**没胆量**。伴随显而易见的深度价值的是显而易见的令人困扰、恐慌的消息面，以及前景黯淡、经济停滞、国际局势不稳定等因素。恐慌的理由千千万，但市场上多数企业总要勇往直前，这时候要有胆量选择优质行业龙头不断"潜伏"。

解决方案：投资市场不会让天下人长期赚钱，只有少数人能成功，因此想要成功，必须有逆向投资的思维。

（3）**没章法**。投资者缺乏一些基础的投资原则，如上节谈到的避免过早买入的一些基础理念和策略。投资者经常被市场氛围所裹挟，上涨时候盲目追涨，下跌时候胡乱割肉。

解决方案：认真学习基础价值投资理念，建立自己的投资系统，制订操作计划，并严格执行。

（4）没信心。对投资的本质不清楚，即便碰巧买到了世纪大底和最具成长价值的股票，但便宜买了也会随手便宜卖了，再频繁换股，结果换到高位，将利润全数吐出。持股没信心，本质上就是学习不到位和理念认识掌握不深刻所致。

解决方案：既然认定买到了长期很难蚀本的便宜价格，等待市场沸腾的向上过激是唯一获取高利润的办法，贪小利必然会出大问题，减少操作很有必要，要重新学习好的投资理念。

历史大底区域是有一些标志性特征的。前文中曾讲述"马钢大爷"的投资故事，其实在 A 股市场 6 元以下的"廉价"股票大范围出现的时候，市场往往会比较接近历史估值较低的区域。一些高股息红利的稳定蓝筹股，以及有比较优良经营历史的企业，还是会在未来走出熊市时充当长线先锋的。

以下所有涉及具体股票只做案例分析研究使用，不做推荐，这是 2014 年第一季度和第二季度我自己做的一张估值分析表，表中显示大底区域就在眼前（2014 年第一季度和第二季度），仅供大家参考（见表 13-3）。

表 13-3 估值分析表

蓝筹名称	简单估值状况	2014 年 6 月之前最近价格（元）	历史最低价格（元）	估值简述
中国银行	PB 小于 1 PE 小于 6 X 大于 7%	2.49	2.45	1. 分红历史长而稳定 2. 估值按照三者综合 3. 最近价格符合要求

（续）

蓝筹名称	简单估值状况	2014年6月之前最近价格（元）	历史最低价格（元）	估值简述
工商银行	PB 小于 1 PE 小于 6 X 大于 7%	3.4	3.13	1. 分红历史长而稳定 2. 估值按照三者综合 3. 最近价格基本符合要求
国电电力	PB 小于 1 PE 小于 10 X 大于 7%	2.3	2.15	1. 分红历史长，但不够丰厚 2. 估值按照三者综合，倾向于 PB 3. 最近价格基本符合要求
宝钢股份	PB 小于 1 PE 小于 10 X 大于 7%	3.79	3.62	1. 分红历史长，稳定持续 2. 估值按照三者综合，强周期谨慎倾向于 PB 3. 最近价格基本符合要求
中国石化	PB 小于 1 PE 小于 10 X 大于 7%	4.47	2.93	1. 分红历史长，稳定持续 2. 估值按照三者综合，强周期谨慎倾向于 PB 3. 最近价格基本符合要求，最好到 4 元附近
宁沪高速	PB 小于 1 PE 小于 10 X 大于 7%	5.52	4.45	1. 分红历史长而稳定 2. 公用事业股，很稳定，偏重以股息率和历史最低价格为参考 3. 最近价格基本符合要求，但最好在 5 元附近
大秦铁路	PB 小于 1 PE 小于 10 X 大于 7%	7.3	5.41	1. 分红历史优良 2. 稍有周期性的稳定运输企业，以历史分红或 PB 为参考 3. 当前价格略高，最好在 6 元附近

注：X 为股息率简写。X = D/Po × 100% 股息率计算公式，D 为股息；Po 为股票买入价，表中的最近是指 2014 年上半年，PE 为市盈率，PB 为市净率。

通过对以上大蓝筹股的简单估值分析，可以大概率确定 2014 年是难得的机会，历史大底区域正展现在投资者眼前，所以可以在 2014 年年初根据整体市场状况，开始不断逐步加大仓位布局。

十二、应当留意周期性因素

著名价值投资者和行为分析师，也是 GMO 资产管理团队成员之一詹姆斯·蒙蒂尔在论述价值投资的时候，将"必须关注周期性因素"作为一项重要原则写进《价值投资：通往理性投资之路》一书里。他说："即使是长期投资者也不例外。"对于古板的价值投资者来说，对周期因素的关注好像犯了大忌。但正像橡树资本管理公司的霍华德·马克斯说的那样："或许我们不能预见未来，但我们至少可以以为迎接未来而做好准备。"

对一些周期因素的了解，能够让价值投资者非常简单地弄清楚自己手里拿到的股票的估值处于什么经济环境周期中，从而能仔细辨别其估值的有效性和时长。蒙蒂尔列举了最典型的三个周期性因素："经济、信贷和情绪"。我的看法是，关注周期性因素会对你的投资有很大帮助，但绝不能指望以此来预测经济和指数的未来。

比如从 2018 年的形势来看，按照蒙蒂尔所讲的"经济、信贷和情绪"，简单分析市场价值形成：由于经济上的去产能和供给侧改革，使得周期行业量跌价增，周期行业龙头企业地位越发突出，业绩逐步改善；在 2018 年 6 月开始逐步货币宽松以来，债券价格得以恢复；从市场情绪上看，熊市里人们总是会过分夸大一些负面信息，因此在这个去产能周期里，由于市场信心不足，一些消费类优质股的价值能够逐渐清晰地浮出水面，有利于我们利用市场低迷展开为期十年的大布局工作。但捡起金条的动作很容易，忍受煎熬却很难。我们的信心来自于对价值规律以及经济周期必然反复的确定性，但前提是必需品生产的龙头企业地位突出，长期股息优厚。

价值投资者适度了解经济或行业周期，了解市场参与大众的情绪周期，对投资是大有益处的。霍华德·马克斯说："价值不是一成不变的，它们可能会随着经济环境的变化而变化，因此了解我们在市场中的位置，会让我们的投资更安全。了解投资者心理的变化，也会对我们的投资大有帮助。当投资者扎堆卖出而价格颇具吸引力时，我们会倾向于买进；相反，如果大众都乐意买进，我们就要考虑是否会有更好的卖出机会。"

这个意思是，追求价值不是刻舟求剑，需要辅佐一些其他因素来进一步确定安全性。有时候估值并不能完全反映企业真实的长期内在价值，比如强周期股在商品价格高涨的时候，大多赚得盆满钵满，这时候的估值显得异常低。但是危机很有可能接踵而至，因为产品价格的继续暴涨肯定是不可能被市场持续接受的。同理，必需品的价格暴跌也是如此，企业似乎一时陷入经营困境，但行业龙头将肯定会从价格复苏中率先反转。

当年巴菲特买中石油就是很好的例子，虽然他对中石油年报和管理层做了详细分析，但他买入强周期企业的主要动因就是当时的油价相当便宜（当时中石油的股价也相当便宜），这让巴菲特看到一个崭新的上升周期呈现在眼前。但我们如何判断价值评估是否发生了变化，是否到了更深度的价值区域呢？借鉴一下经济环境和大众情绪的周期变化，一定会是一个不错的办法，因此我们要包容一些有益的"旁门左道"，而千万不要过于教条。

邓普顿爵士的反向投资论也有相似的主张："在他人绝望地抛出时买进，在他人疯狂地买进时抛出，需要巨大的勇气，但也会带来丰厚的回报。"看来关注价值以外的东西以补充对价值投资的深刻认识，已经是各位投资大师的共识。

十三、 将好的组合装进箱子贴上封条

一位初涉价值投资的朋友问我："依照价值投资要素，精心选择构筑一个组合，可是每天看盘还是很急切，虽然几乎总体没有亏损，但心情总是跟着行情起伏，如何处理心态问题呢？"

我回答说："如果按照价值要素综合考量，确定你的组合不错的话，就将它装进箱子里，然后贴上封条即可！"

他问我："何时打开封条？"

我说："等到组合里的股票都有过激的涨幅，总体市值不断膨胀，撑破箱子的封条时，才去开箱变现一部分股票。然后，继续封箱，等第二次涨破封条后，变现大部分或全部股票，取走现金存放好。等待箱子里的股票市值缩水大半，再用备好的现金去慢慢填充……在此期间，经济周期、经济信息、市场波动、内幕

消息、国际形势、战争、核武器或朋友的诱导劝说都不要去管，只看箱子里的股票市值的缩水程度和封条是否被涨破，我想最终肯定会成功！"

他说："你的比喻我明白了，具体如何实施呢？"

我说："建立自己的操作系统，仔细研究制订自己的简洁操作计划，把握好涨破封条的标准，看看通常的价值高估和低估点是多少，稍稍降低你的预期，制定一个切实可行的标准，严格执行就行了。"

我又补充说："知易行难，看你今后的自我把控能力了，想要知行合一，需要常年修炼。"

以上理念，我不止与一位朋友分享过。每一次由熊极点到牛极点的过程以及相反过程都是一次重大的财富再分配过程。而且，这种反复必然会发生，尽管周期不确定，涨幅不确定。能够驾驶这种反复，资产就会犹如"鲤鱼跳龙门"般飞升。谁能保护好利润，谁就是财富再分配中的胜者，谁能经过几轮牛熊转换都大有收获，谁就是财富再分配中的大赢家。

但是千万要记住，能完成这一过程的，必定是意志力超级顽强的少数人。最初，欣喜地加入价值投资队伍的人熙熙攘攘，但是能走到最后的寥寥无几。市场的煎熬会导致多数投资者在大熊市中犹豫不定、胆怯心寒不再敢买入，但同样是这帮人却在牛市最狂热的时候重仓加满，大胆挺进，这真是"心中无价值，魔鬼在控制"。在投资中要掌握正确的交易"姿势"不难，难的是如何与"环境"抗争，如何控制"心魔"。因此，我设计的这个为组合"贴上封条"的办法确实可行。

股票交易市场的门槛很低,交易只需手指一动,相当便捷,数十万、数百万,甚至上千万资产只需几秒钟就刷刷交易完成。这就给喜欢赌博的人提供了极其短暂的开奖过程,随手交易成了家常便饭。也有投资者担心,若为组合"贴上封条",股票全烂在箱子里怎么办?首先,本书用了很大篇幅强调要精选标的,只选优质龙头、行业地位突出、高股息分红的股票,然后做成适度分散的组合,这样就挂上了几道安全锁,足以防范个股较小概率出现的黑天鹅事件;其次,两市3000多只股票,即便是随机选取做组合,坏到全烂也是小概率事件,就和选到高成长黑马的概率差不多,更何况我们是严谨地择优录取呢。

为组合"贴上封条"的操作,我在长期实践中发现其有两大好处:

(1) 省去了很多看盘操心的时间,致简者常胜,可以放松心情,悠闲地去过慢生活。

(2) 这是保证能够"鲤鱼跳龙门"的长线收益最好的策略。

第十四章 卖出法则：
适时保留现金，三步取利卖出法

一、那些发昏的卖出

截至我整理本书书稿的 2018 年 9 月初，市场出现了自 3500 点以来的较大幅度下跌，市场上大部分年初买入的股票基本都处于亏损状态，这其中还有不少基本面极度恶化的悲剧在上演，但细细分析，其中不乏很多"发昏的卖出"，尤其指那些在 2800 点以下将具备价值深度的股票卖出的行为。

先声明一下，我所认为的"发昏的卖出"，也许在卖出者自己看来是明智的，甚至在短期看来是值得骄傲的，但不管怎样，我宁愿将这些操作定义为"昏招"，因为违背价值规律的操作，早晚会有损于未来的利润累积，从众而为，收益只能与大众一样平庸。

我总结了一下，造成"发昏的卖出"的原因主要有以下四点。

1. 业余指挥专业

股市下跌，基民恐慌，大幅赎回自己的投资基金，基金遭遇现金挤兑，必须卖出自己手里刚建好仓的价值股。空杀多，又多杀多，因此市场呈震荡下跌走势，基金规模日渐缩水，形成"跌跌复跌跌"的景象。这是短期业余投资者在指挥专业投资者,短线投资者指挥长线投资者,结果专业投资者也变得业余化、大众化,长线投资也非要去搏短期收益,导致各种"发昏的卖出"。

2. 各种形式的加杠杆致使资金链断裂,被迫卖出

加杠杆做投资是与价值投资相违背的,有人说,我融资买入的也是经过认真分析的深度价值股票,这不也是价值投资吗?我回答:不是!因为价值投资是靠时间酝酿财富,而加杠杆就是在与时间对赌,整个投资意味就变了。如果遭遇大跌爆仓,即便那时候的股价再有价值,未来再有前途,也可能与你无关了。

3. 纯粹的心理压力所致,导致情绪失控,被迫卖出

大多投资者或机构并没有资金链的问题,但下跌久了,大家会有一种向下看的惯性,感觉下面深不见底,自己就不知不觉地集聚了莫名的恐惧感。

压力会迫使策略执行人改变行为风格,有时候会毫无目的地在低位不断"割肉"。压力也会使投资者的神经异常敏感,在负面消息满天飞的熊市,作为一个"纯价值投资者"也会做出相当愚蠢的"反价值"之事。

4. 短期预期和预测在作怪

因为人的思维具有一定的惯性,身处熊市太久了,很多人会

习惯性地做出更差的预期。大盘2005年处于998点前后的时候，多数人预测会跌到500点甚至更低。现在大家都觉得很可笑，但身处当时的环境，这种预测就显得保守严谨了。下跌时很多投资者都很渴望找到底部，但几乎很少有人会本能地从企业基本面的价值角度去看未来。大家会认为，熊市里最保险的预测就是不断向下看。

　　印度投资大师金君瓦拉在讲到投资秘籍时说道："要分清楚短期趋势和长期价值。"因为大众都非常热衷于当前的焦点新闻和突发事件，对于那些老生常谈的规律性、常识性东西总是有健忘症。但是这些"出乎意料"的吸引眼球和耳朵的资讯，其实是非常难以把握和预测的。金君瓦拉说："不要担心这些，因为你无法预测，也不能对此做些什么，所以这些都不重要。重要的是专注于你能够理解的商业企业，并集中精力投资于其中具有竞争优势的企业。"因此，我建议反复阅读一些成功大师们的心得，结合时下的市场形势，不断揣摩，投资者就会得到一些关于未来正确方向的预判。

　　不管怎样，那些"颠倒所有价值"的卖盘、买盘其实都是价值投资的对手盘。券商业在裁人、房产中介在裁人、金融业在裁人，同样，投资队伍也在"裁人"。不遵守价值规律者熬不过冬天，无法坚持跑完"马拉松"，他们被淘汰了。其中主要原因，就在于那一系列"发昏的卖出"。

二、 好的卖出策略

约翰·聂夫讲过，在价格过高的市场中，他管理的温莎基金总会定期性地持有多达 20% 的现金。在市场狂飙以致找不到可以合理买进的股票时，温莎基金会大量持有现金。因为在狂风巨浪中，现金是最好的支柱。

从投资历史上看，大多数人对于"卖出"问题总是很头疼，我多年分析发现，大家之所以觉得卖出很难，是因为两点：一是总想找个精确标准或法则，二是总想找到卖出的精确最高点。

其实抛开以上两点，只要使用模糊原则，卖出就会变得很简单。根据上面两个难点，我们总结出两个原则：第一个原则是："不轻易卖"；第二个原则是："分批卖"。

卖出看似很复杂，其实很简单，股市里的赔钱情形几乎只有一种：高买低卖。为了避免高低判断失误，我们必须去寻找高低判断的可靠根据。哪怕只是模糊的方向，也必须寻找概率上的支持。经过无数次的实践，我认为根据基本面的价值分析是较为靠谱的一种方法，我们怀揣一把价值之尺，就可以笑看涨跌无常的市场！

价值投资者在制定卖出策略时，也一定要遵循"深度价值"原则，即：根据价格偏离深度价值多少来确定是否卖出和卖出原则。由于偏离深度价值，股价可能向上发展至过分高估，但这通常不是一蹴而就的。因此，有必要在卖出方式上遵循分批分阶段卖出的原则。

以上原则一定是事前拟定好的，不会因巨幅波动或长期波动的煎熬而遭受破坏。如果前期遭受波动煎熬时间过长，为了图短期利润或解放资金，便随意在某一个计划外的获利价格全部清仓卖出，这种操作的问题是可能破坏了估值溢价的一大段规律性收益。因此，卖出也要中庸守规，也要循序渐进，而非没有原则地随意获利了结。

巴菲特对科技股的长期审视坚定而富有耐心，卖出也一样，要抱着只要买入了好股票就基本已不打算出手的精神去持有，除非这只股票被高估得已十分"不像话"了，才有可能做减仓或清仓的动作。

好的企业是可以相伴终生的，所以价值投资者在制定交易策略的时候一定要淡化卖出的研究，虽然我们不能绝对地说买入后就一定要长期持有，但总会有办法选择一种能够坚持的、简单的长线思维策略。

在这里我们吸取国外价值投资大师们的经验，制订简单的"不卖之卖"的卖出计划，力图在坚持价值投资基本原则基础上，实现让个人投资者摆脱束缚的、舒心的、稳健的好投资。基本要求有以下三点：

（1）坚持价值投资原则。

（2）简单的交易计划。

（3）客观而有实效。

总之，经过长期检验，既能够让普通投资者得心应手，也能长期获得不错的复利收益，这样的交易策略就是最好的交易策略。投资具有一定的艺术性，不像有些耿直的古典价值投资者所想的那样，能够极其准确地找到高估和低估的界限；也不能确定市场一定会配合，在股市低迷与高涨中总能出现某只股票的高估和低估价格，给你教科书般的操作机会。

因此，将卖出分为三步去实施，我认为基本兼顾了教科书的严谨性和投资的艺术性，使二者比较理想地结合在一起。

三、三步卖出法

我主张的卖出策略又叫"三步取利法"。

第一步：足利卖出

当组合里单只股票离开其低点位置上涨 50% 以上，逐步离开了深度价值区域且获利，就可以实施足利卖出。卖出的量最好不大于该股持有量的 30%。

足利卖出是价格离开深度价值后的一个心理满足型卖出策略，可以降低持有风险，也可以回流一小部分现金，有利于剩余部分实现未来更长期的持有。这部分减仓主要起"安抚内心、顺气顺心"的作用，并可以让投资者稍稍得到一种获得利润的满足感。

若你的买入价格不够苛刻，这笔减仓也可以使你这部分投资不会立于长期的危险境地。降低收益预期，恰逢时机地变现，既使得现金储备充足，也可以等待其他优秀的标的进一步大跌时继续买入。这就是我所说到的投资中的中庸思想的具体应用。虽然按照古典价值投资思想很难解释其中的道理，但我认为这也是投资中的体现"艺术性"的部分，它能让持股者内心倍感踏实。这部分卖出有利于为剩余部分长期稳健的"持股守息"做好战略准备，同时也起到了淡薄欲望、让人坚定保守而行的功效。

第二步：高估卖出

如果组合个股有高估的嫌疑或确定性地达到了历史高点区域附近，就可以实施第二步卖出，高估卖出总量不大于当前持有量的80%，可以随着高估程度日渐明显，分若干小批次进行。其实，对高估位置很难做价格上的精确辨别，但我们可以感知到其价格距离深度价值已经非常远了，而距离历史多次牛市高点附近的估值顶峰区域已经很近了。这时，就可以开始采取"渐进确认法"来对待，逐步分批减仓。

高估区域大都比较宽广，或是一个较为长期的过程。有时候从高估到明显高估，以至于泡沫出现，股价能上行一倍甚至几倍，时间上也能拖延半年甚至一两年。我们依照客观常识来进行分批处理，有利于不断观察企业成长，确认估值的准确性，不至于让自己的主观武断导致得不偿失的交易后果。

第三步："彻底坏"卖出

在我们"不卖之卖"的理念下，一般情况下这一步不会实施。除非个股被高估得确实离谱，或者该股不是自己准备长线持有的核心底仓。所谓"彻底坏"卖出，就是当之前买入持有时所有的"好形势"基本不复存在，整体市场泡沫严重，市场估值达到或已创造历史估值顶峰时，将组合股票彻底清仓卖出。趋势技术者认为"彻底坏"是股价的趋势，这个我们可以有条件地借鉴。只有在价值估值、基本面因素、市场情绪都显示风险的情况下，才可以用趋势做止盈参考。比如明显高估、企业发展开始变得缓慢、整体市场泡沫出现、投资者入场情绪高涨、基金募集疯狂等综合因素显现后，若股价上升趋势还在，就可以稍做观察，等待价格走势的彻底转向，毕竟最后保留的底仓仓位不大。

可见，在遵守保守理念原则和最大限度地留存利润的基础上，我将深度价值投资的卖出交易实施总结为三大步减仓策略。大致步骤简单来说是：当股价离开深度价值区域一段距离时，可以进行第一步减仓；如果股价继续上行，估值发生较大变化，可以开始考虑高估值减仓；当整体市场出现沸腾和个股估值泡沫，我们就要考虑分批将剩余部分非核心底仓彻底清理掉。将原本卖出交易的大难题分解对待，精简、明晰、有序、有理地制定应对策略。也就是说，总体上基于价值估值这一基本原则，依据距离深度价值区域的距离逐步减仓，就可以让自己的最终卖出实现获利最大化，风险最小化。

若需对卖出交易策略的制定进行量化，则应在具体实践中再对照历史数据进行完善。根据自己资金体量的大小，将大的步骤分成若干小步骤分别进行。

四、分步减仓的意义

分步减仓策略是我在实践中不断总结完善的卖出交易思路，它贯彻了"价值为本，保守为魂"的深度价值基本原则。

简单来说，卖出交易就如巴菲特所描述的情况：市场大众开始普遍贪婪时候，就是我们要逐步开始大幅度撤离的最佳时机。因为可以预见：激情正被充分释放，市场出现了普遍乐观的情绪，从估值风险的角度考虑，保留大量现金是应对市场系统性高估值的必要选择。

有很多朋友愿意效仿巴菲特长持一些重仓股的做法，我的看法如下。

理论上，价值投资应当以价值为本。巴菲特长期持有可口可乐股份是由于作为一个"控股型"的投资者，保留适当部分高息股作为"非卖品"是必要的。况且他作为重仓股的大股东和知名投资大师，一旦减仓肯定是一大新闻，可能会带来难以想象的多米诺骨牌效应，甚至也许会导致可口可乐的股价短时间内崩溃，给市场带来较大波动。有时候，他因为无法减仓或被迫不能减仓而进行"长期持有"，实属无奈，但可以理解。另外，巴菲特资金庞大，一旦大动作减仓，摩擦成本巨大，也极有可能影响整年的利润。况且一旦回流大量现金，难以在短时间内找到合适标的，十分考验现金管理水平，也是很麻烦的一件事。

因此，我认为，巴菲特不卖出一些重仓股，并非都是长持理念所致，有时也是资产体量太大的无奈结果。

分步减仓具有重要意义，再总结如下：

（1）由于股票部分仓位市值随价格上涨而膨胀，权益类的风险也逐步抬高，而现金比例缩小，因而实施分步减仓实可以逐步降低整个组合的风险系数。

（2）分步减仓让我们在任何时候都能手握足够的现金，可以更有信心地长持余下部分股票，打持久战，应对系统性突发风险时，能更游刃有余。

（3）备足现金可以进一步捕捉各类投资品的深度价值机会，因为最好的机会往往都是不期而遇的。

（4）保留足够现金，有助于维护对组合的主动控制权和投资者良好的投资心态。

通过保守的分步减仓操作，"深度价值投资"长期收益的最高目标就是："熊市如债，牛市取半。"我们制定这样的减仓策略，绝非出于凭空想象，终极目的正是为实现"满意的长年复利收益水平"。按照历史情况粗略模拟，保守型价值投资的收益结果大致是：在波动较大的 A 股市场，最低迷的年份大约有 20% 的回撤，这就是最严重的情况了；在牛市最火的年份，指数大概有翻倍左右的涨幅，自己的收益应在 50% 左右。于是这种理想模型的年度复利收益大约就应该在 10%～25% 左右，这是保守投资的最高境界。大家可别嫌少，这个收益目标都快接近巴菲特的水平了！

从上面的三步卖出法里可以看出，所有的操作都来自以估值为原则制订的操作计划，并且不对价格的精确涨跌做细致的预测。整个过程都基于方向的模糊正确，不求细节的精准，在科学的价值安排以外，还有艺术成分。

第十五章 投资组合和仓位构建的技巧

一、仓位加减的逻辑

为了防范市场系统性风险,提高长期复利水平,投资者有必要在持股和持现间适时转换。我们都有这种经历:市场部分股票疯狂下跌,很多股票出现显而易见的深度价值时,手里的现金却寥寥无几;市场疯狂上行,泡沫严重的时候,却还有很多投资者满仓乐此不疲地奋战到底。

然而,不管是大资金、小机构还是海量散户,聪明人比比皆是:大家都想比别人买得低,都想比别人卖得高。我们依据什么在众多投资者中胜出呢?依据用市场价值中枢推出的比较合理的加减仓逻辑。再来看看市场估值的范围,根据历史经验,按照市盈率来确定 A 股的核心中枢区域,大致在 15~35 倍市盈率之间,那么,估计市盈率中轴线就在 25 倍左右。我们可以这样理解,在中轴线 25 倍市盈率时组建的组合盈亏各半,长期复利收益可能为零。组合组建时市盈率越是低于 25 倍水平,潜在收益空间越大,越值得加仓;反之,越是高于 25 倍水平,越值得减仓。

以整体市场价值为本的思路,就是深度价值投资者仓位加减的基本逻辑。因为很难确定准确的高低点,但是我有了中枢位置,有了贴近中枢和远离中枢的概念,辅以渐进思想,加减仓位就不会是件难事。

另外,还有三个原则要记住:

（1）根据苛刻性原则，加减仓位时最重要的一笔尽可能在市场过激的时候进行，就是加仓要等待巨大的价值闪光点出现，减仓要等待股价明显高估或市场整体价值出现泡沫，所以有"持股守息，等待过激"的口诀。

（2）根据保守性原则，组合一定要适度分散，并且保留一定量现金，加减仓位最好在过激区域分批次进行。

（3）根据简单性原则，选股一定要精简选择最优秀的高股息龙头股，秉持以价值为本的简单思路，并能抵抗各种复杂信息的侵扰。

我们将以上加减仓位的一个逻辑和三点原则理顺糅合到自己的仓位管理计划中去，从选股、买入到卖出都要做到对市场形势和个股估值情况心中有数、心里有底，只有这样才能进行有效的仓位管理。

根据以上逻辑，价值投资者可以制定深度价值买入、加仓计划，确定在整体市场的一定估值低位区域可以把仓位提升多少，也可以制订减仓计划。我们前面介绍的减仓的三步取利法，也是按照离开深度价值中枢位置的距离分三步减少仓位的方式。

另外，加减仓位或者更换标的还可以根据不同标的的价值深度差异或市场出现的突发状况进行。比如有些优质股遭遇短期黑天鹅事件或其他"软伤害"，股价突然下跌形成机会，就要临时做一下资金安排，不断买入或加仓。而某些因自然涨跌快慢差异造成的个股深度价值对比差距，则要在保证总体仓位不变的情况下，调换一下仓位安排。

总之，只要交易逻辑清晰正确，交易原则坚持不懈，获取复利收益是自然而然的事情。

二、有效配置的重要性

深度价值投资成功的秘诀就是将最简单的手段坚持到底，如果你能安安静静、认认真真地追求保守和深度，做一个简单配置的组合，也可以完全不必去掌握更深奥的知识。像最接近普通投资者的大师沃尔特·施洛斯那样，努力做一个深度价值组合，不断配置一些组合里的优秀苗子，不断做价值轮换，就可以获得很好的长期复利收益。

因此，千万不要轻信一些传言中的技巧和小道消息，或是迷信赚快钱一夜致富的谎言，荒废了追求价值正道的大好前途。成功的价值投资者大多不在技巧上深入钻研，而仅是精于"等待"，靠时间积累酝酿财富。

上面提到简单配置组合，那么如何配置更有效呢？整个股票市场是一个社会生产力集群，所以价值投资者必须用跟踪并配置社会最优质资源和最优秀团队的方式来跟上社会最先进生产力的发展。同时，深度价值投资者还应该把精力专注地用在一处，而不是接受太多无用的繁杂信息。深度价值投资者并不需要买下整个经济环境，也不会买下整个大盘指数，更不会买那些平庸和落后的企业。我们只关心国民经济发展中举足轻重的行业企业，它们是皇冠上的明珠。

我们选择的组合里的个股应该都是行业里最优秀的、地位突出的、提供生产生活必需品的龙头企业。只有跟上时代的步伐，选择最优秀公司的股权，才算是最有效的组合配置。作为深度价值投资者，我们还主张选股配置的组合里至少应该有70%为高息股。具有以上特点的个股经过我们严格筛选才可能进入股票池，然后对其性价比进行跟踪。

有些价值投资者只知道按照财务数据指标量化标的价值，寻找被低估者。我认为不同行业间无法按照市盈率、市净率等指标对比估值。深度价值投资者应该结合行业特点、净资产收益率情况定性分析企业，灵活设定合理的估值线。而且最好在配置上稍微注意均衡和覆盖面。

有效配置要掌握以下五点：

（1）**企业有较高的行业地位和竞争优势，产品受众极广。**

（2）**企业有长期成长的确定性或经营稳定性。**

（3）**企业顺应国家宏观产业政策。**

（4）**企业现金回报稳定、治理良好。**

（5）**最好在明显的市场恐慌氛围内出现严重"错杀"。**

在这样的前提下，我们将资产分散布局，完善组合的均衡性和覆盖面、避免严重突出某一个行业板块，这样做也有利于抵御行业性的系统风险，在保证资产安全性和稳定性的基础上提升资金的使用效率。

另外，投资者保留部分现金也是最有效率的配置，正如卡拉曼所言：当便宜货稀少时，价值投资者必须保持耐心，对估值标准做妥协可能会让自己滑向灾难。在缺乏让人感兴趣的机会时，最明智的选择是在投资组合中至少保持一定比例的现金以备将来之需。

三、价值投资者最需要的组合

无论做何种方式的投资，都希望在稳健基础上获得长期满意的复利。由前文可知，深度价值投资者的投资组合应该是由具备长期高分红预期的企业股票组成的，目的是降低整体组合风险。既要买得好又要买得低，重要的是保持组合的平均股息率在一定底线以上。我们可以直观地衡量整体组合的估值状况：如果发现组合总体平均股息率过低，就有可能有一些组合分子已经处在不合理的高估位置了。除了习惯性高分红，标的企业中最好还要有隐形冠军或行业龙头，且具有大消费属性，这些就是我们所需要的组合基本要素。作为普通投资者，采用简单的财务数据洞察一家企业十年以上的经营绩效最直观的指标就是分红。

另外，长期保留适当比例的现金也很重要。巴菲特的名言"现金就是氧气"说的是，在市场待的时间长了，你会懂得投资机会有的是，可现金却总是奇缺！因而大部分时候，把现金比作氧气毫不为过，有它的时候你可能毫不在意，没有的时候却会令人窒息！所以现金也是我们所需要的组合的一个重要组成部分。

建立组合的一个重要功能应该是对小概率但足以致命的风险进行防范。假设出现系统性危机或个股黑天鹅事件，我们建立的组合可能会部分陷入困境，而一旦整体经济复苏遭遇困难，将价值恢复的时间拖得很长，即便当初买入价格被低估不少，但几年内组合整体收益也可能出现浮亏，严重拖累我们的长期复利水平。我们该怎么办？答案就是：保守！

保守的组合风格就意味着：

（1）要学会控制，根据整体估值水平掌握权益类资产的度，做一下控制并留些现金总不是坏事。

（2）要精益求精，一定要精选股，只要行业第一或唯一，尽可能不选二三线股。

（3）要追求深度，必须明白组合并不是在某一时间很快建成的，而是耐心等待个股的深度价值，逐步完成构建的。

真实的巴菲特骨子里是继承格雷厄姆式价值投资的，并且深谙格雷厄姆的资金管理之道，经过对巴菲特的不断研究，你会发现：巴菲特很多时候在风险来临之际，都能将高风险的股票仓位降低到60%甚至40%之下，加上自己控股的保险公司拥有充足的现金储备，这样，他就能抓住任何时候出现的较好的投资机会，这才是逆市而上的巴菲特资产配置之道。

为了能找到适合自己的价值组合，投资者应该非常了解自己面对浮亏的最大承受力。我将投资者依此分三类：

第一类：超级保守投资者，适合绝大部分上班族、白领、有闲钱的业余投资者，预期可承受最大浮亏为10%左右。

第二类：普通投资者，预期可承受最大浮亏为20%左右。

第三类：激进型投资者，预期可承受最大浮亏达50%以上。

通过以上归类，我们寻求在控制权益类投资比例的基础上进行组合投资，如果偏向于稳健性成长的组合，可以在组合中适当调整现金、高息大蓝筹和一些小市值成长股的比例来取得自己满意的预期收益。

四、资金仓位管理的投资内涵

在深度价值投资系统中，投资决策者进行资金仓位管理有其重要目的，主要是为了解决物质财富和精神财富两方面的增值问题：

（1）如何在抵御风险、保障安全的基础上，确定性地进行资产的复利累积。

（2）如何让投资变得轻松，进而结余出大量的时间去创造有价值的生活。

美国的范·萨普曾专门做过统计研究，投资回报的决定因素有三：70%取决于投资者心态，20%取决于资金管理，剩下的10%取决于投资策略。在伟大投资者的各项特质中，最可贵、最重要的一项就是心态，即在投资过程中，历经大起大落却丝毫不改投资思路的能力。其实，镇定自若靠的是资金管理的恰如其分，好心态是由好的资金布局来维护的，可见资金管理在投资中起着举足轻重的作用。

作为一个普通投资者，我们用什么方式能让自己的心态变得临危不乱、宠辱不惊呢？最严谨的企业研究加上最严肃保守的估值吗？这些固然都很重要，但最简单的做法却是好的资金管理计划及其合理实践，就是以合理的仓位应对投资品种的未知风险。在投资伊始，就要求价值投资者将总收益预期降低，按照大原则落实投资计划，保持较舒心的仓位便是最好的选择。因为这是最客观现实的一条原则，无论买什么和以什么价格买，你都不知道最大损失会是多少，但只要坚持仓位控制，你就会一直都知道最大的损失是多少，最大损失的概率是多少。只有知道了这些，你才可能充满信心地去投资。

可见，资金管理的优劣可以极大地影响投资者的情绪，所以资金仓位管理的重要内涵其实是人心的管理，管理的目的是让人彻底依照价值规律行事，摆脱人为情绪的干扰，提升资产的长期收益。

在了解资金管理的内涵之后，我们在制定投资策略的时候就要注意：

（1）组合中的分子一定具有深度价值，也就是被惊人"错杀"的品种，没有"错杀"就没有超额利润，没有"惊人"的"错杀"程度，就没有丰厚的超额利润。

（2）保守对待每个投资标的和每一类资产的持仓数量，并限定股票类总体和个体仓位，在此基础上获得超额利润，承担适度风险。

（3）要学会特立独行，以保守的预期看待收益，不攀比、不轻信、不盲动、不冒进，做与大众相反的事，不断学习、不断思考总结。

投资者能否轻松愉快地投资和投资寿命有着密切关系，巴菲特可以跳着踢踏舞去上班，这种愉悦的感觉和他卓越的资金管理有关系。尽管他的投资略显集中化，但是老谋深算的他实在是"狡兔三窟"：一边捕捉被低估的高息优质股，一边控制企业现金流，一边不断接收着保险浮存金的汩汩流入。巴菲特掌握了价值投资的资金管理精髓：保留现金、组合投资、抱持高股息、控制企业现金流、跟踪优质股等待恐慌式的价值"错杀"机会等。

明确了资金管理的深刻内涵，就很容易制定一系列行之有效的投资策略，尽一切努力达到投资的最高境界：抵御风险，累积复利；享受生活，轻松投资！

五、"动" 在画龙点睛之处

大多数价值投资者并不像巴菲特那样，年年有滚滚而来的几乎无成本的现金流入，也无法控股企业，因此我们最好采用"动态长期持有优质股"的方式来获取复利收益。毕竟能够值得超长期持有股票的企业很少，尤其是一些强周期企业和一些中小市值的企业，有特别剧烈而明显的周期性和波动性，所以我们并不去特别限定持有的时间，关键是对其估值和成长确定性的监测和把握。若有确切的时机，适当有所动作，且能做得画龙点睛，就会收到很好的效果，这在彼得·林奇的投资中屡见不鲜。

我个人 2011 年上半年的业绩不是很理想，总结研究之后，减仓中材国际、中国玻纤、华北制药等偏价值获利股，理由是未来价值成长的明确性不高,要寻找估值偏低、成长确凿的品种进行更换。因此用不断切换出来的现金几乎在当年前十个月内重仓追加了贵州茅台和张裕,使得当年业绩有所好转。

复盘后发现,如果年前不是杂七杂八地捡到价值就买入的话,严格选股、严格买入估值最低的最优秀企业,甚至会取得更优秀的业绩。投资不仅仅是为了一年的优秀业绩,而是一场马拉松长跑,要考虑得更长远一些。

所以,后来提出"不买之买,不卖之卖"的理论,前文有所叙述,简单地说就是精益求精地坚持保守投资三要素:严选(严格筛选优质股)、控制(组合精简控制,适度分散布局)、等待(耐心等待惊人"错杀"的深度价值出现)。

长期价值投资理念是各项投资工作的基础,除了组合建立初始力求精准布局外,再精明的投资者也不可能透彻知晓未来企业在市场发展中的各种情况。在布局过程中,随着对企业发展和估值情况的了解更加深入,动态管理和调整也是必不可少的工作。还有一点,组合中的个股价格走势很难做到齐涨齐跌,由于外部因素或者内部刺激因素,有些股票已经失去了深度价值基础,但另一些股票却还在不断下跌,呈现更具价值深度的买入价格。因此,在对估值和成长的确定性进行多方面综合分析对比后,我们完全可以进行精简的动态调整,但必须"动"在画龙点睛之处:基于估值与成长确定性的综合衡量对标的进行优胜劣汰。

动态调整和长期持有的理念不矛盾,长期持有的理念并不是一味地长期持股。"动"的依据就是你所关注企业价值性价比的优劣程度,这是价值投资之本。所以也可以说,从本质上看,深度价值投资者会长期持有价值最大化的动态组合,此"动态"之"动"是以维护组合估值的深度和健康为基本出发点的,也是为未来潜在利润空间的最大化而做出的最优选择。

其实,真正能长期在组合中占据一席之地的其实是极少数,例如高端白酒和品牌医药,长期投资的理念是建立在价值基础之上的,因为对企业长期价值非常看好,才会长期持有,因此持有的决定和持有时间的长短都是价值投资的结果而不是理由。

有人喜欢同行业换仓,由高估换低估,但我认为我们应该只持有同行业中最优秀的企业,如果最优秀的一线企业未被低估,就只能等待,而不是去买其他二线或三线品种。

"动"在画龙点睛之处是一种追求,这表明:最好不要频繁乱动,动是有价值基础的,必须有足够的投资经验才行。保持客观、简洁、有逻辑性才能成就画龙点睛之笔,但也不可追求过度细致精巧,价值投资除了科学性,其艺术的成分也比较明显。原则必须坚持,这需要将它看成一种信仰。

最后总结一句:价值为本,深度为上,保守潜行!

第十六章 深度价值投资的实战运用

一、筛选好的股票

面对市场上 3000 多家上市公司,如何开始投资呢?下面我就用一章的篇幅简单讲述一下我操作过的一个布局案例,具体时间大致是 2012 年中到 2013 年中,布局对象是我的"老朋友",也是本书多次提及的伟星股份。因为伟星是不起眼的小市值隐形冠军,所以更具典型性。下面我用简单通俗的记录,争取让读者能快速掌握从根据理念挑选个股入池,到继续跟踪分析,再到量化买入、卖出的一系列深度价值投资的具体操作方法。

简单来说,布局先要有整体思路,我在选股之初的想法是:

(1) 选好股。

(2) 等好价。

(3) 组合布局,5~20 只左右。

首先我们需要解决"好股"的基本标准问题,我将我所需的"好股"分成两类。

(1) **高息稳定大蓝筹,行业第一。**主要是银行、保险、建筑、地产、能源、有色金属、水泥、钢铁、机场等行业中市值最大,营收最突出,股息分红最具持续性的龙头股。

(2) **皇冠明珠,高息消费龙头或细分隐形冠军。**主要是食品、饮料、轻工、医药、商业、电器、纺织服饰、珠宝、包装、汽配、文化传播等生活必需消费品。

好股的"好"主要是指：必须是行业或细分行业第一名（有的可以是前两名，即共同形式双寡头垄断格局）；另一重要标准是企业具有常年持续派发股息的特性，且股息处于行业最高水平。

满足以上两个条件的标的从股票软件F10中个股资料里就可以方便找到，所以这是最适合普通投资者寻找到好企业的简单有效的手段。但人们总觉得以上标准对企业的定性把握太简单，总想把企业分析引向复杂化，所以大多数人们总是犹豫不决，一而再再而三地错过显而易见的好企业，而买入那些看似价格很低，企业却问题缠身的所谓"廉价股"。

2004年伟星股份一上市我就关注到了，查看个股资料可知：它是世界上最大的纽扣生产企业，IPO募资准备利用纽扣的渠道不断发展服装辅料，通过纽扣的业务渠道介入中高端拉链产业。我认为这个发展逻辑非常清晰可行，实现难度并不是很大。当时主营业务在拉链和纽扣类服装辅料的上市公司只此一家，发展具有得天独厚的优势。而且适逢证券市场比较低迷，上市后虽高管都不断减持，我却逆势在2005年开始不断布局，在2007年逐渐减持后取得了几年企业发展价值回升戴维斯双击的数倍收益。到2012年年中左右开始再次布局前，它已在我的股票池中待了6年，所以非常熟悉。

如果让刚开始学习价值投资的投资者做自己的股票池，仅用一个条件定性挑选好企业的话，我建议看看行情软件F10里的

"分红融资"一栏,查看一下近5年甚至近10年的分红,然后在行业板块里对比分析一下,就可以大致给出"好企业"的定性结论了(见表16-1)。

表16-1 2008—2012五年内股息分配情况表

报告期	股息分派(含税)
2008年年报	10派10元
2009年年报	10派2元
2010年年报	10派3元
2011年年报	10派7元
2012年年报	10派5元
5年平均	每股派息0.54元

二、 行业地位分析

想要知道企业是不是大概率会有好未来,需要从以下两点去分析:

(1)**地位分析**:就是研究用以维护企业行业地位的竞争优势、企业护城河、成本优势、公司治理等。

(2)**空间分析**:就是捋顺其未来成长逻辑,理解其与社会不断发展相适应的成长空间大小和基本成长要素。

在我们将伟星股份确定为服装辅料行业龙头之后,通过对其长年股息分红的了解,确定它就是我们要找的投资标的之一。放入股票池后,接下来的工作就是一边等待"好股票"进入深度价值的"好价格",一边跟踪研究确定伟星股份能够持续坚持较高分红背后的"源动力",即进行企业行业地位分析。

企业在细分行业中的地位,显示了企业出类拔萃的一些经营管理特质,比如,竞争优势以及企业拥有的护城河、成本优势、管理优势等,所以我们尽可能地选择行业排名第一的企业,了解其行业地位的形成,以及维护过程和手段。

观察伟星股份,重要的是对于服装辅料的研究,包括两部分:纽扣和拉链。在纽扣端,伟星股份早已和对手拉开了差距,2012年伟星股份产能达到100亿粒,而对手普遍在10亿粒水平及以下。在拉链端,伟星股份已经追赶上国内龙头浔兴股份,虽然高端市场被YKK(吉田)拉链绝对把控,但国内的情形是中端市场特别庞大,消费集中度开始增强,国内过去超大的低端市场消费人群也开始向中端市场迈进。伟星拉链已经稳居国内中端市场的前两位,借助纽扣等辅料和"一站式"服务优势,已得到业界越来越广泛的认可。对比拉链龙头浔兴股份2012年半年报披露销售毛利率为27.02%,伟星股份同期销售毛利率为35.22%,可见伟星股份的起点比较高,竞争优势比较明显。

当时我们看到,纽扣行业竞争格局中高端市场向龙头集中,随着服装风格替换节奏的加快和消费升级,规模大的企业和后来者越来越难驾驭当前辅料市场的快节奏变化。而对拉链的中高档市场而言,设计与销售网络是核心所在,伟星股份可以利用纽扣的渠道优势，统一设计、生产、配套的一站式辅料服务，继续坐稳国内服装辅料企业的第一把交椅。

服装辅料行业是需要有一定耐心的特殊行业，是大资本看不上而小资本又很难做起来的一个行业。而且面对下游各种服装品牌的起起伏伏，做好辅料可以起到分散布局、分散风险的作用。这个行业的宣传主要靠口碑，生意需要一单一单地完成，同时由于产品是消费大众的间接消费品，所以也不会产生太多的广告宣传费用，确定性高，回款力度强，因此优质企业现金流非常充足。

股息分红的强劲，更能体现管理层治理的能力和效果。伟星股份自2004年上市以来持续分红，重视股东利益；截至2012年企业已实施一次股权激励计划，授予高管和核心技术人员608万份股票期权。

所以，如果用一个指标覆盖企业的以上地位特征，那么长年持续的高股息分配是最值得关注的指标。"行业地位"上的优势都是为企业现金流服务的，经营绩效以及企业管理水平和治理效果都体现在源源不断产生的现金流上。作为普通的投资者，掌握股息分配这一现金流获得方式，就等于快速了解了我们所需要的至少80%的重要经营信息。

通过对伟星股份的细分行业地位分析，我越来越强烈地感到这是一家价值线非常清晰，非常值得"持股守息、等待过激"的稳健经营的好企业。

三、企业成长性分析

具有成长性的企业必须具备以下条件：

(1) 纵向看具有长存性：长期看所在行业难以在短期内消亡，其产品是必需品，有较大长期存在的概率。

(2) 横向看具有行业优势：企业有长期拓展优势，对长期财务指标跟踪观察，显示企业在行业中优势明显。

从行业角度看，服装辅料行业具有长期不会消亡的基本特征。财务上我们重点关注具有长年稳定毛利率和现金流储备的企业。也就是说在一个基本上长期不会消亡的行业里寻找冠军企业。这样的企业未来总会有不错的成长空间，不管是内生性增长，还是外延式增长，它们总是行业机遇的最早发现者。

分析企业成长性的主要方法是阅读 F10 中公司资料、年报和一些研报，利用一些常识来理解公司经营和行业趋势。企业成长研究注重行业未来的大趋势的确定，而不应该去计算每年的具体增长率，公开信息是我们理解企业的最好信息来源。

看一组伟星股份年报中的公司自述：

根据中国服装协会提供的数据，2000 年全国服装产量达 116 亿件，纽扣的需求量估计为 278.4 亿粒，折合约 2.4 粒/件。而 2009 年每件服装对纽扣的需求量提高至 4 粒/件。2000 年到 2009 年纽扣总需求量的年复合增长率为 14.6%，高于服装需求量的增长。

伟星股份的销售网络也是国内最为完整齐全的，公司营销主要采取直销与经销相结合的模式。公司以服饰集散地的重点省市为中心，建立了覆盖全国的国内同行中规模最大的营销网络和具有公司特色的营销策略。

另外，服装辅料的共同特点就是单位价值低、占下游成本比例较低、单位毛利率较高等。虽然短期看受材料成本价格影响大，但长期看辅料的提价不太容易引起消费者或采购商的过度反感，而且随着设计、工艺技术和生产组织的灵活性的加强，并且考虑到成本的节约和合作黏性的增加，辅料经营业务会越来越呈现向少数优质规模企业集中的趋势。

以下为伟星股份2012年年报所述公司优势。

一是营销与网络优势。以服饰集散地的重点省市为中心，公司建立了覆盖全国、在国内同行中规模最大的营销网络和具有公司特色的营销策略，在国内各大中城市设立了50多家销售分公司和营销网点，同时公司建立了辐射欧、美、亚、非及大洋洲等地五十多个国家和地区的营销网络；庞大的营销网络传递着各地的市场信息，推动公司营销战略和战术的不断改进，从而形成市场与生产的良性互动。

二是研发与技术优势。公司拥有20多年专注于服装辅料生产的历史，在生产与研发方面积累了丰富的经验。建有国内唯一的国家级拉链、纽扣技术研究中心、国家级实验室，成立博士后工作站，主编、参编多项国家标准和行业标准，研发技术人员800多名，年开发新产品7000余款，拥有专利115项。专业化、多样化的研发模式能够满足不同客户的个性化需求。

三是规模与品牌优势。公司是世界上最大的纽扣生产企业之一，也是国内服饰辅料行业的龙头企业，在国内建立了五大生产基地，形成年产纽扣 100 亿粒、拉链 4 亿米的生产能力，成为国内规模最大、品种最齐全的服装辅料企业；"SAB"品牌在业内享有盛誉，成为中国服装辅料的领军品牌。公司以"传承服饰文化，提升时尚品位"为使命，以成为国际服饰辅料行业领导品牌为愿景，致力于为客户提供快捷、贴心的"一站式"（全程）服务，为客户量身定制"一体化"辅料解决方案，成为全球众多知名服装品牌的战略合作伙伴。

四是管理团队优势。公司拥有一支优秀的管理团队，多数成员具有 20 多年的服饰辅料行业经营管理经验，对行业发展趋势的研判与把握较为准确，对"稳健"与"创新"的企业经营理念贯彻执行到位。勤勉务实的工作作风以及"归属、和谐"的团队氛围使公司管理团队保持了长期的稳定和有效的协作。

我们通过对以上公司年报内容的仔细阅读，大致了解了企业的优势，在一个大概率可以延续数百年甚至更长时间的细分行业里，一家极具优势的企业必须具备未来成长趋势形成的必然条件。在营销网络、研发技术、品牌规模、管理团队等几项优势的共同作用下，企业获得了稳定充沛的现金流增长，虽然经过数年大比例现金分红，企业每股未分配利润和净现金流仍然长期保持 1 元之上，通过阅读财报，将企业自述、经营信息与财报财务数据事实联系起来分析，进一步明确了企业所具备的优势，将其确认为行业佼佼者（见表16-2）。长线投资者正需要这种具有持久力的、不断以适当速度慢慢成长、不断高分红的"马拉松型"的耐力企业。

表16-2　伟星股份2008—2012年的重点财务数据

	销售毛利率	营业收入（亿元）	每股经营现金流（元）	每股未分配利润（元）
2008年	33.61%	14.78	1.15	1.43
2009年	36.45%	13.95	1.58	1.18
2010年	37.01%	18.29	1.35	2.08
2011年	34.35%	19.34	0.87	2.05
2012年	35.88%	18.56	1.56	1.94

四、跟踪好价格

经过长期不断的跟踪研究，我们增强了对企业地位以及未来发展空间的认识，接下来的任务就是耐心等待好价格的出现。

2012年之前布局伟星股份的时候，上证A股指数从2009年反弹高点3478点，经过近两年起伏，无力创新高，于2011年4月开始，更是慢慢阴跌了一年半有余。这给我们慢慢捡拾股票池里的深度价值股票提供了大好时机。一般情况下，总体组合的仓位安排是这样的：

（1）20%底仓，即一般情况下不动，市场极度兴奋后的经过牛市"向上过激"后留下的底仓；

(2) 50%常态仓位,即基本上在牛熊过激区域间运行时保留的仓位;

(3) 80%以上仓位,一种情况是大盘指数(上证A股)在翻了几倍的大牛市后,下跌幅度达到50%至60%左右;另一种情况是在牛熊之间的常态,又经过20%至30%下跌后,出现普遍深度价值,只有在这两种情况下,可以达到80%以上的进攻性股票重仓位。

2012年中期出现了上述第三种情况,指数由2009年高点下跌30%以上,这便是可以加大组合仓位到80%以上的信号。一般来说,大跌之后的加仓有四个优先关注要求:

(1) 优先关注股票池里下跌超过50%的企业。

(2) 优先关注与历史熊市低谷区域估值水平差不多的企业。

(3) 优先关注绝对价格与历史熊市价格水平相近的企业.

(4) 优先关注长期跟踪的最熟悉的企业。

特定标的对以上四个优先关注要求的满足越多,越应优先考虑建仓。伟星股份显然达到了这个要求。接下来我们确定买入的价格高限,按照对于小市值隐形冠军的基本估值,结合伟星股份上个熊市低点时的估值情况,再结合格雷厄姆在《聪明的投资者》一书中提出的市盈率乘以市净率等于22.5的原则,重点要求是市盈率应该在15倍以下,市净率为1.5倍之下,股息率应该在5%以上。回顾本书之前关于估值指标的要求,对于ROE大于20%的一些轻资产的白马消费股,可以不去理会市净率,股息率放松到3%以上即可,但市盈率高限为15倍不能放松。

伟星股份近几年平均 ROE 没大于 20%，所以要严格要求（见表 16-3）。

表 16-3　2012 年伟星股份买入前估值要素表

	市盈率（PE）	市净率（PB）	股息率
估值合理标准值	15	1.5	5%
2012 年年报相关数据	每股收益： 0.65 元	每股净资产： 6.37 元	5 年平均股息： 0.54 元
合理估值价格高限	9.75 元	9.56 元	10.8 元

根据上表得出的合理估值价格综合一下，伟星股份的合理估值大致在 10 元左右，综合之前熊市历史低点绝对价格在 6~7 元水平，制订布局伟星股份的简单计划：

计划一：布局价位。10 元以下开始布局。

计划二：布局方式。采用两种方法结合的手段，第一种方法是不断买跌法，每下降 5%，买一份；第二种方法是每周定投，在跌破合理估值线 10 元的条件下，每周周一收盘前买一份，股价涨到 10 元以上则停止。

计划三：布局总量。最大布局量不超过总资产市值的 20%，一般情况布局到 10% 就停止每周定投布局，只接受每下跌 5% 创新低后持续加仓的布局手法，可以视情况加量布局，但总市值不能超总资产的 20%。

备注：以上每一份的具体量根据账户中存量资金情况合理确定。

于是，我从 2012 年 6 月 29 日，伟星股份股价跌破 10 元起开始布局，虽然其股价在 10 元之下起伏纠缠了近一年半的时间，我的布局在半年时间内就基本完成，大致占组合总市值的 12% 左右，平均成本在 9 元上下。

　　之后的卖出工作就相对简单多了，大致就是本书讲到的"三步取利"。由于股价上升，股息率缩小到 2% 左右时开始第一步足利减仓。于是在 2015 年股价升至 16 元以上时进行了两步分批减仓，减仓的最高卖出价格是 20 元左右。这时候经过 2014 年 10 转 3 和 2015 年 10 转 2 的转送之后，16 元相当于买入时前复权的 25 元左右，还不包括期间的现金分红，收益还不错。最后仅留了不到买入时一成的底仓长持，等待今后价值回归再行布局。

　　我们在进行个股操作的同时，也要注意整体组合的股票仓位比例，以及某些相同行业企业在组合中的占比情况，适时注意组合各种动态信息，保证自己的组合在基本面优异、价值突出、健康可控的条件下运行。

第三篇

境·磨炼静水流深的心境

第十七章　做强大的自己

一、波动是把双刃剑，如何面对大起大落？

市场上有个误区，即当我们关注自己并未持有的股票时，观察其涨幅容易选择从短周期最低点向上看到最高点，如果遇到短期涨幅巨大的，对比自己手里的股票，就会自愧不如。这种攀比会误导我们，让我们认为有些波动大的、紧跟当下热点的、具有概念色彩的小盘股股票更容易赚钱。其实真正能享受到这些标的短期最低点和最高点间全部差价的投资者寥寥无几，实战和你所想的相去甚远。比如当初小市值概念股盛行的时候，很多人认为中小板和创业板更容易出牛股、好赚钱。但是有这种错觉的人忘了，你看的是过去从最低点到最高点的路径，其实这是已经走过的路，如果让你站在当下判断未来情况就相当困难了。眼见波动巨大的股票，并不代表实际买入后也会有巨大的收益！

很多投资者认为应该激进地选择波动比较大的股票，才可能获得较高收益，但他们大多数都是眼睛朝上看的人，假设你能在一段上涨趋势开始时买入波动较大的热门小盘股，并能准确地在大的下降趋势一开始之前就将其全部抛出，你肯定会是某一段时间内的投资大赢家。但实际情况并非如此，你往往不是在买入之后上涨未完成就轻率卖出，就是在享受了上涨后随着一段大跌而损失惨重。

因此，拿到大波动热门股的前提是你必须知道"上车"和"下车"的时间，这显然是自己给自己出难题，实际上，别说个股趋势难以把握，就算是大盘的明显趋势也是大部分人所难以掌握的。不然股市也就不会是仅有极少数人能赚钱的地方了，这说明，很多人所展现的聪明，只是自作聪明而已。

　　所以波动是把双刃剑，你可以利用它获利，它也可以让你体无完肤。除非你明确知道大致波动范围、波动趋势。就好比当年指数从998点升到6124点稍后又回落到1664点，这一巨大波动周期看似好赚钱，但有多少人赚得盆满钵满呢？为什么这么不易呢？答案是：没做价值衡量，只关心波动！

　　我自做投资伊始，也是经过不断实践检验、不断感悟领会才知道：按照价值规律做长线的价值衡量，才可能与长线价格的高低波动相呼应，截取一大段估值回升的获利才最有确定性。也就是说，不管市场怎样波动，任它大起大落，我们需要掌握一把交易的尺子，依靠它丈量我们交易的大概率盈亏，而且我们最好能不仅仅依赖交易差价来赚钱，还能利用企业较高的持续分红派息来完成部分套现，这样我们在等待市场价位高低转换的时候，就不会寂寞，忍受煎熬的毅力就会更加强大。

　　"大起大落"的市场反而是我们深度价值投资者的朋友，因为它有可能加快大价值周期的循环，让向下过激或向上过激提前到来，也加快了我们交易的频率。比如大盘从2007年的6000点以上到2008年的2000点以下，根据估值状况我们肯定会在高峰时逐步减持被高估的大部分股票，而在透彻的大跌之后逐步捡回具有深度价值的标的，紧接着 2009 年又一波反弹，让很多价值股有了 1~2 倍的涨幅，这种频率增加了我们"价值收割机"收获的次数，何乐而不为呢？

二、 情绪管理对投资很重要

伟大的科学家牛顿曾说过，他可以计算出天体的运动，却无法揣摩人类的疯狂。因为他曾因买股票受情绪影响赔了很多钱。这说明，如果你未能在投资领域取得成功，并不是因为你愚笨，而是因为你可能没有建立投资成功所需的心理约束机制，也就是对自己的情绪管理还很欠缺。

不管一个人在其他领域做得多么辉煌，即便是某些领域的精英，如果对投资理解不深刻，贸然进入投资领域也有可能"泯然众人"。市场是无情的，不按照价值规律行事，利润不会随意钻进任何人的口袋！

投资获得大概率成功的秘诀绝对不是拼胆量。市场每一次上演惊心动魄的故事，都是我们最好的风险课。投资需要理念正确、原则严格和策略清晰。至于什么敢死队、神预测，没有保守理性的价值尺度，都与赌博无异。大家通常所想的问题有：敢买？敢卖？敢死？敢活？能涨？能跌？其实，投资从来无关于敢与不敢、能与不能的问题，投资应该总是在严格的价值评估下进行的大概率游戏。因为风险不能拿来开玩笑。

投资复利累积不易，外界的干扰、内心意志的薄弱都可能将其毁于一旦。但最终的绊脚石还是你自己，出发的时候好好思索未来可能的结局，尤其是最差的可能性是什么，即便对小概率事件也要做好应急准备和处理预案。

深度价值投资的重要环节就是研究如何约束投资者自己的行为，严格压制人性的弱点，禁止策略制定者放纵情绪参与激情游戏，做出违背原则和计划的、临场发挥的、条件反射的事情。深度价值投资也不是研究如何赚"快钱"的，它研究的是如何长期坚持累积财富，它注重的是持续满意的复利。

要累积复利，就要保证平和稳定的情绪，不断地重复一套简单的投资原则，在长期不偏差、可持续的轨道上，完成枯燥的估值判断和交易过程。最好的交易机会往往在市场过激阶段出现，而此时人们的情绪最容易大起大落，对投资产生不良影响。

三、 培养赢家心态

人类社会发展几千年来，全部的生产经验和技能都是由一代一代人不断传承下来的，然后再经过后人不断发展创新而得到发扬光大。投资也如此，想要提升水平，走投资正道，就要多学习大赢家的投资思路，不断累积实践经验，建构比较完善有效的投资系统。

没有较长投资历史的投资者，有再好的理论也难以让人信服。在投资行业中待个五年八年都不算长，很有可能还在一个未完成的价值周期里转悠。因此，我学习的基本上是国外一些具有几十年投资经历的大师们的投资经验，他们的投资历史足够长，在自己跌宕起伏的投资生涯里总结出了足够多的"赢家"思想。经验的累积不见得必须是你的亲身经历，只要具备赢家的心态，也许就可以得到自己一生都难以获取的宝贵经验，正视投资路上的艰难困苦，找到通往投资胜利的光明正道。

融汇各家之长是一件比较难的事情，培养赢家心态就更不易。首先你必须找到大师们的相同点，即大家都作为投资根本的思想基石；然后再研究大师们的差异化产生的背景，如环境背景和性格背景等；最后比照自身的条件，找到最适合自己的方案。有可能你与他们的方案都不相同，但不能丢的是那些印刻在投资历史上的，被证明行之有效的基石性质的理论。有了自己的方案就可以由繁到简地寻找大概率获胜的最佳策略，不断实践，不断完善和简化。

在投资理念的选择中务必坚守真实可信的原则，有很多投资者的失败源于以下几个方面：

（1）假定预期太绝对。

（2）利用短期波动进行短期预测。

（3）情绪化的条件反射。

（4）羊群效应，人云亦云。

（5）短期价格波动的影响。

要踏实地寻求真实可信的投资理念，比如要以研究企业的资产质量和成长维护为基础，选择成功概率较高者，并以真实可信的事实性分析为基本依据。这才是走向赢家之道的基础。

依赖对未来的盲目预测，不如学会判断过往和现在，以此来获得确定性的未来。受外界的信息干扰，人们会自然而然地对事物发展产生某种"预期"，越是"聪明人""有学识的人""敏感性格的人""易情绪化的人"预期对行为的影响力越强。格雷厄姆所指"净营运资产"的衡量就是在努力降低先入为主的预期，尽量以客观静态资产质量来评估企业，即关注"现在"。即使是关于成长的预期，我们也不能给出很具体的未来成长率的数字，而是静态地找到企业成长的坚实基石和运行轨道，以及守护未来持续成长的护城河。

培养赢家心态的终极目标是培养投资者成熟的投资性格，这是最难的事情。性格因素中有一半天生注定，受未来环境影响而改变的可能比较小，既然走到投资路上来，就必须有努力变革的心。只有那些有恒心、有毅力的投资者，才可能在日久天长的历炼中不断查漏补缺，完善自己的性格，培养出一种严谨的、保守的、持续稳定的有利于投资的性格。

市场的巨大恐慌和浮亏很容易挤垮一个"聪明"的投资者，因此树立信心很重要，它来自：

（1）学习大师最为可靠的长期投资经验。

（2）简洁有效的大规律。

（3）以企业为出发点的价值研究判断。

（4）培养坚毅和偏执的性格。

（5）保持一颗强大的心脏。

（6）要明白：每一次胜利都是熬出来的。

投资成功离不开培养赢家心态，只有身心舒畅，才有可能迎接未来的投资挑战。

四、警惕从众思想，学会接受不情愿

在市场中有很多"别以为"：别以为大家都在做的事情就是安全的；别以为有些人火中取栗不受伤，所以你也可以做到；别以为你是最聪明的，你明白的道理，别人都不懂；别以为你能分得清牛熊；别以为你认为的小概率事件不会发生！

那我们该怎样？价值投资者有最简洁的方法："价值为本，保守为魂"。因为市场上的普通大众是难以有长期持续的复利收益的，所以做"从众"的投资是极其危险的。大众并不理性，也不会进行以价值为导向的交易。反向思考一下，如果大众是理性的，市场价格应该长期贴近企业价值线，但企业又是发展的，人们总想提前预知企业未来，并得以抢先一步买进未来回看显得便宜的或抛出未来回看显得昂贵的股票。因此，理性的大众若能比较准确地判断出企业未来的发展状况，会使得标的市场价格贴近企业当前叠加未来发展的价值线，这就与大众投资赚取差价的初衷构成了根本矛盾，因此是绝无可能的。

人们的判断力、学识、投资经验各有不同，导致绝大多数人会参考身边看似比自己有能力的人的看法或建议。而更多人干脆就跟着大多数人走，这样就造成在某一阶段人们一哄而上疯抢筹码,又在某一阶段四散逃窜疯狂抛出筹码的现象。受情绪支配的市场会表现出许多匪夷所思的非理性行为,这些行为或"闹剧"一定会年复一年、日复一日、不厌其烦地反复上演。

价值投资者大部分时间作为市场的旁观者,会观察衡量市场闹剧背后的企业价值和价格的性价比:在多数人抛售打压使股价岌岌可危、性价比很高的时候大发"慈悲",出场分批接纳;在多数人一哄而上不断抬高股价,使其性价比很低的时候出场分批抛售。

这种逆向操作看似很是简单,但关于估值、操作、控制、抗干扰等许多细节问题,还得踏踏实实坐下来研究落实,最好能形成属于自己的独特可行的操作系统,然后制订操作计划,坚持知行合一地严格落实到位。

市场就是这么个规律,一般情况下你期待的低廉价格出现时,一定会伴随你不情愿的顾虑!你希望看见股价低廉,具有很好的投资价值,同时经济环境高速增长,市场处于底部,但这可能实现吗?合理的情况是:经济有危机、发展有顾虑,同时股价很低廉,大众恐慌不安,市场形成底部,上市企业很有投资价值。

一般情况下,市场投资者的一致性会造成价值交易的机会。因此众所周知的好企业的好价格肯定不会在"风平浪静"的时候出现。它们出现的时候往往带着很多危机、困扰和让人不情愿接受的现象。在就连顶级聪明的投资者也对既廉价又优秀的好企业产生怀疑之时,才是深度价值投资者勇敢重仓的好时机。一旦大家的担忧和顾虑被解除，股价早已飞奔向上。当好消息满天飞，市场大众都踊跃追买，股市上到处都是会赚大钱的"聪明人"的时候，我们反而要静下心来接受很多"不情愿"的逆向思维，做出明智的离场决定。

市场上常见的"不情愿"有如：全仓买卖的人不情愿分批买卖保留现金；追逐概念的人不情愿买冷门价值股；持有被低估的股票饱受煎熬的人不情愿再耐心等待；喜爱频繁操作的人不情愿抱着一只优质股票安稳入睡；时时赚钱长年满仓的人不情愿一刻的休息，等等。诸些"不情愿"在股市里年复一年重复上演，想要将投资做到出类拔萃，我们一定要学会接受"不情愿"，因为那些你情我愿的事情与大众的反应别无二致，只有将大众的"不情愿"变成自己的投资习惯，才可能取得与众不同的投资效果。

接受自己的"不情愿"，在我们多年的投资实践中已经形成了一种可贯彻、可操作的标准。因此，想要投资获得成功，要战胜的并不是市场，而是自己！

五、做自己的心理按摩师

市场大众的不理智是很常见的，他们的悲观和乐观情绪总是随着市场波动和消息面的变化而来，其实很多企业兢兢业业地经营数十年，经营者根本没有像大多市场人士那样，股价跌了马上就觉得如临深渊，涨了又觉得会立即平步青云。世间事无非就这三类：第一类是你几乎改变不了的事情；第二类是你努力坚持下去一定会有较大概率改变的事情；第三类是你仅有一半或一半以下的可能性能够改变完善的事情。

如果投资者能明白、分清投资中的这三类事情，该接受的接受，该努力的努力，在投资中便没有什么真正值得操心恐慌的事情了。我身边的投资者朋友比较多，每当市场状况不好的时候，我就充当周围投资者的心理按摩师，这其中有家人、亲戚、朋友、网友等，按摩他人心理的同时其实也在梳理自己的身心。

我心理按摩的三个出发点如下：

（1）买者自负，千万不能有任何抱怨旁人或市场的想法，多自检。

（2）帮他们逐步理解、寻找涨跌背后的事实真相。最简单的就是：**涨跌同源，互为理由**。

从指数上看，涨多了就会跌，跌多了就会涨。背后又是什么原因促使的呢？核心是企业的估值变化，价格在围绕价值做规律性变化！不管你看到的使股价变化的直接因素是什么，价值规律其实都是背后无形推动的大手。投资失败并不是因为你的预测失败，而是因为你没有遵循价值规律行事。

（3）**帮其寻找最有效的策略和理念**。拿着价值尺，找到最简洁的投资手段，将保守的深度价值理念贯彻始终。

心理按摩的途径主要也有三个：读、思和念。即多读大师的书，自己多思索、多念经。没有人能强大得异于常人，一些人看似欢乐地度过沟沟坎坎,那是因为他们把逆境当作学习的最佳机会。如果将"价值为本、保守行事"的原则贯彻始终,投资者的心态就会在任何颠簸起伏中保持平和,这也是能做出理性决策的基础。

真正优秀的投资者,都会做自己最好的心理按摩师。价值投资者将买股票当作买企业。我们需要抓住具备深度价值的筹码,紧紧握住最优质企业,与其为伴,长线持股等待价值与成长的双重褒奖才是最好的选择。

每每经济和市场低落时候,就有很多朋友习惯性地对我说:"去多看看做实业的吧,多了解你周围的中小企业,有多少难以为继。"话语中满是负面情绪。其实,我们能选择的上市公司有这么多,但经过我们的再三筛选,仅会保留少数皇冠上的明珠。我们不买整个实体经济,只看最优秀的企业,只关心少数行业翘楚就足够了。

我们来看大众在市场持续恐慌性大跌前后自相矛盾的反应:

(1)事前:你说等什么深度价值,大盘这趋势离恐慌还早着呢!

(2)事中:啊,一个接一个的恐慌,又没抄到底,不买了,向下无底深渊啊。

(3)事后:唉,即便是抄不到底,要是在恐慌区域中能买入一点该有多好。

经历丰富之后,你会发现市场出现持续性的恐慌时是不断布局筹码的最佳时机。作为深度价值投资者,我们千万不要辜负每一个短暂的危机,它们是赐予我们丰厚利润的大好机遇。

在这些时候你一定要精选优质股,忽略其他繁杂无用的招式,只要好股、好价,那就从市场估值的下过激区域一直坚定持有到上过激区域。不要盲目乱动,也不要被短期波动吓坏,社会和经济不断发展向前,好企业会大踏步向前走,你的优质股组合也会不断帮你累积财富。

投资者的主要目的是发掘价值和超额利润,用跟踪并配置社会最优资源和最优团队的方式进行财富再分配。因此,我们该把精力专心用在一处。我买的不是整个经济环境,不是整个大盘指数,也不是大部分落后的企业,我们只关心对社会发展举足轻重的企业,即"皇冠上的明珠"。

六、做一个心无旁骛的"老工匠"

多数机构投资者或散户爱揣测别人的想法,猜想别人下一步的动态,或总想努力猜透行情下一步走势。这与技术投资者分析资金量、分析对手盘、分析市场心态的习惯有关,或者干脆就与人们天生喜欢追求刺激的赌博心态有关。但对价值投资者来说这不是好习惯,其实在投资中多评判和检查自己,较之评价猜测别人、预测行情而言,是更简洁有效提升个人收益的手段。

大多数情况下,我们只对企业的深度价值估值,根本不用去管谁在买卖交易这家企业,也不用管明天的行情将如何发展。因为太关注别人买什么、用什么投资方式,太想知道明天的走势,多少说明了你对自己的投资方式缺乏信心。"心无旁骛",这是深度价值投资者必须具备的一种行事态度。

另外,不同投资风格之间相互评价也是不自信的表现,我总是这样告诫自己:"我不做技术投资,就不去评价技术投资的优劣;我不做趋势投资,也不应该去随便评价趋势投资的利弊。如果总喜欢厚此薄彼,反而显示我对正在做的事情缺乏足够的信心。"

投资上"宽以律己,严以待人",不想自检也是人的一种固有心态的表现,这种固有心态对投资进阶相当不利。我们应该将自己作为投资的核心,不管是利润的制造者还是麻烦的制造者,有因才有果,盈亏同源,买者自负。还是那句话经典:"投资有风险,入市需谨慎。"只要是你的投资,你便是投资因果的唯一制造者和承担者。为此,我们想做好一生的投资,最好能做一个心无旁骛的"老工匠"。

我们投资最优秀的企业,它们的成功无非是将这一条做到了极致:把最好的产品或服务送到用户手里,让得到产品或服务的用户感觉非常舒服满意,甚至为此自豪。

做投资也一样,只要明确了价值规律的大方向,自己的资金量再小也不怕,朝这方向努力:能进一寸进一寸,能进一尺进一尺。努力把规律性的东西,把自己的资产做扎实,耐心地日积月累,逐级而上。

投资者需具备"工匠精神",是一种深入骨髓的气质,甘于寂寞，忍常人所不能忍，全力以赴专注打造精品。买股票就是买企业，因此"工匠精神"是最贴近实业的企业家精神。不管对投资者还是对上市公司来说，要达成交易所需的认同和默契不容易，做实业的优秀企业在不断努力，我们做投资也要不断学习、提升认识、努力跟上。投资的优势就是可以舍弃大多数，只选最好的标的做成组合。不要去在乎宏观经济专家或学者怎么评价经济，也不要太关注身边大多数平庸企业的信息。

总结起来就是："想要天长地久，就要学会细水长流；想要累积复利，就要努力笃定深度保守！"

七、 投资之心如大海

市场资金如流水，总在向最能获利的地方流动。下雨时，我会琢磨，假设这雨水就是资金财富，我如何将它收纳进来呢？其实很简单，举目一望，洼地积水最多。投资不也是如此吗？你待在一处价值洼地，在那里静静等候雨季的到来，雨水汇成涓涓细流不断注入你所在的这处洼地里，填充了整个区域，就自然而然地完成了这一波财富积累。

这个想法很好，但有个问题：雨季何时到来？我发现的这处洼地的蓄水能力和渗透性怎样？如果是沙土地，虽能积累雨水，但渗透也很快，我岂不空欢喜一场？这样一连串的问题，就可以帮助我们顺着寻找洼地的思维来寻找最佳价值埋伏区。

投资伊始，最重要的事情是要摆正投资心态，将自己的身段放低，再放低，降低自己赚快钱的欲望，降低收益预期。投资中，越是苛刻、保守、简单一些，越是有效的投资。在不断的市场洗礼中，虚怀若谷地努力学习，绝不甘受平庸的投资，坚定自己挖掘深度价值和成长企业的理念！2018年，市场上有很多优质企业已经出现了突出的深度投资价值，一些纺织服饰企业、汽车配件企业等常年分红记录良好，即便是业绩不再增加，股息率也达到5%之上。一些有着长期一贯优良历史业绩和分红水平的企业，在经历市场的不断抛弃和打压后，出现了非常惊人的"错杀"，就像掉落在地上的金条。

为此，我们要以大的胸怀和眼光来做投资，放眼整个投资市场，寻找市场的最大"洼地"之处，严谨、苛刻、保守地要求自己，财富就会犹如涓涓细流汇入滚滚大江，然后澎湃汹涌地投进你的怀抱。就犹如"百川归海"一样，投资之心如大海，这"大海便是最大的价值洼地。"

投资之中，最大的价值洼地判断标准如下：

（1）具有长期稳定高分红的，具有一定成长性的行业龙头企业。

（2）在极度低迷的市场，由于市场的集体恐慌，而遭受市场的错误定价。

这样的大价值洼地，才是我们深度价值投资者的心之所向。在资金管理上，适中的低仓位也可能是最佳选择，因为仓位适中处处是惊喜：价格下来时可以抓住廉价机会；价格上去时又可以逐步减仓开始获利。这些"低位介入"的问题想通了,投资就会越做越顺。

八、投资是精神的庇护所

我所理解的财务自由,不是因投资者累积了多少财产就获得了自由,真正的自由来自于心灵,让投资变成投资者自己精神的庇护所,便是逐步找到了心灵自由。

我越来越清晰地感到,出色的长期投资需要真真切切的价值、实实在在的策略、老老实实的投资、步步为营的业绩、稳稳当当的幸福、甜甜蜜蜜的回忆。千万不要唐唐突突地预测、随随便便地选择、战战兢兢地持股、慌慌张张地交易。

既然不少人一生都准备做专业或业余的投资,就必须让投资成为我们精神的庇护所,令人向往、心安神宁。

所以,我们需要的投资包含以下三特点:

(1) **持续**:长期可持续性的复利投资收益。

(2) **风控**:包含几乎所有风险应对计划。

(3) **解脱**:尽可能将投资者从烦琐的投资研究和频繁的交易中解脱出来。

如果我们不断提升投资境界,会逐渐明白我们做资产管理工作的最终目的是什么。答案应该只有一个:创造并传递幸福、快乐和价值!

九、 快乐投资四要素

作家罗曼·罗兰在《托尔斯泰传》中写道:"真实的、永恒的、最高级的快乐,只能从三样东西中获得:工作、自我克制和爱。"

想来我们都是地球的过客,当我决定开始写这本书的时候,我的人生已过四十四年零八天,其中股票投资占去了将近1/2,经过年年岁岁、分分秒秒对人生与投资的感悟,得出以下快乐做人、做投资的四要素。

1. 淡欲

人赤条条来去,一生有何挂念?只盼能平安祥和一世。古来万恶皆始于贪恋欲望,唯有不贪,方能留存幸福。古语:"鳏(大鱼)虽难得,贪以死饵;士虽怀道,贪以死禄矣。"古往今来,贪食、贪色、贪权、贪财、贪名,死伤者无记其数也!

淡欲是人生正道的一个起点,对投资正道亦是如此。

2. 明志

志向明确是我们出发前的准备,朝哪个方向去必须坚定:志美行厉前途光明,行苦志坚亦可以苦为乐。比得权、得色、得财、得名更美之事,就是志得圆满,悟得人生真谛,境界的提升是透体的快乐,是大快乐!

3. 清心

人活一生是不断清扫内心的一个过程，带着一份轻松的心情上路，死生由天，我只取正道，顺其自然。人生是一个宏大的投资过程，投资也是人生重要的组成部分，人生无处不投资！烦扰迷乱身心之事时有发生，要想心平气定，必先排除杂念、量力而为。

4. 乐行

乐行，这是最高成就了：快乐地做自己想做的事情，积极主动去为自己的一生志向而奋斗。像巴菲特老先生一样踩着舞步去工作，忘记了自己年龄，还有什么比这更让人羡慕的呢？少年时读书是因为喜欢读而读，工作是因为喜欢这份工作而辛勤工作，生活只是因为热爱生活而生活，投资只是因为热爱投资而投资！这样单纯的人都是高人，他们的成功高度是不可限量的！

十、 所有的健忘者最终都会被唤醒

不管世界上哪个国家的投资历史，其实都在述说着同一个主题：由市场恐慌到市场贪婪，再由市场贪婪走向下一个市场恐慌。

投资成功最需要坚定的投资信念，这种信念一定是自始至终不会更改的投资理念的坚持。很多人投资失败的原因是总在期待或是悲戚地感叹："可是，这一次不一样啊！"这是由于多数投资者易患上"健忘症"的缘故。

先锋基金创始人杰克·伯格的伙伴欧文斯告诫投资者，正确的股票估值方法过去是怎样，现在也还是怎样，不要自欺欺人。他说："当你听到人们说'这次不一样'时，往往结局都是一样。股票的价值在20世纪80年代是怎么确定的，现在还是怎么确定的。"

失败的投资者每次发出的懊悔都一样；每次看到那些深度价值股不断恢复价值，出现巨幅上涨后发出的惊叹也都一样。但是大众每一次都做不到只在"过激"处交易，因为总有一只无形的手再将你从正确的投资路上推向偏离，那是人性的弱点和情绪的支配所致。

投资市场太需要忍耐了，但是有几个人不是冲着大赚快钱来到股票市场的？如果没有市场转暖、牛市的拉升或经济快速恢复，那些一贯默默无闻的冷门绩优股票也许会远远落后于时下的热点概念股，很多人精挑细选的深度价值股也许就会长时间蛰伏。这使许多誓言走正道、从事基本面研究的投资者感到无奈，甚至到最后灰心丧气，干脆不相信持股会有好的未来了。技术派的市场人士则更难忍受长期受冷遇的股票，赚快钱本身就是来到股市的大众的共识，煎熬之下，嘈杂声、悲观论调更是甚嚣尘上，谁还有心去孤独地忍耐？于是多数人开始患上了"健忘症"。

同样会发生的还有一种"焦虑症"，在等待优质企业的深度价值时，如果没有熊市或短暂的经济萎靡将股价拉低，一些长期等待具有深度的低价的人会感到厌烦，认为自己如果不马上实施买入，就有可能完全落后于别人了。焦虑越来越厉害时，他们就逐渐忘掉了"价值为本"的买入初衷。

在很多难以预估的"恶劣"环境下，以上两种人最终都将会逐渐放弃以前的谨慎、理性的基本面研究，对价值评判失去耐心，不知不觉地投入到真正的股市博弈中去。以上大概就是格雷厄姆的心理约束很重要的原因之一。

从1990年10月到2000年1月，道琼斯指数疯狂上涨，其下跌幅度从未超过20%，只有三次下跌可能达到或超过10%，期间不计股息总收益达到395.7%。市场几乎空前繁荣，很多科技股一飞冲天，大家都在努力寻找下一匹科技黑马，十倍、百倍股预测大行其道。

在这段时间里，别说普通投资者，就连很多机构巨鳄们也都沉浸在"猪可以飞到天上去"的健忘症式的梦幻中。然而在那以后就是最能做世纪警示的例子，科技股泡沫让多少机构惨死在"健忘症"的屠刀之下？

中国股市也有过这样的例子，2005—2007年上证A股指数涨幅超过六倍，到达前所未有的6124点，市场预测大神们竟然喊出了"8000点不是梦"，物极必反的常识当时遭遇了"健忘症患者"的鄙视。结果是市场大众周周抓黑马，天天盼涨停，很多人膨胀得无以复加。

当时我常在博客里说，要小心"牛市里的赞誉和熊市里的诋毁"。因为大多数对短期投资业绩进行评判的人都是健忘症患者，集体环境形成了一个更大的麻醉圈，使一些本该清醒的"价值投资者"也患上了健忘症。经历多个牛熊周期，你就会知道市场总是这样：牛市在你追我赶、互相吹捧中结束；熊市在你爆我杀、相互揭短诋毁中告一段落。

牛市持续的时间越长，投资者的健忘症就越严重：在持续大约两年的牛市之后，人们甚至不相信会有熊市出现。熊市也一样，经历慢慢下跌的两三年后，许多原本说好"等待牛市到来才全面撤离"的人们也会都开始撇嘴，意思说哪里还会有什么牛市啊？前路都是崎岖，心里充满忐忑。

不管牛市多么美妙，熊市多么难熬，我要说，所有这些健忘者最终都会被唤醒，而那些被唤醒的人记忆中总会充满很不愉悦的感受。要么还在回味牛市的疯狂，要么已经被熊市折腾得身心疲惫。但无论如何，失败者总是会以思维惯性来评判市场，以情绪来代替价值规律指导投资策略的制定。而胜利者总是那些有理性价值评判标准的、坚毅的、有承载力的少数人！

第十八章 自我进化的阶梯

一、必须明白选股和买入是两回事

在与股票投资者的沟通中我发现,很多人可能没有把选股入池和不断跟踪后操作买入分开,也就是对选中的企业没有观察期,只要喜欢、有钱,则选好股票就马上买入。

冲动的买入其实存在很多问题:因为自己对企业并不熟悉,往往在持股大跌后,许多投资者才开始认真审视企业,在被套后才怀疑自己持有的企业存在这样那样的问题。随着股价进一步下跌,割肉便成了唯一能获得解脱的办法。其实,大多数风险应该在买入前就考虑到,只要按照定性分析的逻辑选股并跟踪了解,耐心等待确认企业发展逻辑确如自己所期望,按照原则和计划行事,等待股价被打压到具有深度价值之后才能决定逐步买入。

因此,选股和买入是两回事,深度价值投资者分选股跟踪和实施买入两步进行,能使自己的投资更有信心,也更为精准。

选股以定性分析、判断企业经营发展为主,以企业基本面和行业地位为研究重点。而买入是对选股结果进行估值、跟踪判断后确定的操作策略。我不喜欢用软件数据量化选股,喜欢挨个翻看公司 F10,先定性分析:

(1) 企业地位如何?企业文化和成长历史是怎样的?
(2) 企业净资产收益率和毛利率是多少?
(3) 企业产品受众群体是?

（4）历年分红情况如何？分红持续性怎样？波动的原因以及趋势怎样？

（5）高比例送股后企业的分红额是否能跟上？

（6）企业的竞争对手是谁？该企业为什么优于对手？

（7）企业构筑的壁垒如何？在哪几个方面？

（8）企业受技术革新影响大吗？

（9）产品销售范围如何？消费者评价如何？

（10）在上一次经济危机或大熊市期间，企业业绩波动情况怎样？有何特点？

然后再去读读企业最近年度的季度财报，重点要看阶段性的发展总结陈述。最后，根据历史熊市最低点价格的估值情况，再来看看心仪的买价是多少，接下来就是等待，耐心等待价格出现惊人的"错杀"。我认为这才是价值投资者研究、跟踪企业的诀窍所在。深度价值投资者绝对不会在盘中一时兴起，随意选择一只不熟悉的概念股马上买入。

选股完毕，可以将备选股票放入股票池长期跟踪，也许选股入池和真正买入之间相隔数月乃至数年。实际投资操作之前，一方面按自己的研究制订投资计划，另一方面必须要确定一旦发生错误或突发意外时的应对措施。所以我们必须针对自己股票池里的股票制订买入计划，采取买入行动前还要不断对其基本面和价格进行跟踪。不能在具体操作时临时起意。

股票市场是受无数因素影响的，所以定性选股入池时只能有大概方向，先不用考虑是否能买上，需要进一步慢慢观察研究。

在具体买入操作时必须进行细致的性价比研究,制订切实可行的投资计划,并研究对可能的失误的防范措施和补救策略。在任何时候都不可以将全部力量放在一个研究对象上,要学会用适度分散的组合来降低小概率错误发生时的影响。

二、 价值投资如何对待 "有知" 和 "无知"

做投资所依据的全部理念和信息可以划分为"有知"和"无知"两个部分,"有知"部分就是我们确切知道的简单大规律、投资常识和已知公开信息,其余皆为"无知"部分。而诚实求真是价值投资的最基本品行,对市场运行任一个阶段的估值状况,我们都可以用持有股票或现金的仓位来阐述自己对于那些"无知"部分的真实理解,尽可能不带有过分夸大的情绪化思想。

对待"有知"部分要严格遵守或认真研读,而对待"无知"部分则要在严防风险之下顺其自然发展,不妄自揣测。通过这样的划分可以严肃认真地制定投资策略,树立行动指导思想,投资也就变得简单而易于掌握了。

我们必须明晰,坚持理念"干货"永远强于找到某只牛股!绝大多数人不喜欢常读、常思投资理念,而喜欢送到嘴边的具有干货性质的企业分析,其实仔细想想,即便当年巴菲特将可口可乐、宝洁、吉列、运通等股票干货一起送到你嘴边,即便当年段永平将很便宜的网易股票送到你嘴边,即便将当年A股市场30

多元的贵州茅台股票也送到你嘴边，但若没有强大的理念和投资系统，你又如何能吃得下去？即便是勉强吃了，也有可能不到中途就全盘吐出了，恐怕给你再庞大的资产升值的机会，也无福消受！为此，作为专业投资者，必须打造强大的投资思想理念，其重点就是对"有知"的严格遵守、对"无知"的小心防范。

比如，历史上持续10年以上高分红的行业龙头，将来持续高分红、坐稳龙头的概率相当大，而且其有能力抓住行业机遇稳健发展的概率也非常大，因此这样通过对于过往的"已知"做定性研究判断，你就能很快知道哪些企业是你该关注的，接下来对照过去"已知"的熊市历史底部的估值水平状况去评估价值，你马上就会知道该出价几何。

但是我们并不会坚决抛弃那些无法预测的"无知"部分信息，我的价值投资好友@sosme小窝的微博里讲道："你不能预测，但你可以准备，我们永远不知道未来会发生什么，但是我们可以为各种可能性做好准备，减少它们所带来的痛苦。"在深度价值布局时期，我们会优先考虑那些最坏的状况，然后以最坏的状况发生时所遭受的损失，在保持浮亏最小的前提下，来逆推目前所应该持有的仓位大小。在严守"有知"优势的基础上，明确杜绝"有知"风险，同时严防"无知"风险对投资造成的伤害！

卡拉曼经常保留多达50%以上的现金储备，这告诉我们，面对"无知"部分，我们需要全面准备，以大量的现金来安稳应对市场的各种复杂情况。但很多投资者最喜欢在本属于"无知"的部分徘徊,其表现为:每当遇到新热点、新变革的潮流企业就会无所顾忌、丧失理智地投入,见涨说涨,见跌说跌,永远像设赌局一样,围绕着下一季度的政策和宏观经济走势下注。

作为普通投资大众,最应该牢记格雷厄姆的教导:"我认为那些所谓的成长股投资者或者一般的证券分析师,并不知道应该对成长股支付多少价钱,也不知道应该购买多少股票以获得期望的收益,更不知道股票价格会怎样变化。而这些都是基本的问题。这就是为什么我觉得无法应用成长股那套理论来获得合理的、可靠的收益。"面对"无知",加倍小心才是正途!

我的总结是:不拒绝买入确定性强的成长股,但也绝不为成长股支付过高溢价。

三、 保守预期会给你带来更多的快乐和机遇

如果你坚持深度价值投资三年以上,你会发现那种从容不迫、运筹帷幄的复利,是保守主义带给你的惊喜。这样坚持数年,不断累积的持续收益是无价的。

成功的投资者一定能实现物质与精神双丰收,因为投资不是只争朝夕的活计,但这和决然流淌的时光相抵触,人们一夜致富的心理来自于对自身日益老去的恐惧,于是对及时享乐无比神往。做投资只有解决信仰和世界观问题,才可能修炼好投资性格,获得踏实稳定的投资心态。投资的目标不仅是积累物质财富,更重要的是传递一种精神财富。

有投资者时常会说："这几个月随便做点啥都有10%或20%以上的收益。"但我要说，若论"随便"的话，同样向下二三十点的波动或血本无归的交易也很常见。做资产管理需具备厚重的责任感，管理者必须有感恩回报的绝对收益精神，可不能随便用"随便"这个词。

不管做实业还是做投资，面对诱惑有时觉得进退两难、举棋不定，那是人的本性使然。抵御人性的弱点确实很难，它像拦路虎一样时不时给投资者出难题，这正是绝大多数人不能将事业做到极致的重要原因。从历史背景和个人运气上看，我们很难成为下一个巴菲特，但这并不影响我们拒绝诱惑，进行保守的价值投资，获得稳健的复利收益，也并不耽误我们踏踏实实地进行幸福投资。

因此，投资和人生一样，保守一小步，快乐一大步。

四、 给资产以合适的时间配比

作为一个理性投资者，别怕在熊市极度低落区域的"幸福"中挨套，但必须要避免大部分股票资产长期被套，手里要随时有不错的现金流。为组建一个健康的组合，投资者必须能主动掌控组合的价值走向，这就是巴菲特"永不亏损"规则中透漏的重要信息之一。

但是我们的投资必须对得起时间，给资产以合适的时间配比，避免付出太昂贵的时间成本。这就需要我们在从定性选股到深度价值买入、持有直到过激泡沫出现的过程中，弄清楚以下两个问题。

（1）时间如何酿造财富？

时间是能够长期稳健经营、不断成长的优质企业的朋友。挖掘深度价值，需按照好企业的安全边际，让时间馈赠更多惊喜。

（2）时间如何逐步毁灭财富？

时间是高估值、炒概念的企业的敌人。短线投机者和赌徒都是等不起的人，财富也不会进他们的门。

相信大家都有体会，一笔丰厚的财富，当你85岁的时候才拥有和你35岁时就取得，对人生的积极影响截然不同，因此必须重视时间成本。但并不是说让大家放弃长期投资的好理念，去追求短期的市场博弈，放弃耐心去寻找快速发达的疯狂之路，"赚快钱"和"快赚钱"的思想会使你的投资之路变成迷途，结果反而付出高昂的时间成本！

在不断的努力学习中，只要把握好了时间的机会成本，在正确的时间里走在正确的路上，用不紧不慢的收益速度，用深度、保守做后盾，就能靠时间长期累积财富，获得非凡的收益。假若你因为觉得与大众为伍才算安全，采取大众思维，求快而冒险，在充满诱惑和刺激的"高速公路"上飞奔，只图一时之快，让情绪变化左右理性的思考，则很难坚持马拉松式的投资旅途。

如果没有严格选股、认真等待深度价值的精神，做安逸的随手交易，投资成功便是遥遥无期。任何时候，任何类型的投资者都不能忽视的是：投资以外的压力要远大于投资本身的压力，长时间的挣扎可以拖垮很多人。

投资失败，无外乎三个原因。第一是从众心理，第二是懒于思考，第三是未找准方向。让深度价值追求保障你的投资安全性，让优质企业的稳健成长带动长期收益最大化，让有效的仓位管理落实你的保守策略，给资产的时间成本以最佳配比，做更有效率的深度价值投资。有了独特的思考角度，在不断研究学习的基础上，你才有可能将自己的投资做得出类拔萃。

五、深度价值投资者的 13 个信条

每一项成功的事业伊始，行事者都会有基础的原则和信念，也就是在其奋斗的整个过程中必须重视遵守的准则。以下总结了 13 个做深度价值投资的重要信条，每一条都值得细细研究和感悟。

1. 时间

时间累积财富，无心胜于有心。

解释：走在正确的路上，然后靠时间去赢得复利收益。所谓无心，就是专注于简单的规律，不能被市场所诱惑，不用太钻营各种繁杂信息，大道至简，在大量短期的信息上难得糊涂，不要小聪明。

2. 消费

在人口消费大国，消费类成长股中必出最牛股。

解释：消费是社会发展、进步、成长的支柱，那些在消费领域中地位突出的优秀企业一定是最需要我们跟踪关注的。

3. 算账

一天一算账的持股者赚不过一月一算账的，一月一算账的赚不过一年一算账的，所以我们争取十年才算一次账。

解释：券商统计显示，长期来看大亏特亏的多半是交易频繁者，长期收益名列前茅的大多是较少交易的稳定投资者。所以，我们必须抵御交易诱惑，不要总是把成本和短期波动放在心上。

4. 股东

如果炒来炒去的回报率赶不上最会赚钱的优质企业的回报率，那你还不如老老实实地做它们的股东好了。

5. 成长

我们之所以不太关心买进时股票的价格，是因为我们选择的最优秀上市公司几乎在每几年间市场价格（复权）都会创出新高，股价长期向上的主要原因只能是企业的长期稳定成长。

解释：不苛求企业始终高速成长，只要有稳健的螺旋式波动成长就很好。

6. 选股

不想当将军的士兵不是好士兵，不去努力选择具有数倍收益能力的标的的投资者也不是最好的投资者。

解释：虽然我们放低了收益预期，能达到长年满意的复利收益就很不错了，但是选股入池一定是个严格精细的活，我们需要的是有持久成长能力的优秀企业。

7. 思维

市场极度恐慌之时恰是价值投资者过节的日子。我们的思维总是与市场大多数人的思维背道而驰。

解释：为什么我们总在老调重弹逆向思维？因为这是价值投资的本质思维，而且这也并不容易，能距离大众远远地思考问题，需要勇气和智慧。

8. 心境

我们给客人以热心，我们给亲朋好友以关心，我们给自己以虚心，我们给投资的企业以耐心，我们给恐慌的市场以爱心，我们给国家以信心，我们给事业以专心，我们给自己的高收益以平常心。

解释：投资者的情绪管理很重要，好的投资手段实施不到位、收益不理想，大都是"情绪"惹的祸。

9. 幸运

感谢这个时代,让我们能如此近地接触到中国最优秀的企业,并可以幸运地做它们的股东,我们深感自豪。

解释:与国家的发展相融合,与好企业的发展为伴,这是我们普通人跟上时代的最佳选择。

10. 健康

我们之所以不愿意在市场上炒来炒去,而选择坚定做深度价值投资,稳健的长期复利是目的之一,此外还有一个更重要的目的是用减少交易和心平气和来保证长期的身心健康,只有这样才能有效地延长自己的投资寿命。所以深度价值投资是一举多得的"好买卖"。

11. 遗忘

那些极少数顶级优质股票,具有可长期持有特性。在市场大部分潮起潮落中,我们甚至可以把自己的账户和股份遗忘。因为它们的成长是长期的,其间有平缓也有突进,是几乎不可预测的,过后你才会发现:它们在成长之后还会成长,在被高估之后还会被更高估。将最好的企业长期遗忘也是一种比较理想的投资方式,或者"持股守息,等待过激",只在极少数情况下出手交易。

12. 聪明

那些日常生活中表现极聪明，做投资却节节败退的人，他们背后隐藏的是小聪明加上极自负；那些日常生活中表现略显愚钝，而做投资却节节胜利的人，他们背后隐藏的却是大聪明加极仁厚。

解释：聪明如何界定，只能看长期复利水平。活得长、收益满意就是投资中的大聪明。

13. 气魄

真正的价值投资者需要有大气魄，深刻的理论派和多愁善感者做投资往往会陷入误区，看上去像傻子一样执着于一念的投资往往很有效，紧握中国顶级优质公司的股票，没有什么技术要求和政策指导，只有社会发展、生活进步的客观需要。

六、 如何正确面对自己的失误？

在面对投资错误上，巴菲特有一句话是比较客观的。在投资康菲石油失误后，他说："这是我犯的一个错误，过去我会犯错误，现在以及将来都有可能不断犯错误。"可见投资中的错误或失误在所难免，如何面对自己的投资失误是任何投资者都不可回避的重要工作任务。

虽然巴菲特在数十年的投资生涯中也常犯错，但是却没被任何错误压垮,而且还给了投资人20%以上复利的答卷。更值得钦佩的是,巴菲特总是会坦诚公布自己的错误,并积极总结和自检。

巴菲特的投资失误无非源于以下两点。

(1) 没有遵循深度价值原则。

2008年,巴菲特在高价位买进了大量康菲石油的股票,仅仅是因为与许多人有一样的"感觉",而抛弃了"恐慌买入"的深度价值原则,并认为作为对未来能源的投资,石油价格的上涨有可能是长期的。这是个很糟糕的投资,导致伯克希尔·哈撒韦公司损失了数十亿美元。我们从巴菲特后来的总结中知道,好公司、好价格才是价值投资买入交易的重要法则。

(2) 定性分析不够。

巴菲特在对美国航空公司和德克斯特鞋业公司的投资上表现出对企业定性分析不够的失误。前者是被高增长的收入所迷惑。巴菲特在2007年给股东的信中指出,有时候企业看起来在收入增长方面不错,但是在该过程中需要大量资本投资才能实现增长,导致股息派发很艰难。投资者的投入很难有最佳的回报,反而要与企业一起背负沉重的规模消耗。至于后者,由于并没有一条持久稳固的护城河,难以保证其持续的高利润,反而会引入更多的竞争者,使得被投资的公司处于不利地位。

我们思考巴菲特的定性分析,精简总结如下:定性分析就是对企业的行业地位、产品忠诚度和受众范围,以及企业经营能力和保障等基本面要素进行的分析。比如企业现金流特性、长期净资产收益率、行业周期性和发展阶段、竞争格局、在产业链中所处的位置、护城河、成本优势、企业未来成长轨迹、管理层水平和公司治理分析等。

为什么一个也会犯错误的巴菲特能成就那么辉煌的成绩呢？最主要的原因是巴菲特所犯下的错误只是在某一小笔投资上的，这很重要。因此，深度价值投资理念中的组合投资与分批交易，就源于巴菲特对待错误的保守观念。将具体的错误分类，然后寻找预防和挽救的最佳路径，保证尽可能不出现整体组合的大范围问题。经过不断查漏补缺，不断总结教训，又能升华、坚定自己的已有理念。

巴菲特坦然面对自己的错误，从不遮掩，这有利于明晰事物本质，永远抱持对自己严格俭省的态度，客观面对成败。巴菲特不居功自傲，有不断学习的精神，该坚持的坚持，该改进的改进，能够特立独行，也能够多听反对者的意见。

现年74岁的彼得·林奇也曾总结过自己的失误经历，他说自己太早卖出了家得宝和邓肯甜甜圈的股票，因为它们当时都涨了快50倍了。关于投资交易的失误，彼得·林奇会引用华尔街最古老的谚语："卖掉赔钱股，抱牢赚钱股。"林奇还写道："拔出鲜花和浇灌杂草这种错误很容易犯，要逆向而行。"

可见，出现投资失误是再正常不过的事，但是面对众多失误，投资大师却依旧取得了骄人的长期业绩。这就体现了我们必须掌握的"价值为本、保守为魂"的基本原则，精选股、组合式买入深度价值，让价值和成长推动组合市值稳健上升。

七、价值、可获得性以及持续性

霍华德·马克斯谈起过，最值得投资者关注的是"价值、可获得性以及持续性"。在我们进行具体投资时，除了必须努力在价值研究上深下功夫，还要考虑如何从二级市场上持续获得利润。也就是说，如何利用深度价值的理念，完成长期的复利收益任务。可获得性要求对市场行为谙熟，而不是天马行空地臆想和猜测，要能在理念的指导下，利用市场大众不断出现的集体错误行为，制定出切实可行、简洁有效的投资策略，来进行利润累积。持续性要求以规律性的、能够反复出现的、足够大的"长期价值套利空间"为投资对象，以能够大概率获胜的常识基础作为投资理念依托，而不是以偶然的幸运和飘忽不定的信息作为投资策略的基础。

因此，我们在自己的投资中，要尽可能不去太关注短期的波动和千变万化的市场新闻，也自然不会为短期的业绩表现好坏而沮丧或沾沾自喜。理性投资者一定要埋头研究企业，探讨价值以及未来长期收益的可获得性和持续性问题。

投资中关注太多琐碎的事情，丢了价值标尺，很容易误入歧途。如果你小心翼翼地努力躲过暴跌，寻求不可持续的"幸运"，也极有可能很难守得住上涨带来的滚滚利润。道理就这么简单：若该糊涂之时不糊涂，那么就很有可能在该聪明的时候犯糊涂。

卡拉曼曾说过："试图择时并等待底部到来总是不乏诱惑性的（仿佛它的到来无人不知），而多年以来的实践则证明，这种战略具有极大的弊端。历史上，市场处于最低谷和反弹期间的交易量极小，而当市场恢复稳定、经济开始复苏时，来自其他买家的竞争就会愈加激烈。另外，市场脱离底部的价值反弹过程往往异常迅速。因此，投资者应该学会在熊市的剧痛中持有仓位，并深刻意识到物极必反的道理；事情在好转之前，往往会变得更坏，但我们无法给出时间表。"

这句话表明，如果你放弃了对"价值、可获得性以及持续性"的研究，放弃了对大规律的认识，就很容易丢弃模糊的正确，从而陷入精确的错误中。

为什么价值投资者要有超常的耐心呢？詹姆斯·蒙蒂尔在书中说过，如果严格按照"格雷厄姆－多德市盈率"13倍时买进会发生什么？这也许是市场对价值投资者的诅咒：市场在突破13倍市盈率之后继续下跌的平均幅度是17%，市场在低位徘徊的时间是9个月，而恢复到买进价格的时间是17个月。我想说的是，这算不上什么灾难！即便是市盈率基准再下降一些，大体恢复买进价格的平均时间也需要17个月。

价值投资需要的是一段马拉松式的长跑，只跑了2千米，胜出200米的又怎么能趾高气扬呢？最踏实的做法就是：认准前方不动摇，迈好接下来的每一步。

很多投资者不是不明白价值投资策略的正确性与有效性，却总会在关键时刻因缺乏耐心而离开具有简单"可获得性和持续性"的最优策略，试图"灵机一动、寻找捷径、攀爬峭壁"，把自己置于似乎能"一步登天"的险境。事后细细琢磨一下当时的心态，往往只是因为耐不住寂寞或想寻求刺激。具有最大诱惑力的标的往往都缺乏价值基础，现实中也没有超越"可获得性和持续性"的投机手段。

八、卓越的投资不是单一的举动，而是习惯

投资者的所有行为大多逃不开自己性格因素的影响，性格是支配投资者行为习惯的主要动力，虽然机构投资者都有风控或严格投资纪律的约束，但是很多投资分析都无时无刻不在体现着分析决策者的性格因素。俗语说：性格决定思想，思想决定习惯，习惯决定命运。

习惯是一贯的、不知不觉的本性反应，习惯的好坏左右着投资的成败。投资大师迈克尔·莫布森说："投资理念是一种秉性，而不是什么天分或智商的问题。事实上，理想的秉性永远是智商和天才的克星。一旦你为自己构建起一个坚实的理念基石，其他你所需要具备的东西，无非是勤奋、专注、耐心和历练。"

深度价值投资的好习惯无非是寻求价值深度、贯彻保守理念，比如坚持较低收益预期、坚持有效的控制仓位措施、坚持等待最优秀企业被"错杀"的时机、坚持保守态度而不去预测市场、坚持做快乐的投资。

投资习惯的养成并不容易，好习惯为我所用，投资变得轻松

而利润充盈；坏习惯一旦养成，不仅会侵蚀我们的收益，还会危害投资者的身心健康。好的投资习惯的养成分三个步骤：

（1）强制阶段：建立投资系统和投资约束机制，投资过程多自检自律。

（2）反馈阶段：不断因遵守规则而获得收益，使投资行为沿着正确轨道行进。

（3）自觉阶段：学习、实践、总结形成规律，让好的投资思想成为习惯、守规成为自觉。

经过这三个步骤，就能使自己的投资变得简洁而有秩序、高效而可持续。

多数在市场上不具备好习惯的人，到头来也就是忙忙碌碌一场空。投资水平是由你的投资习惯决定的，因此只有从自身做起，慢慢培养赢家的思维习惯，你的投资之路才可能是光明的！

九、投资须"两立"

性格决定人的思考深度，所以多数情况下投资不能寻找感同身受者来相互支撑和安慰。绝大多数时候投资是"一个人的战斗"，你的所作所为可能只有你一人理解，你的行事逻辑可能只有你一人领会。因此，有依赖思想或内心不足够强大的人很难走完这个孤独、乏味而又艰辛的旅程。

投资如教育。教育的"两立"至关重要，那就是自立和立志。投资一要争取自立，学习独立思考投资问题，不可人云亦云,现成的果子不好吃。二要立下大志,以投资大师为榜样,结合自身条件,总结出自己的投资正道。有了投资大志,始终走投资正道,用长远眼光看投资问题,就不会被一些眼前的短期利益所诱惑,就不会被当前的曲折和困难所吓倒。

其实,投资伊始我们都还不成熟,时不时会闹闹情绪,且依赖思想严重,不知道何为风险。这个市场无非就是筹码互换、你来我往,每当有一只麻雀变成了凤凰,就一定有大批的凤凰变成了麻雀。只要你花掉现金买入股票,这部分资产就不由你说了算了。上市公司的经营绩效是你手里的股票长期价值的唯一依据,明白了这个道理,才是真正了解投资的开始。

如果投资者总盯住一些"妖孽股",就会一叶障目地以为股市江湖险恶异常;如果投资者总盯住短线的上下起伏,就会以为股市是一个大的资本赌场。着眼大局,你就会看到有那么一大批上市公司,不仅兢兢业业地经营,还老老实实地分红,步步为营地成长。所以,眼光和视角决定你的投资命运。只有学会自立和立志,投资者才会有自己的视野和格局,才会以大视野来定大方向,以大格局成就大未来。无论你持有的资金多少,都要仿效"国家的平准基金"的操作模式,眼光放高、放长远:只在极端恐慌时出手,只在沸腾过热的市场上抛售以平抑过高估值。

很多投资者之所以收益不理想或亏损,是因为没有投资大志向,依赖思想严重而缺乏自我独立解决问题的能力,常舍弃足以能够成功的大概率事件而不断跳转到小概率事件上,因为小概率事件似乎收益更快、更多、更刺激,也更具诱惑力,而大概率事件往往需要较长时间的坚守而备显枯燥乏味。因此，很多人甘愿为了交易而交易，只有极少人愿意进行长期复利的累积。结果一样的时光流转，有人蹉跎，有人收获。

本书只提供了一些深度价值投资的线索，从基本面出发，客观地解释了价值投资的长期可行性，在这条路上，立下大志和学会自立，才是大概率成功的基础。我也仍在投资之路上修行，不断潜心学习，不断修正投资中的不足，相信读者也是同道中人。让我们一起向那些严守安全边际的价值投资大师们多学习，这条路虽然历来都人迹罕至，但好在有你的相伴！

后记：投资是人生大树

人生一路，有风有雨实乃正常，谨慎保守地生活可得更多快乐。我总是觉得投资应是未来每个人不可或缺的技能。因为你无论从事什么工作，扎在一个行业里总是不稳妥，俗话讲"别把鸡蛋放在一个篮子里"，若把所有的情感和未来维系在一个行业里风险是很大的。即便你是某个行业中的顶尖人物，但是未来面临淘汰的行业太多了，而且中国人口基数太大，人才辈出，竞争激烈，最好"狡兔三窟"早做准备。若不提防，就有可能会遭受行业整体被灭掉的危险。即便某些行业不会消亡，在未来发展中也有可能整体起伏不定。

因此，合理分配我们的脑力、智力和财力，分散到若干必需品或未来难以撼动的行业中去，是未来我们的资产保值增值的必由之路。二级市场的股票投资给了我们分散布局优质企业、布局这个伟大变革时代的大好机会。做好投资，跟随优质企业，它就如同能遮风挡雨的大树一样，既在你其他事业出现危机或是就业选择期间对你备加呵护，也在你顺风顺水时为你保留更多的理性。

任何一棵大树都有成长过程，所以投资越早开始越好，越早培养兴趣越好，越早开始学习越好，越早走上保守稳健之路越好。

是否参与股票投资因人而异，要针对每个人的性格来认真分析，我们不能盲目去劝人投资股票。因为性格易冲动，从来都不理性的人，不大适宜去做股票投资；喜欢赌博的人，把自己身边所有要决断的事情都当成赌博，也不适合股票投资；过于理性的人，干脆把投资看成赌博，也不可能涉足股票投资。

只有具备了良好的投资素质和正确的投资理念，投资才会是恬淡而惬意之事。新手经过一系列的评估，认定自己具备投资的性情，才可以将自己至少一半的兴趣转移至此。物质财富是伴随浓厚的投资兴趣和正确的投资理念而来的，而不是利欲熏心般地死缠烂打求来的。用好性格做好投资，才会有一生享用不完的物质与精神食粮。

须记住，这世界上最好的资产莫过于"优质企业的普通股和现金"，与其拼命挤破脑袋去最好的上市公司应聘，不如在市场低迷期直接拿下它们的股份，哪怕一点点，慢慢享受分红，再后续投资，如此财富积累的效果真有可能远优于在这些企业中工作赚取薪金。这种思维，就源于"买股票就是买企业"的价值投资理念，这种理念很有可能造就完全不同的人生。

你若是个想方设法努力改变人生的人，你若不是个懒人，国内上市公司里有足够值得你挖掘的优秀企业。我们买入的既不是指数，又不是整个经济，也不用很多股票，细心挑选还是有那么几十家符合条件的最优秀企业的。截至2018年10月，上证A股十多年指数零涨幅，但稳健成长企业不断上升的市值却是明摆着的。细数一下医药、食品、消费企业，隐形冠军中有多少企业十年里市值增长了十倍，甚至数十倍？

其实，人生来就和投资有不解之缘，投资无非就是衡量投入和产出的游戏。每个人出生后，父母投入财力和情感把孩子养大，孩子长大后把赡养父母作为当年他们投入的"投资回报"。成家立业、努力工作、结交好友、建立人脉，都是面对生活的一笔笔"情感投资、人脉投资"，只不过回报的形式有可能大部分是精神而非物质财富罢了。

每个人都是地球的过客，想要活得精彩、活得有价值，就要认真对待生活。简单地说，我们想做的就是用价值投资来创造有价值的生活。自投资伊始，就要埋下最饱满的种子，让它慢慢成长，从一棵能经得起风雨的小树苗长成可遮风挡雨的参天大树，为自己的一生带来更多的幸福和快乐！

张延昆

2018 年 10 月 28 日